Deixe a peteca cair

TIFFANY DUFU

Deixe a peteca cair

Como as mulheres conquistam mais quando fazem menos

Tradução de
Alessandra Esteche

LeYa

Título original: *Drop the ball*

Preparação
Ana Kronemberger

Revisão
Juliana Alvim

Capa, ilustrações e projeto gráfico
Leandro Dittz

Diagramação
Leandro Collares | Selênia Serviços

Dados Internacionais de Catalogação na Publicação (CIP)
Angélica Ilacqua CRB-8 / 7057

Dufu, Tiffany
Deixe a peteca cair: como as mulheres conquistam mais quando fazem menos / Tiffany Dufu; tradução de Alessandra Esteche. – 2ª edição – São Paulo: LeYa Brasil, 2020.
352 p.

ISBN 978-65-5643-046-1
Título original: Drop the ball

1. Feminismo 2. Mulheres – Trabalho – Sucesso 3. Mulheres – Biografia 4. Negras – Biografia 5. Mães – Biografia 6. Liderança em mulheres 7. Mulheres profissionais 8. Dufu, Tiffany – Filosofia I. Título II. Dufu, Tiffany

17-1243 CDD 650.1082

Índices para catálogo sistemático:
1. Mulheres: Papel social: Sucesso

LeYa Brasil é um selo editorial da empresa Casa dos Mundos.

Casa dos Mundos Produção Editorial e Games Ltda.
Rua Avanhandava, 133 | Cj 21 – Bela Vista
01306-001 – São Paulo – SP
www.leya.com.br

Para Kojo, é claro

Sumário

Prefácio: A revolução no lar 9
Introdução 17

Parte Um: Fazendo tudo
1. Lugar de mulher 31
2. Príncipe encantado 50
3. Mãe que trabalha fora 62
4. Síndrome do controle do lar 78
5. A roda da vida 93

Parte Dois: Alguém tem que ceder
6. Momento decisivo 105
7. O mais importante 112
8. A lei da vantagem comparativa 124
9. A um passo da mudança 136

Parte Três: Deixe a peteca cair
10. Vamos lá, deixe a peteca cair 147
11. Esclareça quem faz o quê 156
12. Acredite no trabalho em equipe 167
13. Cultive uma comunidade 176

Parte Quatro: Parceria total
14. O feito de uma pessoa é o perfeito de outra 191
15. Agradeça 207
16. Não acredite no estereótipo 223
17. A felicidade motiva qualquer um 240
18. Por que precisamos dos homens 251

PARTE CINCO: Olhos no futuro
19. As Quatro Ações 267
20. A última fronteira 290
21. Liberdade 301

Agradecimentos 315
Notas 319
Índice 345

PREFÁCIO

A revolução no lar

Gloria Steinem*

Há duas maneiras de um sistema de poder permanecer no poder. A primeira é óbvia – leis desiguais, oportunidade desigual, renda muito desigual e violência ou a ameaça dela –, mas a segunda é mais interna e mais difícil de extirpar. É a ideia do que é normal; de como nos comportamos para conquistar igualdade e poder e em que estágio das nossas vidas essas normas começam a ser introduzidas. Como as mulheres são metade de qualquer população e, diferentemente de outros grupos secundários, não só convivem e trabalham com homens, mas dão à luz tanto meninos quanto meninas, há um perigo constante de que reconheçamos nossa humanidade compartilhada e nos rebelemos. É por isso que os papéis de gênero precisam começar tão cedo e ser tão enraizados. São as desigualdades com as quais crescemos, desde um cobertor rosa ou azul até a invenção de "masculino" e "feminino". Vemos esses papéis à nossa volta, imaginamos que são inevitáveis e esperamos encontrar conformidade em nós mesmas.

* Gloria Steinem é jornalista, feminista, ativista social e política e se tornou internacionalmente conhecida como uma das líderes do movimento de emancipação feminina das décadas de 1960 e 1970.

Quando uma crença pune aquele que crê – por exemplo, quando mulheres acreditam que, para nós, "ter tudo" deve significar "fazer tudo" –, ela se torna o que os psicólogos chamam de *opressão internalizada*.

Deixe a peteca cair, de Tiffany Dufu, é essencial porque aborda esse sistema mais profundo. Passamos os últimos cinquenta anos tentando democratizar o sistema externo – e avançamos o suficiente para saber que podemos e devemos avançar muito mais –, mas não extirpamos a desigualdade que se inicia na família. Por exemplo, a lógica antiga diz que uma mulher passa cerca de um ano carregando e cuidando de um filho, então ela deve ser mais responsável por criar esse filho até a idade adulta. Mas a verdade é que os filhos têm dois pais; então, se a mãe passa um ano carregando e cuidando de um filho, por que o pai não é responsável por passar *metade desse tempo criando esse filho?* A lógica depende de quem a estabelece.

A boa notícia é que uma vez aberta essa porta da humanidade compartilhada, inúmeras novas possibilidades entram, não só para mulheres, mas também para homens e crianças.

Por exemplo, até os meus 10 anos, mais ou menos, meu pai desempenhou um papel maior na minha criação do que minha mãe. Isso porque às vezes ela estava doente e incapacitada, e também porque ele era vendedor itinerante de antiguidades e trabalhava em casa, e podia me levar quando ia até as lojas que ficavam à beira da estrada. Certamente não era por ele ser um pai convencional. Ele me deixava comer todo o sorvete que eu quisesse – ele mesmo pesava mais de 130 quilos – e me levava para assistir aos filmes de Hollywood da época. Ele nunca me mandou ir para a cama e me deixava dormir na frente da lareira ou perto da nossa cachorra quando ela estava amamentando uma ninhada. Ele mesmo costumava cair no sono no sofá enquanto lia para mim. Tudo que eu sabia era que ele amava minha companhia, cuidava de mim tão bem quanto ou até melhor do que cuidava de si mesmo e pedia e ouvia minhas opiniões. O que mais uma criança pode querer?

Passar tanto tempo com aquele homem gentil e amoroso me ensinou que havia homens gentis e amorosos no mundo. Quando adulta, nunca me atraí pelos distantes ou dominadores – ao contrário de amigas que eu via tentando reviver ou transformar a infância que tiveram com pais distantes, ausentes ou até cruéis. Sempre entendi que homens podiam criar os filhos tão bem quanto as mulheres, que podiam ser tão gentis quanto elas. Meu pai me deu um grande presente. Sou grata desde então.

O genial deste livro é que Tiffany trata dos caminhos internos para a igualdade. Ela questiona por que as mulheres – como esposas, filhas ou simplesmente cidadãs – são mais ou até mesmo as únicas responsáveis por cuidar do lar; das refeições; dos idosos ou doentes; da manutenção das redes sociais, escolares, de saúde e familiares; e por fazer praticamente tudo que não é remunerado. Embora hoje existam mais pais e parceiros participativos do que na época do meu pai, os Estados Unidos ainda estão muito atrás de outras democracias modernas no que diz respeito a políticas favoráveis à família. Fazemos o que vemos, não o que nos ensinam; ao contrário do que diz o ditado "Faça o que eu digo, não faça o que eu faço". Ainda não exigimos mudanças suficientes, então um homem que tem filhos ainda é considerado mais responsável e empregável, enquanto uma mulher com filhos ainda é considerada menos responsável e empregável. Agora que as mulheres representam 50% da força de trabalho remunerada e 40% dos principais provedores da família – e os homens não estão nem perto de fazer 40% ou 50% do trabalho da casa –, talvez tenhamos dor e frustração suficientes para começar a revolução em casa.

Sei desde o nosso tempo juntas como organizadoras, trabalhando maneiras de dar mais poder a mulheres e meninas, que a Tiffany é a autora e ativista certa para este momento importante que vivemos.

Ela arrecadou dinheiro para a educação de meninas, administrou uma organização nacional de liderança feminina, foi consultora para melhores práticas de diversidade de empresas que constam na Fortune 500 e fez pressão por políticas favoráveis à família no local de trabalho. Mas talvez mais importante do que tudo isso seja o fato de ela ter percorrido, como mãe e esposa, uma jornada íntima e corajosa partindo de uma dinâmica familiar desigual para outra verdadeiramente democrática. No caminho, ela aprendeu lições valiosas que compartilha conosco – lições relacionadas ao local de trabalho e à mesa do jantar. Ela oferece uma sabedoria prática que pode ser passada de uma mulher à outra, da família dela à nossa.

Como fui testemunha e partilhei do seu trabalho, também sei que ela é bem-sucedida porque, como Eleanor Roosevelt, sempre "traça um círculo mais amplo". Ela não só mostra que todos ganhamos quando nós, mulheres, participamos, contribuímos com nosso talento e somos mudadas pelo mundo *fora* do lar, mas também que todos nós ganharemos quando os homens participarem, contribuírem com seus talentos e forem mudados pelo mundo *dentro* do lar.

Para derrubar barreiras tanto internas quanto externas, é a liderança pelo exemplo que conta. Não importa quanto tempo cada uma de nós trabalhou para conquistar justiça – e o quanto sabemos que gênero, etnia, casta e classe social são categorias inventadas que podem ser dissolvidas –, precisamos é de exemplos de pessoas que vivam de maneira nova e igualitária. Tiffany é esse exemplo, e nos mostra muitos outros. Como o gênero costuma ser a divisão desigual que enxergamos primeiro – e que também normaliza todas as outras desigualdades baseadas no nascimento –, essa ideia é radical. Mas se aprendêssemos sobre os 90% da história da humanidade que costumamos descartar como "pré-histórica", saberíamos que não é radical demais para ser verdade. Os homens compartilhavam a criação dos filhos em nosso passado migratório. Como a feminista e professora universitária Dorothy Dinnerstein e muitos outros estudiosos apontaram, os homens daquela época desenvolviam o círculo completo das qualidades humanas, sem necessidade de provar uma ideia artificial de "masculinidade", assim como as mulheres desenvolviam esse círculo de igualdade fora do lar, sem um conceito de feminilidade.

Inspirada pelo poder do exemplo de Tiffany, vou contar uma história da minha vida que pode sugerir as novas possibilidades que ela vai apresentar para a sua.

Muito cedo, fui salva pelos escritos de várias mulheres, de Simone de Beauvoir a Andrea Dworkin e Florynce Kennedy. Elas me presentearam com o conhecimento de que eu não estava louca nem sozinha na minha esperança de que nós, mulheres, poderíamos estar seguras, usar nossos talentos e ser tratadas como seres humanos completos. Isso foi muito importante. Mas as três presumiam que nunca tinha havido uma sociedade em que as mulheres fossem realmente iguais. Foi por isso que elas não eliminaram completamente o receio que eu tinha de que estávamos trabalhando para um objetivo impossível.

Então, em 1977, fui à Conferência Nacional das Mulheres em Houston. Embora quase sem cobertura da mídia, o evento foi uma reunião de 2 mil representantes, eleitas em todos os estados e territórios, para votar em questões que também tinham sido propostas democraticamente. Como reuniu um movimento nacional diverso em torno de uma pauta compartilhada, provavelmente ainda é o evento feminista mais importante de todos os tempos. Enquanto ouvia as muitas representantes nativo-americanas e do Alasca, percebi que não sabia quase nada sobre a história da terra onde vivia. À medida que o resto de nós esperava por um futuro desconhecido e igual, essas ativistas citavam um passado conhecido e igual. Nas terras indígenas, as mulheres um dia decidiram sobre ter filhos ou não usando seus conhecimentos sobre ervas, abortivos e sobre o momento certo de usá-los; os homens estavam presentes no parto e participavam ativamente da criação dos filhos; as mulheres controlavam a agricultura e os homens caçavam, mas ambos eram igualmente necessários; anciãos e anciãs tomavam decisões e havia tantas imagens espirituais femininas quanto masculinas. Até hoje, muitas línguas nativas não têm pronomes de gênero, nada de "ele" e "ela". As pessoas são pessoas. Que conceito!

Hoje, talvez estejamos reinventando o passado ao declarar nosso direito de controlar nossos corpos e nossos destinos – fora *e* dentro do lar. Precisamos de uma imagem de como viver essa revolução todos os dias. Precisamos de mulheres e homens que liderem pelo exemplo, como aquelas mulheres das terras indígenas fizeram por mim há quase quatro décadas, e como a Tiffany faz pelos leitores destas páginas.

Quando eu era criança, minha mãe deixou a peteca cair porque não teve escolha, e meu pai assumiu por amor e necessidade. Agora, mulheres e homens podem mais uma vez compartilhar tudo da vida e explorar sua humanidade plena.

Deixar a peteca cair

Definição do dicionário: não conseguir cumprir uma tarefa ou missão; falhar; vacilar.

Minha definição: libertar-se da crença irreal de que é possível fazer tudo sozinha e envolver outros para alcançar o que é mais importante para nós, aprofundando nossos relacionamentos e nos enriquecendo.

Introdução

Eu costumava ser uma rainha do lar, uma verdadeira modelo de capa de revista feminina das antigas. E também era uma profissional ambiciosa. Essas duas identidades sempre estiveram em rota de colisão. Mas eu não tinha consciência desse fato até o momento em que a colisão aconteceu.

Com oito anos de casamento e seis meses depois de dar à luz meu primeiro filho, consegui um novo emprego, esperando ser a esposa e mãe trabalhadora perfeita e cheia de energia, que tem tudo e faz tudo. Estava casada com meu namorado da faculdade e feliz da vida, tínhamos um filho lindo e queríamos mudar o mundo juntos. Eu sabia que lidar com as demandas de uma família que estava crescendo e, ao mesmo tempo, alcançar patamares mais altos na minha carreira e apoiar meu marido enquanto ele próprio escalava o sucesso profissional não seria fácil – mas estávamos prontos.

Muitas mulheres acham difícil deixar seus bebês naquele primeiro dia de retorno da licença-maternidade, mas eu não era uma delas. Eu amava meu trabalho. Sempre fui uma defensora apaixonada do crescimento das mulheres e meninas, de que elas tenham mais poder, e tinham me oferecido o emprego dos meus sonhos: conduzir uma campanha para angariar fundos para uma organização nacional em prol da liderança feminina. Eu faria um trabalho que era significativo para mim enquanto aprendia com uma pioneira do movimento feminista, Marie Wilson, cocriadora do programa que encoraja mulheres a levar suas filhas para o trabalho e ex-presidente de uma fundação feminista. Além disso tudo, o salário era suficiente para me permitir a paz de espírito de deixar um filho nas mãos de uma babá habilidosa e amorosa – um privilégio pelo qual muitas mães que trabalham não podem pagar – e eu tinha negociado uma sala particular onde poderia tirar meu leite. Minha licença-maternidade (que nos Estados Unidos é de 12 semanas sem remuneração) chegou ao fim, e me preparei com alegria para voltar ao trabalho.

Cresci ouvindo que poderia fazer qualquer coisa que quisesse e, enquanto me vestia naquela primeira manhã de trabalho, não conseguia me imaginar abrindo mão de nada, carreira, casamento, criar uma família e manter nossa vida familiar equilibrada, ao mesmo tempo que avançava na causa das mulheres e meninas. Saí do apartamento confiante de que seria bem-sucedida em tudo.

Essa ilusão durou seis horas.

Meu primeiro dia de volta ao trabalho foi um turbilhão. Eu estava tão envolvida em acompanhar a velocidade das coisas e ir de reunião em reunião que, quando percebi que tinha esquecido de tirar o leite, meus seios já estavam inchados. A cada minuto que passava, eles ficavam mais inchados e doloridos, e o leite começou a vazar pela blusa até chegar ao paletó.

Para piorar as coisas, a "sala particular" que eu tinha negociado era um dos compartimentos do banheiro. Sem ter passado antes pela experiência de ter seios tão cheios, tentei bombear o leite, mas a sucção da máquina não era suficiente para o que agora pareciam ser duas bolas de boliche no meu peito. Para aliviar, coloquei toalhas de papel mornas e tentei extrair o leite com as mãos. Funcionou, mas eu não conseguia segurar a garrafa vazia. E o bom Deus não projetou os seios das mulheres para que conseguissem mirar num gargalo com facilidade.

Lá estava eu, ajoelhada no chão do banheiro com uma blusa de seda e um terno de grife encharcados, esvaziando o leite do meu bebê no vaso. Lágrimas escorriam pelo meu rosto enquanto o leite jorrava. Meus seios explodiram, e a visão de um futuro no qual eu gerenciava com graça e leveza carreira e lar se extinguiu naquele instante.

Na viagem sufocante de trem para casa, comecei a me dar conta da realidade das minhas novas circunstâncias. Se o escritório me consumiu tanto a ponto de eu esquecer uma coisa tão essencial quanto tirar o leite para o meu bebê, o que mais ficaria por fazer? Quando eu iria separar a correspondência ou pagar as contas? Como iria conseguir lavar as roupas e cozinhar? Quando teria tempo para ir até o mercado? O chão da minha casa se transformaria num perigo para a saúde assim que meu filho começasse a engatinhar; como eu conseguiria mantê-lo limpo? Não li dois e-mails da babá enquanto estava em reuniões. Como eu iria garantir que suas perguntas fossem respondidas prontamente? E como eu iria levar o carro para a revisão? O clube do livro de que eu participava me veria novamente? Algum dia eu conseguiria ler outro livro? Quando compraria presentes de Natal para a família e os amigos? Quando teria *tempo* para a família e os amigos? Quando teria tempo para *mim*? De repente, a ideia de subir a escada profissional, ser forte e vibrante e fazer a diferença no mundo – tudo isso enquanto mantinha um casamento maravilhoso e criava um filho saudável e feliz – passou de inevitável para impossível.

Na faculdade, as garotas me chamavam de agenda ambulante, porque eu era muito organizada. Mas naquele momento, considerando a minha situação, me senti presa por demandas concorrentes. Eu queria ser a mãe trabalhadora perfeita – não uma desorientada encharcada de leite e estressada. Mas seria impossível organizar aquilo tudo. Alguma coisa teria que ficar de fora.

Eu sabia que muitas mulheres resolviam esse dilema simplesmente terceirizando as responsabilidades domésticas. Existe uma oferta robusta de profissionais (principalmente outras mulheres) que podem ser contratados para fazer tudo, de cozinhar a limpar e dirigir. Mas essa costuma ser uma solução para mulheres que podem pagar para ter funcionários em casa – mulheres em certos patamares profissionais, com salários altos ou que são casadas com homens que têm salários altos. Não era o nosso caso. Ganhávamos o suficiente para cobrir nossas despesas mensais, a babá, planos de aposentadoria e empréstimos estudantis e ajudar a família de vez em quando. Como tudo isso se resolveria? A enormidade do desafio me reduziu a lágrimas.

Eu ainda estava fungando na cama às dez da noite quando meu marido chegou em casa. Era cedo para ele, que costumava virar a noite no banco onde trabalhava. Ouvi quando ele tirou os sapatos e os deixou no corredor em vez de guardá-los no armário. Soube o momento exato em que ele pendurou o casaco porque ouvi o barulho do plástico das roupas que busquei na lavanderia no caminho de casa. Foi direto para a geladeira pegar o jantar que sabia que estaria ali, esperando por ele. Depois que ele comeu, ouvi o barulho familiar do prato sendo colocado em cima da pia, e não no lava-louça. Depois um barulho surdo – o corpo dele caindo no sofá azul. Eu já tinha visto aquilo inúmeras vezes antes, a mão direita descansando preguiçosamente sobre a coxa enquanto ele usava apenas o dedão para mexer no controle remoto. Quando ouvi a tevê ligar com a chamada dos destaques da ESPN, um quê de ressentimento causou uma comichão em meus dedos dos pés. Quando chegou aos meus joelhos, já tinha virado inveja, que virou raiva no meu estômago. Quando a raiva chegou rastejando até meu peito, já era fúria. Claramente, estávamos no mesmo caminho, mas, de alguma forma, ele conseguiu desviar da colisão.

Eu era a solução para que ele tivesse tudo.

E qual seria a minha solução?

Quem dera eu soubesse, naquela época, que estava longe de ser a única mulher sofrendo com demandas de vida pessoal e trabalho competindo entre si. Numa pesquisa recente com mães da geração Y que trabalham, 58% disseram que ser mãe dificultava a ascensão na carreira; 19% dos pais da geração Y deram a mesma resposta.[1] O motivo da disparidade é óbvio. Quando as mulheres chegam à gerência e suas responsabilidades de liderança no trabalho aumentam exponencialmente, elas estão, ao mesmo tempo, tendo filhos e assumindo mais trabalho em casa. É a confluência cruel entre a carreira da mulher com um diploma universitário e o seu relógio biológico. Em média, aos 30 anos,[2] seja fazendo parte de uma equipe num escritório ou cuidando de um bebê em casa, as mulheres estão assumindo mais responsabilidade do que nunca antes em suas vidas. Essa colisão de um momento ruim entra em combustão com duas outras forças externas. Em primeiro lugar, os locais de trabalho ainda são organizados em torno do mito de um trabalhador com apoio ideal. O mundo profissional parte do princípio de que todo funcionário em tempo integral tem alguém cuidando de sua casa. Em segundo lugar, as demandas crescentes da criação moderna dos filhos fazem esse cuidado e a administração do lar mais pesados do que nunca. O mito do trabalhador com apoio ideal em casa e as expectativas em relação à criação dos filhos conspiram para comunicar uma mensagem clara a uma nova geração de mulheres: você pode ter tudo, desde que faça tudo. Mais cedo ou mais tarde, descobrimos que fazer tudo é impossível.

As soluções mais sensatas para o enigma trabalho-casa são um sistema nacional de creches acessíveis, políticas de licenças familiares remuneradas, locais de trabalho evoluídos e uma cultura que valoriza o cuidado com a família. Anne-Marie Slaughter constrói um argumento poderoso e convincente em relação a isso em seu livro.[3] A Islândia, entre muitos países europeus, subsidia berçários e tem as licenças parentais mais longas do mundo. É classificada como o melhor lugar do mundo para se ser mulher.[4] Em contraste, a maioria das mulheres nos Estados Unidos não tem tempo nem para ir à academia, que dirá para esperar os burocratas de Washington aprovarem esse tipo de legislação avançada de apoio às famílias trabalhadoras.

Então, além de pressionar nossos senadores e sonhar com uma equipe de funcionários em casa, as mulheres (e os homens que as amam) precisam resolver esse problema sozinhas. A solução mais tradicional é desistir dos objetivos de carreira. As mulheres que escolhem esse caminho são um pequeno grupo abastado que representa apenas 5% das mães casadas.[5] Essa solução é economicamente inviável para a grande maioria das mulheres cujas famílias dependem de sua renda. Na verdade, as mulheres são a única ou a principal fonte de renda de 40% dos lares dos Estados Unidos que têm filhos com menos de 18 anos.[6]

A segunda solução envolve diminuir o investimento na carreira. Dezessete por cento das mulheres reduzem ou adaptam seus compromissos de trabalho para que possam se dedicar às exigências do lar.[7] Esse caminho costuma ser chamado de "via da mamãe", porque envolve trabalhar meio período ou um período reduzido ou aproveitar políticas de flexibilização – tudo isso carrega um estigma de não comprometimento na maioria das culturas modernas.[8] Nos últimos anos, essa opção tem sido chamada de "via não linear".[9] Numa pesquisa com alunos da Escola de Negócios de Harvard, 37% das mulheres da geração Y e 42% das já casadas disseram que planejavam interromper a carreira pela família. Aos 30 anos, metade delas já escolheu carreiras mais flexíveis ou saiu intencionalmente da via rápida de ascensão profissional. Nove por cento recusaram uma promoção em favor das responsabilidades familiares.[10]

A terceira solução é não ter filhos. Em 1992, quase 80% das mulheres que estavam se formando na Escola de Negócios Wharton diziam que planejavam ter filhos. Até 2012, o número caiu para 42%.[11] As mulheres da geração Y que escolhem não ter filhos como uma estratégia de sucesso na carreira, ou que não podem ter filhos, têm um precedente: hoje, 49% das mulheres que ocupam os níveis mais altos de liderança corporativa não têm filhos; é o caso de apenas 19% dos homens na mesma situação.[12]

Nenhuma dessas três soluções funcionava para mim. Eu não era casada com um homem rico, mas, ainda que fosse, era muito avessa a correr riscos para comprometer minha viabilidade econômica (e a do meu filho) parando de trabalhar. Minha mãe tinha largado a carreira para criar os filhos, e eu vi o resultado cruel disso: quando meus pais se divorciaram, ela ficou na pobreza. Passei o início da vida adulta lutando para ajudá-la, e jurei que nunca dependeria financeiramente de alguém. Optar por sair – deixar de fazer parte da força de trabalho remunerada – era inaceitável, principalmente agora que eu tinha um filho. Trabalhar um período reduzido também, pois isso nos impossibilitaria de pagar para que alguém cuidasse do nosso filho. E, como funcionária recém-contratada, não ousaria propor uma flexibilização. Além disso, eu amava meu emprego. Não queria deixar de trabalhar nem trabalhar menos. Não queria diminuir minhas ambições.

Quanto a não ter filhos, digamos que já não era mais uma opção.

Isso me deixava com o recurso a que a maioria das mulheres recorre: tentar fazer tudo no trabalho e em casa. Infelizmente, essas tentativas cobram seu preço, principalmente em relação à saúde e ao bem-estar mental. Aquelas de nós que são comprometidas com a carreira e a família, que não podem ou não querem abandonar ou diminuir os objetivos profissionais, acabam mais exaustas, estressadas, esgotadas e doentes do que qualquer geração anterior de mulheres.[13]

Na noite do meu primeiro dia de volta ao trabalho, deitada na cama com esse dilema me atormentando, percebi que precisava de uma solução melhor. Eu levaria anos para encontrar uma resposta. E a jornada nem sempre foi fácil e livre de conflitos. Mas acabei encontrando uma resposta que funcionava para mim.

Hoje, posso dizer que minha carreira está prosperando e estou fazendo um trabalho profundamente significativo. E estou mantendo minha saúde. E estou concentrada nos aspectos da maternidade que são mais importantes para mim. Não foi fácil ou automático chegar até aqui, mas os resultados têm mudado minha vida. Não estou sobrecarregada pela ansiedade que tantas mães que trabalham sentem – e que um dia também senti. Durmo em média sete horas por noite e faço exercícios quatro vezes por semana. Não estou atolada na logística de cuidar de filhos. Posso confirmar eventos noturnos de trabalho e sei que meu marido vai cuidar das crianças ou chamar uma babá. E o que é mais importante: não sou atormentada pela culpa. Minha vida está longe de ser perfeita, como a bagunça prestes a escancarar as portas dos armários do meu apartamento pode comprovar, mas na maior parte dos dias sinto que tudo o que sou e tudo o que faço é suficiente.

Dediquei minha carreira a explorar as melhores estratégias para enfrentar a escassez de mulheres em postos de liderança nos Estados Unidos – como responsável pelo Projeto Casa Branca, uma organização nacional de liderança feminina, e atualmente como diretora de liderança da Levo, uma plataforma tecnológica criada para ajudar mulheres da geração Y a ascender profissionalmente. Vi que, apesar de chegarem a novos níveis profissionais, as mulheres ainda chegam ao topo raramente. Somos 51% da população[14] e, em 2020, a projeção é de que seremos 47% da força de trabalho,[15] mas ainda comandamos apenas 18% dos níveis mais altos de liderança.[16] Executivos espertos estão comprometidos em mudar essa tendência. Muitas empresas da Fortune 500 e muitas organizações sem fins lucrativos importantes me contrataram para ajudá-los a manter e promover mulheres, e dou muitas palestras sobre os benefícios de uma liderança diversificada.

Ao longo da minha carreira, fui incentivada pelo apoio crescente ao poder das mulheres no ambiente de trabalho, mas tenho consciência de que a maior parte dos esforços envolve incentivar mulheres a manterem o pé no acelerador da vida profissional, equipar os locais de trabalho para que apoiem suas funcionárias com mais afinco ou mudar as políticas públicas para que incentivem as empresas a fazê-lo. Sou defensora feroz de todas essas abordagens (como todos nós devemos ser), mas percebi que elas não dão a mulheres culpadas, ansiosas e exaustas uma solução aplicável para o problema das demandas concorrentes do trabalho e do lar.

Essa percepção – a inspiração para este livro – me ocorreu no fim de 2013. Naquele ano, palestrei em sessenta palcos para quase 20 mil mulheres, geralmente sobre o que indivíduos e organizações podem fazer para diversificar a liderança. Independentemente do conteúdo da minha fala ou da composição da plateia, a pergunta mais comum ao fim das palestras era sempre pessoal: "Como você administra tudo que faz?"

Em resposta, eu dizia: "Espero muito menos de mim e *muito* mais do meu marido do que a mulher média!" Isso sempre provocava risadas. Então eu solicitava perguntas que considerava mais urgentes sobre como lidar com a política do escritório ou sobre políticas governamentais. Apesar das minhas melhores intenções, as mulheres queriam inevitavelmente voltar à logística da minha vida pessoal. Detalhes que me pareciam desinteressantes – por exemplo, como meu marido e eu coordenávamos as idas à escola ou às compras ou a eventos noturnos de trabalho – pareciam fascinantes para elas. Um dia, depois de mais uma experiência assim, fiz a ligação. Finalmente entendi que, quando mulheres perguntam "Como você administra tudo isso?", na verdade estão se perguntando "Como *eu* posso administrar tudo isso?".

Deixe a peteca cair é minha resposta sincera a essa pergunta. É a história da minha jornada de três anos para entender o que realmente importava para mim, como conquistar isso e que estruturas de apoio eu precisava colocar em prática para tornar isso possível. A situação em que eu estava na primeira noite de retorno da licença-maternidade – me sentindo desamparada e confusa, com raiva e ressentida com a pessoa que, na verdade, estava na melhor posição para me ajudar – não é incomum. Muitas mulheres passam pela luta de uma vida em casa que se torna cada vez mais difícil e ocupa cada vez mais tempo exatamente quando suas carreiras precisam de mais atenção, energia e criatividade. Essa é a história de como eu aprendi a me destacar na carreira com objetivos bem-definidos, cuidar do meu casamento, criar filhos felizes, contribuir para minha comunidade, sustentar relacionamentos significativos e me manter saudável e em forma – tudo ao mesmo tempo.

No entanto, *Deixe a peteca cair* é mais do que um livro de memórias pessoais; é também um manifesto. Quero que as mulheres saibam que seu problema individual é também um problema coletivo. A pesquisa não deixa espaço para dúvidas: os problemas mais complexos são mais bem resolvidos por um grupo diverso de pessoas. Mas os cargos mais altos de liderança estão superlotados pelo mesmo tipo: homem, branco, heterossexual, em forma e rico. Isso é verdade desde o nascimento dos EUA há dois séculos e meio. Não me entendam mal. Como muitos de nossos fundadores, os líderes corporativos de hoje são talentosos, inteligentes e bem-intencionados. Mas agora que estamos no século XXI, suas lentes são muito estreitas para tratar de problemas enormes como desigualdade econômica, mudança climática, terrorismo ou o declínio do sistema educacional do país. Se nos importamos com esses problemas, temos que nos importar com as mulheres de cuja ajuda precisamos para resolvê-los.

Hoje, as mulheres são metade da força de trabalho, mas, no ritmo atual, vai demorar cem anos até que sejam metade dos nossos líderes.[17] O futuro da sociedade está na capacidade das mulheres de superar a gestão intermediária e prosperar no processo. Precisamos de um movimento *Deixe a peteca cair* – não só para evitar que mães que trabalham fora tenham um colapso, mas para avançar na história.

Parte Um

Fazendo tudo

Capítulo 1

Lugar de mulher

Eu iria fazer tudo. Teria uma carreira promissora, e meu marido também. Nosso casamento seria incrível, mais solidez do que romance, mas ainda assim digno de um livro. Mudaríamos o mundo juntos e criaríamos filhos lindos ao mesmo tempo. Ah, e seríamos muito felizes. Muito, muito felizes. Teríamos problemas, mas não durariam muito, e teriam apenas um propósito: nos deixar mais fortes. Mal sabia eu qual era o problema dos contos de fadas: eles não consideram a logística.

Desde sempre, fui criada para cuidar de uma casa. O cartão que ganhei no meu aniversário de 13 anos trazia o desenho de uma menina correndo para a cozinha com uma sacola de compras. Dentro, um bilhete dos meus pais escrito à mão agradecia pelas minhas contribuições à nossa família. Quando eu tinha 16, meus pais se divorciaram, e minha irmã de 14 anos, Trinity, e eu nos mudamos para a casa do nosso pai. Como eu era a mais velha, automaticamente virei a mulher da casa. Enquanto minhas amigas estavam no shopping, eu planejava as refeições e ia ao mercado. Uma vez, exausta por cuidar das responsabilidades da casa e por estudar, anunciei que dividiríamos as tarefas das refeições. Passei os jantares nos fins de semana para o meu pai, e nas terças e quintas, para minha irmã. Eu esperava que eles fizessem o mínimo: uma proteína, um carboidrato e um vegetal, preferencialmente preparados em casa. Na primeira noite do meu pai, ele cozinhou macarrão instantâneo, fez torradas e abriu uma lata de peras em calda. O melhor que eu poderia dizer sobre a primeira refeição da minha irmã, macarrão com carne e queijo de caixinha, era que estava bem cozida. Claramente, ninguém mais compartilhava do meu compromisso com refeições equilibradas e nutritivas. Daquele momento em diante, abandonei o plano de revezamento e voltei a fazer tudo sozinha.

Fazer tudo sozinha se tornou meu mantra – e não só fazer tudo sozinha, mas fazer tudo com perfeição. Trocava o esmalte todos os dias para combinar com minha roupa. Reescrevi a redação da inscrição para a faculdade oito vezes. Costurei meu próprio vestido para o baile da escola no dia da festa, porque não gostei do trabalho que a costureira tinha feito no vestido original quando fui buscá-lo pela manhã. Eu era uma garota de opinião forte e determinada, que gostava de assumir papéis de liderança na escola e na igreja. Meus pais sempre me incentivaram a falar o que eu pensava, a defender o que era certo. Mas, ao mesmo tempo, eu sabia das minhas responsabilidades futuras. Sabia que, quando crescesse, seria responsável por cuidar da casa (o que incluía comprar comida, cozinhar, organizar os armários, limpar e decorar), coordenar atividades sociais (tudo, desde agendar ocasiões especiais a comprar presentes e preparar os pratos e a casa para receber convidados). Ninguém nunca me *disse* que todas essas tarefas seriam minha responsabilidade no futuro. Quando falavam sobre o futuro, as pessoas me diziam que eu faria uma faculdade e deveria seguir minha paixão. Nunca se referiam àquilo que um dia me pegaria de surpresa – o conflito entre cumprir com todas essas tarefas domésticas e realizar meus sonhos.

Muitas mulheres sentem uma pressão que os homens raramente sentem – a pressão de ter sucesso no trabalho *e* manter tudo andando em casa, principalmente quando os filhos entram em cena. Não estou dizendo que os homens não sintam o estresse de cumprir com obrigações domésticas. Ao contrário, muitos homens hoje estão cheios de roupas para lavar. Mas depois de ter orientado, treinado, ouvido e conversado com milhares de mulheres, percebi uma ansiedade mais profunda e específica. Além de cumprir com nossas responsabilidades profissionais, sentimos que estamos no comando do lar – somos as maiores responsáveis por gerenciar a criação dos filhos, as atividades da família e, em geral, por manter o lar e a vida familiar fluindo. De acordo com a American Time Use Survey, metade das mulheres nos Estados Unidos faz algum tipo de tarefa doméstica, como limpar a casa ou lavar a roupa, num dia normal. Só 20% dos homens podem dizer o mesmo.[1] E mesmo em lares onde não somos as únicas fazendo todas as tarefas, somos nós que pensamos nas tarefas, como Judith Shulevitz observou na sua coluna "Mãe: nascida para se preocupar" no *New York Times*: "Não estou dizendo que é a mãe que vai fazer tudo", explicou Shulevitz, "mas que ela vai garantir que quase tudo seja feito."[2]

Embora o fato de que as mulheres se ocupam mais das tarefas do lar do que os homens seja verdade desde a década de 1950, as mulheres de hoje costumam se considerar sortudas porque, ao contrário dos maridos de antigamente, os nossos ajudam. As mulheres tendem a pensar que devemos nos sentir gratas pelos homens terem evoluído. De fato, mais homens estão contribuindo para a criação dos filhos e a administração do lar do que nunca. Mas, mesmo com esses avanços, a verdade é que os homens ainda não compartilham a mesma quantidade de trabalho e preocupação que gerenciar uma casa envolve. Em seu livro *The Second Shift* [O segundo turno], a socióloga Arlie Hochschild atribui a estima das mulheres por homens que faziam menos em casa ao uso da "tarifa concorrente".[3] Contanto que nossos maridos estejam fazendo relativamente mais do que seus pares ou do que a sociedade espera deles, ficamos felizes por eles estarem fazendo sua parte. Essa divisão desigual de trabalho tem repercussões psicológicas: quando os homens trocam uma fralda, sentem que estão ajudando; quando nós trocamos uma fralda, sentimos que estamos apenas fazendo nosso trabalho.

E não é qualquer trabalho. É um trabalho que carrega uma carga emocional enorme. Não importa o que alcancemos na carreira, se a vida em casa não estiver nos trilhos, encaramos isso como um fracasso moral. Quantas vezes ouvimos uma colega, ao se lamentar por ter perdido um evento da escola ou não ter preparado jantar para os filhos, dizer "Sou uma péssima mãe"? Ainda que os filhos tenham sido muito bem alimentados por outra pessoa, as mães costumam se sentir responsáveis de uma maneira que os pais geralmente não se sentem.

Um artigo da *Harvard Business Review* que detalhou entrevistas feitas com mais de 4 mil diretores executivos, 44% dos quais eram mulheres, revelou a diferença gritante no modo como homens e mulheres veem o equilíbrio entre trabalho e vida pessoal. "Quando você tem um bom salário, consegue pagar por toda a ajuda [prática] necessária", uma participante explicou. "O que é mais difícil, no entanto – o motivo pelo qual vejo minhas amigas abandonando a carreira – é a culpa emocional de não passar tempo suficiente com os filhos. A culpa de não participar." De maneira esmagadora, as mulheres falaram sobre se sentirem "divididas" entre o lar e o trabalho; comentaram sobre os sentimentos de insuficiência e fracasso que acompanhavam o sucesso na carreira. Em contraste, os homens se viam como provedores econômicos e eram muito menos emotivos ao responder a perguntas sobre a culpa que sentiam por não passar tempo suficiente com a família.[4] Sentiam conforto ao se considerarem os provedores. Muitos deles sentiam que não passar tanto tempo com os filhos era um "preço aceitável" a pagar por oferecer a eles melhores oportunidades do que as que tiveram quando crianças. Mas as mulheres, embora sentissem orgulho por serem exemplo para os filhos, associavam o sucesso profissional a emoções negativas em relação ao desempenho no lar. As mulheres estabelecem padrões mais altos de sucesso para si mesmas porque se espera que sejam bem-sucedidas tanto no trabalho quanto no lar.

De onde foi que tiramos a ideia de que "fazer tudo" é nossa responsabilidade?

A resposta simples é que o lar em que crescemos fornece nossas primeiras instruções sobre os papéis domésticos. Os exemplos dados por nossos pais e familiares se tornam modelo para nossas vidas adultas. Um estudo de 2014 realizado pela Universidade de British Columbia revelou que o comportamento e as crenças explícitas das mães sobre os papéis de gênero domésticos eram previsões das crenças de seus filhos.[5] Quanto mais as mães cumprissem tarefas tradicionais do lar e concordassem com a noção de que a maioria das mulheres faria o mesmo, mais seus filhos, principalmente as filhas, se imaginariam assumindo papéis de gênero estereotipados no futuro. Essa doutrinação já está solidificada quando a criança chega à adolescência.[6] Embora uma mãe possa ser um modelo positivo para a percepção dos filhos quanto ao que as mulheres podem conquistar fora do lar, o que seus filhos a observam fazendo em casa é ainda mais poderoso. Mesmo as filhas de mães que saem para trabalhar todos os dias crescem acreditando que serão responsáveis pelo grosso das tarefas do lar se isso é o que suas mães fazem – nossos filhos não nos veem liderando reuniões, fazendo apresentações ou treinando colegas mais jovens, eles nos veem correndo para preparar o jantar, lavar a roupa e a louça enquanto seus pais respondem a e-mails de trabalho ou checam o placar de um jogo.

Não há dúvida de que minha crença de que eu precisava estar no comando do lar estava enraizada no modo como minha mãe cuidava da nossa casa quando eu era criança. Ela cresceu no bairro

Watts, em Los Angeles, um lugar violento em meados dos anos 1970, e estava decidida a sair de lá. Nadando contra a maré, teve êxito acadêmico e artístico; amava moda e desenhava e costurava as próprias roupas. Ia começar a faculdade na UCLA quando engravidou de mim aos 19 anos. Os planos tiveram que mudar, mas ela estava determinada a encontrar um jeito de continuar avançando.

Meu pai nasceu num conjunto habitacional perto de onde minha mãe morava e tinha dez irmãos. Ele experimentou drogas, mas, fora isso, se manteve longe de problemas e sempre quis ajudar as pessoas. Por insistência da minha mãe, ele entrou para o Exército, como uma maneira de se libertar do vício e melhorar de vida. Eles se casaram no verão de 1973, e eu nasci nove meses depois na base de Fort Lewis em Tacoma, Washington. Meus pais romperam um ciclo vicioso de pobreza, vício e violência numa geração e, no processo, me ensinaram uma verdade fundamental: se quiser algo que nunca teve antes, você vai ter que fazer algo que nunca fez antes.

Em retrospecto, os primeiros dezesseis anos da minha vida foram quase perfeitos – embora, como a maioria dos adolescentes, eu achasse minha vida horrível na época. Não podia ir a festas; tinha obrigações como começar a preparar o jantar ao chegar da escola; e minha mãe vivia me dizendo que eu era inteligente, bonita e amada – o que me irritava muito – quando tudo o que eu queria era ter seios maiores. Mas minha família estava provando o sonho americano. Meu pai, o mesmo homem que se livrou do vício em heroína para passar num exame físico do Exército, acabou passando e recebendo um benefício para cursar a faculdade, conquistou um ph.D. em teologia, trabalhou como orientador numa escola e foi pastor de várias igrejas. Quando eu estava no ensino fundamental, minha mãe passou a trabalhar como assistente social, mas suas funções principais eram a de mãe e a de esposa do pastor, e ela desempenhava esses papéis com muita desenvoltura.

Uma das lembranças mais antigas que eu tenho da infância é o cheiro de frango frito e couve cozida em jarrete de porco entrando pelo vão da porta do meu quarto nas manhãs de domingo. Minha mãe acordava cedo para começar a cozinhar para que a refeição entre os cultos da manhã e da tarde pudesse ser servida rapidamente. Tudo que ela precisava fazer quando chegávamos em casa era assar uma fornada de pão de milho. No verão, ela fazia sorvete de baunilha caseiro na varanda. Não tenho nenhuma lembrança de uma pia cheia de louças ou de um bolo de aniversário comprado. E meu cabelo estava sempre muito bem arrumado. Minha irmã mais nova, Trinity, e eu passávamos horas entre os joelhos da minha mãe. Entre soltar, lavar, secar e trançar e colocar contas, seis horas passavam facilmente (o que em parte explica a resistência das mulheres negras – aos 5 anos, já conseguíamos ficar sentadas todo esse tempo para arrumar o cabelo!).

Meu pai também trabalhava muito, mas principalmente fora de casa. Ele começava cada dia com uma corrida pelo bairro. Nosso carro estava sempre brilhando. Nosso jardim era imaculado. A lixeira era levada até o meio-fio e as calhas eram limpas sempre na hora exata. De vez em quando, meu pai lavava a louça ou as roupas. Essas tarefas pareciam deixá-lo feliz, e ele literalmente assoviava enquanto trabalhava. Mas todos tínhamos a compreensão de que não eram tarefas dele; minha mãe só era sortuda por ter casado com um homem que gostava de fazê-las. Quando meu pai estava em casa, ele passava a maior parte do tempo se preparando para um sermão, assistindo a episódios de *Star Trek* ou *Além da imaginação*, ou dançando ao som de Lou Rawls ou Earth, Wind & Fire. Quando ele não estava em casa, estava na escola ou na igreja, cuidando do rebanho. Minha mãe e meu pai cumpriam com suas respectivas responsabilidades familiares – ela como dona de casa, ele como provedor –, e nos mudamos de um apartamento na cidade para uma casa no subúrbio com uma cerca branca.

Quando eu era criança, a igreja era a minha comunidade. Como meus pais tinham deixado suas famílias na Califórnia, o pessoal da igreja se tornou nossa família. Ainda que morássemos no Noroeste Pacífico, muitos dos afro-americanos que conhecíamos eram do Sul, então a comida era sempre o principal em qualquer reunião. Eu me lembro dos banquetes da minha infância com muito carinho, mas também me lembro da divisão do trabalho de acordo com o gênero: na nossa igreja, as mulheres preparavam a comida e o ambiente e serviam os homens. Mesmo quando criança, estava claro para mim que, embora as mulheres fossem fundamentais para o funcionamento da comunidade da igreja, seu papel era servir.

Às vezes eu me irritava com essa situação. Sempre me diziam que eu era inteligente, que faria uma faculdade e que o céu era o limite, mas nunca vou me esquecer do dia em que fui repreendida por uma professora da escola dominical por rezar muito alto e calorosamente ao fim da aula. Aparentemente, quando pediu por um voluntário, ela quis dizer um menino. Fiquei lhe olhando abismada enquanto ela me repreendia. Naquele dia aprendi que a doutrina da nossa Igreja não permitia que as mulheres guiassem os homens na oração. Eu tinha 11 anos, e nada no comentário da professora de que "os meninos são os líderes" me caiu bem. Tenho quase certeza de que minha paixão pela ideia de que mulheres e meninas tenham mais poder surgiu naquele momento.

Felizmente, eu tinha o tipo de pai que não acreditava que essa regra de que "os meninos lideram" se aplicasse a *suas* filhas, ainda que ele a pregasse aos outros. Ele virava o assento de uma cadeira ao contrário durante nossas reuniões de família semanais e ensinava minha irmã e eu a pregar. Mas como isso acontecia na privacidade do nosso lar e era mantido separado da igreja, mesmo seu incentivo reforçava a mensagem mais forte da comunidade: as mulheres devem se preocupar principalmente em cuidar dos outros.

* * *

A doutrinação do papel de gênero começa cedo, transmitida para nós nas atitudes e ações conscientes e inconscientes mesmo dos pais mais progressistas e bem-intencionados. Foi assim com Jun, uma diretora de vendas que conheci quando estava fazendo consultoria para uma empresa farmacêutica que lançava um programa de liderança feminina. Jun havia sido escolhida para liderar o novo programa – os diretores executivos a consideravam uma estrela. Ela sempre acreditou que poderia conquistar qualquer coisa se trabalhasse duro. Desde o troféu do concurso de soletração da escola até a carta de aceitação de Yale, Jun acumulou provas contundentes de que sua ética de trabalho implacável era a chave para o sucesso. Mas, aos 39 anos, quando estava trabalhando mais do que nunca, ela sentiu que estava fracassando – e estava infeliz.

Tinha ultrapassado suas metas de vendas por três trimestres consecutivos e era muito respeitada pelos colegas, mas, quando conversamos, ficou claro que ela estava por um fio. Apesar de sua crença no poder do trabalho, não conseguia encontrar horas suficientes no dia para atender às demandas do trabalho e da família.

"Minha casa está destroçada", desabafou. "Não limpo nada há semanas. Tem coisas crescendo na minha geladeira." Ela sorriu com pesar. "Tenho medo de que elas abram a porta e saiam se eu não fizer alguma coisa logo."

Isso foi só o começo. Quando Jun e eu conversamos sobre suas hesitações quanto a liderar o novo programa no trabalho, ela nunca mencionou ansiedades no campo profissional. Em vez disso, parecia que o que estava complicando seu trabalho era a lista de afazeres – e os sentimentos que vinham com essas obrigações – em casa. Assim como o exemplo da minha mãe me mostrou que eu deveria ser responsável pelo gerenciamento eficiente do meu lar, a criação da Jun influenciou suas crenças quanto ao seu papel em casa.

Os pais da Jun, ambos japoneses, eram profissionais ambiciosos e bem-sucedidos e desfrutavam de alguma flexibilidade de horário.

O pai era professor de história e a mãe era anestesiologista. O pai de Jun tinha férias durante o verão e não precisava trabalhar à noite nem aos fins de semana. Mas Jun lembrava que as responsabilidades do lar eram claramente divididas por gênero. "Meu pai nunca cozinhava, limpava ou me levava para as atividades que eu fazia depois da escola. Parece estranho, mas acho que ele nunca atendia ao telefone na nossa casa. Estou começando a desconfiar de que minha mãe trabalhava meio período, porque quando penso em tudo o que ela fazia, não consigo imaginar como era capaz."

Jun estava brincando sobre o fato de a mãe trabalhar meio período; a realidade é que ela tinha dois trabalhos de tempo integral – a profissão fora do lar e o gerenciamento do lar. Jun atribuiu um pouco da própria luta ao esforço de espelhar a mãe. "Acho que nunca reconheci a complexidade dos malabarismos que minha mãe fazia. Ela fazia aquilo parecer tão fácil."

Quando Jun e eu nos conhecemos, ela fez uma longa lista de seus "fracassos", e o pior deles (segundo ela) era perder os jogos de beisebol do filho mais velho. "Eu quero estar lá, mas é impossível com meus compromissos profissionais." Não importa quanto se esforçasse, Jun nunca achava que estava fazendo o suficiente.

Encontrar tempo entre os muitos compromissos era causa de estresse também para Susan. Nós nos conhecemos num festival comunitário no Harlem. Nossos filhos fizeram amizade ao chutar uma bola para lá e para cá numa partida imaginária da Copa do Mundo, e nós fizemos amizade pelo fato de não sermos mães típicas. Recém-divorciada e com dois filhos, um de 9 e o outro de 5 anos, Susan estava o tempo todo tentando equilibrar um cabo de guerra entre o trabalho e as obrigações do lar. Trabalhava como motorista de ônibus, o que significava que ela e os filhos tinham que acordar às quatro e meia da manhã para que ela batesse o cartão no terminal. A escola das crianças ficava em sua rota matinal, então ela conseguia levá-los. Mas no dia em que nos conhecemos, sua rota havia sido alterada, e ela não sabia como iria administrar essa mudança. "Essa alteração de rota é apenas o conflito desta semana entre trabalho e vida." Ela suspirou. "Semana que vem tem outro."

Quando perguntei por que ela achava que era sua responsabilidade deixar os filhos na escola, Susan me olhou horrorizada. "Não consigo nem me imaginar pedindo a um amigo ou vizinho que os leve", disse. "Vão pensar que sou uma péssima mãe." Sondei um pouco mais e descobri que, como tantas de nós, a compreensão de Susan quanto ao que era ser uma "boa mãe" vinha de observar a sua. "Minha mãe estava sempre alerta a tudo", ela disse.

Seu pai era policial, e Susan tinha lembranças dele fazendo tarefas ao ar livre, como lavar o carro e cortar a grama, mas não se lembrava de nada que ele fizesse dentro de casa. "Eu me lembro dele assistindo à tevê em sua poltrona. Minha mãe servia seu jantar numa daquelas bandejas de metal antigas."

As experiências de infância da Jun e da Susan – e as minhas – tiveram um impacto duradouro sobre o modo como encarávamos nossos futuros papéis. Se as mulheres fazem o dobro das tarefas do lar em comparação com os homens, as crianças desses lares estão recebendo a mensagem clara de que cuidar da casa é responsabilidade principalmente da mulher, ainda que ninguém lhes diga isso explicitamente.[7]

Mas não é só no nosso próprio lar que aprendemos isso. A cultura em geral transmite expectativas sobre como deveriam ser nossos papéis. De episódios de *Modern Family* a revistas femininas e ao Pinterest, somos bombardeadas com mensagens externas sobre como deveríamos estar gastando nosso tempo e nossa energia.

Quando criança, meu desenho favorito era *Os Flintstones*. Em 2013, a revista *TV Guide* classificou-o como o segundo melhor desenho animado de todos os tempos, atrás de *Os Simpsons*. Os dois desenhos retratam comportamentos bobos de homens da classe operária cujas esposas muito capazes e inteligentes são donas de casa. Séries infantis clássicas, como *Os ursos Berenstain*, também mostram a personagem da mãe fazendo as tarefas do lar. Filmes da Disney, de *Cinderela* a *Branca de Neve* a *A princesa e o sapo*, retratam jovens mulheres fazendo tarefas domésticas antes de serem descobertas por um belo príncipe. Não é de surpreender que, num estudo feito pelo National Institute on Media and the Family, tanto meninos quanto meninas descreveram personagens femininas como "domésticas, interessadas em meninos e preocupadas com a aparência".[8]

Internalizamos as mensagens que vemos e ouvimos sobre como nossas famílias devem ser desde muito jovens. E essas mensagens são tão poderosas que costumam influenciar nossas decisões mesmo antes de estarmos em posição de tomá-las. Sou mentora de uma jovem chamada Maria que já está ansiosa pelos desafios futuros da relação trabalho-vida. Formada na universidade há apenas dois anos, Maria está em seu primeiro emprego na área de marketing e não planeja começar uma família pelo menos durante a próxima década; ela nem tem namorado. Mas já está preocupada com como vai conseguir administrar tudo. "Isso me assusta todos os dias. A ideia de ter filhos e ter que desistir da minha carreira", ela admitiu numa de nossas seções. "A vida inteira me disseram que eu posso ter tudo, mas agora que estou trabalhando setenta horas por semana, não vejo como isso pode ser possível. As mulheres que são bem-sucedidas aqui não têm filhos."

Quando perguntei a Maria se as decisões profissionais que ela estava tomando naquele momento levavam em conta a necessidade de equilibrar trabalho e família no futuro, ela disse: "Na verdade não, mas só porque não sei quais decisões eu *deveria* estar tomando agora. Tudo o que sei é que eu não conseguiria fazer esse trabalho e ser uma boa mãe ao mesmo tempo."

Pedi a Maria que explicasse o que queria dizer com ser uma "boa mãe". Ela detalhou as coisas que sua mãe fazia por ela e pelos seus irmãos: tarefas como levá-los a seus eventos esportivos, fazer o almoço e costurar insígnias em seus uniformes de escoteiros. Como Jun, Susan e eu internalizamos a ideia de que a administração do lar era nossa responsabilidade porque esse foi o exemplo que nossas mães nos deram, Maria parecia incapaz de imaginar um tipo de maternidade que diferisse do modelo que recebeu de sua mãe.

A pressão que Maria estava colocando sobre si mesma só se agravou com as mensagens que recebia da comunidade. Apesar das conquistas acadêmicas na universidade e do sucesso profissional como gerente de marketing, quando está em terreno dominicano, os vizinhos sempre querem saber quando ela planeja "sossegar". "Agora que me formei, as pessoas parecem menos animadas com a minha carreira e mais preocupadas com o fato de eu encontrar um marido e começar uma família", ela me disse.

Maria articula algo que muitas mulheres vivenciam, mas raramente colocam em palavras: não só acreditamos que cuidar das coisas da casa seja nossa responsabilidade, como, em algum nível – geralmente inconsciente –, acreditamos que as coisas da casa devam ser nossa responsabilidade número um. Enquanto uma maioria significativa dos jovens (82%) acredita que tanto meninas quanto meninos podem ser bons líderes,[9] e jovens mulheres como Maria cresceram pensando que podiam ser bem-sucedidas no trabalho e em casa, conforme ficam mais velhas elas percebem que existe um senão no ideal de "ter tudo": o lar e a família devem estar em primeiro lugar. Nós, mulheres, internalizamos a mensagem de que não podemos ser bem-sucedidas na esfera pública se não formos estrelas no lar também. É por isso que todas nós queríamos ser Clair Huxtable, personagem do Cosby Show, uma das mães mais adoradas e populares da tevê de todos os tempos – ela era uma advogada incrível *e* criava cinco filhos muitíssimo comportados.

Assim como a cultura dominicana da Maria transmitia a mensagem de que seu sucesso profissional não era tão importante quanto sossegar e cumprir com as obrigações do lar, muitas tradições religiosas transmitem esses mesmos valores às mulheres. Sermões e cerimônias de casamento cristãs lembram às mulheres que Deus as criou para que fossem ajudantes dos homens. Espera-se que as mulheres judias, não os homens, limpem a casa antes da Páscoa para eliminar *chametz*, os alimentos fermentados. E, embora o Corão defenda a igualdade espiritual entre homens e mulheres, as práticas islâmicas incentivam que as mulheres sejam as principais cuidadoras do lar.

Ainda mais traiçoeira, a cultura popular alerta sobre o preço terrível a ser pago pelas mulheres que ignoram as obrigações domésticas tradicionais. Quando uma mulher está em posição de poder, conforme retratado em *A proposta*, estrelado por Sandra Bullock, ou em *Assédio sexual*, estrelado por Demi Moore, ela costuma ser retratada como fria, indisponível e com tendências sociopatas. "A bruxa subiu na vassoura", os assistentes do escritório enviam como mensagem quando a personagem de Bullock entra no escritório em *A proposta*. Com frequência, seu poder se dá em detrimento da vida pessoal ou familiar. Em *How to Get Away with Murder*, Viola Davis, a primeira negra a ganhar um Emmy de Melhor Atriz em Série Dramática, é Annalise Keating, advogada brilhante e professora de direito respeitada que tem um casamento horrível. Como Miranda Priestly, personagem de Meryl Streep na versão cinematográfica de *O diabo veste Prada*, uma estrela no trabalho e um desastre no lar. Quando é pega aos prantos pela assistente mais jovem, Miranda explica que o marido a deixou: "Mais uma decepção", ela lamenta. Esses comentários transmitem a mensagem de que mulheres poderosas precisam sacrificar relações saudáveis, família e possivelmente até a própria sanidade para chegar ao topo de suas carreiras. Até mesmo tabloides como *Us Weekly* e *People* dão mais espaço para mulheres desempenhando papéis maternais, como levar os filhos à escola, do que a mulheres desempenhando papéis profissionais. Celebridades femininas são mostradas na capa dessas revistas com mais frequência quando se casam ou têm um filho do que quando estrelam um filme ou lançam um novo negócio.[10] Quando assumiu como CEO da Yahoo, Marissa Mayer recebeu mais atenção por estar montando um berçário no escritório e foi mais questionada sobre como estava planejando dar conta das responsabilidades domésticas do que por sua visão para a direção da empresa. No momento em que escrevo este livro, há mais resultados na busca do Google para "Marissa Mayer bebê" do que para "Marissa Mayer líder".

Os modelos que vemos em nossas famílias, em nossas tradições culturais e religiosas e na cultura popular transmitem às mulheres sem cessar a mensagem de que sua principal responsabilidade é cuidar dos outros – da família e da casa – e que, quando elas não cumprem com essas obrigações, todos sofrem.

Como Jun, Susan e Maria – na verdade, como todas as mulheres –, fui criada com uma imagem clara do que era esperado de mim como menina (e do que seria esperado de mim como mulher) em casa. Mas só quando estava no ensino médio entendi o quanto seria importante que eu fosse bem-sucedida profissionalmente também.

A determinação de ter uma carreira bem-sucedida fora do lar se solidificou para mim quando fiz 16 anos, que foi o momento em que as coisas na minha casa desandaram. Meus pais me deixaram no acampamento de férias juntos, mas, no fim do verão, minha mãe foi me buscar sozinha. No longo caminho para casa, ela explicou que eles estavam se divorciando. Não chegou a usar a palavra *divórcio*, mas eu sabia que era isso que ela estava tentando dizer. Quando chegamos em casa, corri até o quarto da minha irmã mais nova e meu maior medo se concretizou. Trinity me contou todos os detalhes, incluindo o fato de que meu pai já tinha saído de casa.

Nós moramos com nossa mãe durante alguns meses, até a situação em casa ficar insustentável. Semanas depois do divórcio, o namorado novo da minha mãe se mudou para nossa casa. Eu tinha um mau pressentimento em relação a ele desde o primeiro sorriso que deu para nós, e seu comportamento logo confirmou minha avaliação. Ele fumava, bebia e falava palavrão e, pior de tudo, batia na minha mãe. Eu odiava o que estava acontecendo com ela, mas não sabia como ajudar. Finalmente, um dia, arrumei minhas coisas e pedi ao meu pai que fosse me buscar. Trinity se juntou a mim depois de uma semana.

Foi assim que eu e minha irmã nos tornamos duas adolescentes vivendo com um pai solteiro.

Também foi assim que me tornei obcecada por me dedicar ao máximo. Comecei a querer ascender enquanto via minha mãe decair. No que pareceu um piscar de olhos, sua vida foi de estável, como dona de casa suburbana, a volátil, como vítima de violência doméstica. Vi como a estabilidade econômica da minha mãe foi comprometida por sua dependência em relação aos homens. Nosso relacionamento me ensinou uma lição maior do que qualquer outra: uma mulher sempre deve ter controle sobre sua renda, que deve ser suficiente para sustentar a si mesma e seus filhos. Eu sabia que as chances de acabar na mesma situação da minha mãe eram poucas. Mas sua situação depois do divórcio alimentou minha vontade de ser bem-sucedida. Jurei que teria uma carreira de sucesso que garantisse minha independência. Não sabia exatamente o que seria, mas estava comprometida a ajudar todas as mulheres e meninas a levarem vidas regidas pelo próprio arbítrio e com mais poder.

Durante os dois últimos anos na escola, me dediquei a ter boas notas e participar de atividades extracurriculares que fizessem com que meu currículo fosse atraente para as universidades. No primeiro ano do ensino médio, fui eleita representante de turma. Como eu era líder estudantil, os professores e administradores me conheciam.

Um dia eu estava andando pelo corredor durante o horário de aula quando o vice-diretor surgiu atrás de mim: "O que você está fazendo fora da sala?" Continuei andando enquanto ouvia outro aluno responder que estava indo ao banheiro. Momentos depois, percebi que eu nem tinha virado ao ouvir a pergunta do vice-diretor, porque nenhum adulto na minha escola me perguntaria por que eu não estava na aula. A liderança estudantil me dava passe livre para andar pelos corredores. Em outros departamentos da minha vida, ser menina significava que eu tinha que dançar conforme a música. *Não reze na frente dos meninos. Não se vanglorie. Não seja barulhenta. Não brinque no trepa-trepa. Não molhe suas tranças. Não faça sexo. Não fale tão alto.* Para mim, a liderança era só uma parte da vida em que eu não precisava seguir as regras; eu podia até inventá-las.

Mas mesmo com a liberdade que a liderança me proporcionava, na escola, como na igreja, ser líder para uma menina significava ser uma abelha operária. Os meninos eram ótimos em dar ideias para o tema dos bailes, mas as meninas é que cuidavam da logística e dos detalhes. Em determinado momento, proibimos os meninos de fazer os cartazes porque as letras garrafais que eles faziam não eram o suficiente. Mesmo naquela época, nós, meninas, gostávamos que as coisas fossem feitas de determinada maneira. A ironia que me ocorre agora, também, é que mesmo com toda a paixão que eu tinha pela liderança na escola, nunca aspirei a chegar ao topo. O papel de presidente da turma costumava ser ocupado por um menino, e nunca pensei em questionar isso.

Existia apenas uma universidade para a qual qualquer jovem negra de alto desempenho acadêmico criada no Noroeste Pacífico nos anos 1980 queria ir: Spelman. A faculdade historicamente para mulheres negras fica no coração de Atlanta, convenientemente localizada próxima à sua correspondente masculina: Morehouse. Faculdades historicamente negras ficaram famosas com a série de tevê *A Different World* e o filme *School Daze* [Lute pela coisa certa], de Spike Lee. Para mim, ser aceita pela Spelman era um símbolo de sucesso. Eu era uma leitora voraz e devorava livros de autoras como Alice Walker, Pearl Cleage e Tina McElroy Ansa – todas se formaram em Spelman. O momento mais feliz da minha vida foi receber pelo correio a carta de aceitação de lá. Dormi com a carta embaixo do travesseiro por semanas.

Meu primeiro ano na universidade foi mágico. Cada dormitório tinha um conselho, e fui eleita vice-presidente do Abby Hall, então continuei com a liderança estudantil. Esse aspecto era familiar para mim, mas, em todos os outros, minha vida em Spelman me incentivava a crescer e aprender. Por exemplo, na época da escola, eu estudava sozinha na mesa da cozinha. O crédito por meu desempenho acadêmico era todo meu, mas quando eu empacava, era frustrante. Em Spelman, sempre estudava com as amigas. Logo percebi que, se eu as ajudasse com as redações e elas me ajudassem em química, todas nós chegaríamos muito mais longe em nossos objetivos acadêmicos. Foi a primeira vez que experimentei de verdade os benefícios da colaboração entre mulheres, e isso seria vital para mim mais tarde. A maior mudança que senti, no entanto, foi que pela primeira vez eu estava cercada de pessoas negras no ambiente acadêmico. E os meninos da Morehouse eram a cereja do bolo.

Durante toda minha vida escolar, sempre fomos apenas duas meninas negras na sala da escola pública. Havia outros alunos negros nos colégios onde estudei, mas eu fazia parte da turma dos alunos avançados, predominantemente branca, então minha interação com eles era limitada.

Quando cheguei ao ensino médio, a tendência a tirar notas altas, conjugar todos os verbos ao falar, concorrer a representante da turma em vez de praticar esportes e ter um grupo diverso de amigos fez com que os alunos negros me acusassem de "agir como branca". As provocações me atingiam e, conscientemente, passei a namorar só rapazes negros para afirmar minha identidade. Eu levava tão a sério o questionamento da minha negritude que planejei o baile do primeiro ano, mas não fui, porque nenhum negro me convidou. Na noite do baile, fui ao local para preparar e decorar tudo, voltei para casa e assisti a dois filmes, depois voltei ao local para organizar tudo e pagar o DJ. Até hoje, ainda me sinto muito mal por ter recusado o convite de um judeu muito legal.

Os rapazes de Morehouse eram como maná caído do céu para mim. E como, ao contrário da minha negritude, minha feminilidade nunca foi questionada, eu sabia que minha responsabilidade era fazer com que um deles se tornasse meu marido. Minhas prioridades, é claro, eram os estudos e o trabalho na comunidade. Mas as lacunas da minha mente eram reservadas para a caça a um pretendente elegível por ter uma base espiritual, valorizar de mulheres fortes, ter boa aparência e perspectivas de emprego depois da faculdade. Infelizmente, não fiquei na universidade tempo suficiente para encontrá-lo.

Se eu achava que meu mundo tinha virado de cabeça para baixo quando meus pais se divorciaram, a ligação que recebi do meu pai no fim do primeiro ano em Spelman foi algo muito pior. Resumindo, ele fez as contas e chegou à conclusão de que não teria recursos para me manter em Spelman e também mandar a Trinity para a faculdade que ela tinha escolhido. Então, pediu que eu pensasse sobre a hipótese de voltar para casa e frequentar a faculdade pública. Estilhaços de vidro cortaram meu coração enquanto respondi com a voz suave:

– É claro, papai. Eu volto para casa. Não se preocupe.

Todo o condicionamento social tinha funcionado. Eu era uma jovem determinada. Do tipo que decidia o que queria e sabia como fazer acontecer. Eu também era uma boa menina. Do tipo que entendia quando o que eu queria não importava. E era uma mulher agora, e mulheres faziam sacrifícios pela família. Não havia tempo para chorar. Eu tinha uma prova no dia seguinte, e precisava começar a empacotar minhas coisas.

Capítulo 2

Príncipe encantado

A primeira vez que vi Kojo, eu estava no saguão do meu novo dormitório na Universidade de Washington. Ele estava rindo com os amigos, e o brilho de seu sorriso, o branco marfim contra a tela que era sua pele cor de cacau, fisgou minha visão periférica. Então ele começou a andar. Parecia a própria personificação da autoconfiança. Seu andar era pura ginga. Lembro de ter pensado: *Ele anda como se viesse de um lugar onde os negros dominam*. Não fiquei surpresa ao descobrir que estava certa. Eu era a garota nova no campus, então tive que conseguir informações sobre Kojo com minha colega de quarto. Ela me explicou que ele era de Gana e estava estudando engenharia elétrica. Era corredor. Ela disse que ele era um pouco brega, mas muito legal.

– Todo mundo ama o Kojo.

Era toda a informação de que eu precisava para resumi-lo rapidamente. Se ele tinha uma mãe africana, estava acostumado com mulheres fortes, então eu soube que ele não se intimidaria comigo. Eu era ambiciosa, teimosa e confiava nas minhas decisões. Era uma combinação letal, e eu gostava do fato de que ele não tentaria me conter. Estudante de engenharia e atleta: isso significava que ele era inteligente, dedicado e tinha potencial financeiro. Finalmente, se as pessoas achavam que ele era um pouco brega (ele ainda usava um corte de cabelo militar, apesar de não estar mais na moda), eu não teria que competir com as garotas populares para conquistar sua atenção.

Imediatamente elaborei um plano para que Kojo me notasse. Eu tinha orgulho do meu intelecto, da minha persistência e do meu altruísmo, mas sabia que essas qualidades não seriam necessariamente atraentes para um cara. E eu não estava disposta a me sexualizar – que é a maneira mais fácil de chamar atenção de um cara na faculdade –, então pensei que teria que conquistá-lo por meio de exposição constante, como um comercial televisivo ao qual precisamos assistir várias vezes antes de pensar em comprar o produto.

Logo descobri que Kojo era um dos responsáveis pelo meu dormitório. Todos os responsáveis faziam turnos no balcão de entrada, então verifiquei o cronograma para saber quando ele estaria trabalhando. Logo também descobri o horário em que ele tomava café da manhã e jantava na cantina do dormitório. Eu passava pelo balcão durante seu turno ou ia pegar batatas fritas na cantina quando sabia que ele estaria lá. Às vezes sorria e dizia oi, mas na maioria das vezes agia com indiferença, como se estivesse simplesmente seguindo minha rotina. Fiz isso durante um semestre inteiro, mas Kojo nunca me chamou para sair. As garotas não deviam chamar os caras para sair, então fiquei frustrada. Eu precisava melhorar minha estratégia.

Quando voltamos das férias de inverno, eu estava ocupada com outra conquista – uma vaga na irmandade Delta Sigma Theta. Como eu iria me formar em língua inglesa, me ofereci para escrever o roteiro do programa do Mês da História Negra que produzíamos todos os anos. Era a oportunidade perfeita para levar a Operação Kojo a um novo patamar. Segundo o que eu tinha imaginado, o programa registraria cada década da história negra por meio de canções e cenas curtas, e eu organizei a década de 1980 intencionalmente para incluir Kojo. A cena envolvia dois jovens negros sentados cada um a uma mesa no palco, escrevendo cartas sobre o que estava acontecendo em suas vidas. Enquanto o holofote iluminava cada um deles, a plateia ouvia uma narração do que estavam escrevendo. Um era um jovem em Detroit. O outro, num povoado em Gana.

Por sorte, uma das garotas da irmandade também era responsável pelo meu dormitório e tinha o telefone de Kojo. Eu disse a ela que precisava entrevistá-lo para escrever a cena. Queria um relato em primeira mão de como tinha sido crescer em Gana nos anos 1980. Finalmente, uma conversa de verdade com Kojo! Depois da entrevista, no entanto, desliguei o telefone e percebi que não tinha chegado a lugar nenhum. Eu precisava encontrar um motivo para falar com ele de novo. Então liguei mais uma vez e perguntei se ele estaria disposto a interpretar o papel do jovem ganês.

– E será que você poderia ensaiar semana que vem?

Ele disse sim!

Finalmente mordeu a isca, e agora eu só precisava trazê-lo para dentro do barco. Ofereci uma carona no meu Escort branco 1988 do dormitório até o ensaio. Imaginei que ele perceberia que, como o teatro ficava bem perto do dormitório, a carona era meu jeito de dizer que estava interessada nele. Na noite do ensaio, vesti o jeans e o moletom da Spelman, como sempre, mas decidi colocar também um colar de búzios que gritava "Sou sua deusa africana!". Depois do ensaio, no saguão do teatro, Kojo olhou para o meu pescoço. Percebi que foi a primeira vez que ele realmente reparou em mim.

– Que colar bonito – disse ele. – Você tem planos para hoje à noite? Quer ir ao Red Robin?

Sorri e suspirei.

Tenho que dizer que, quando perguntam ao Kojo como nos conhecemos, não é essa a história que ele conta. Ele diz que nos conhecemos numa festa de Halloween com tema dos anos 1970.

Alguns meses antes dos ensaios, minha amiga Toyia e eu fomos convidadas para uma festa de Halloween. Toyia disse que o traje era anos 1970, mas eu não tinha nada para vestir. Encontrei um vestido florido num brechó e perguntei a uma amiga da minha mãe, uma mulher muito estilosa que era como uma tia para mim, se tinha a ver com a festa. Ela disse que o vestido era bonito, mas que precisava de algumas alterações. Então cortou-lhe a parte de baixo! Insistindo que pernas eram muito populares nos anos 1970, ela me ajudou a encontrar sapatos de plataforma, uma meia-calça rosa neon, brincos de argola e uma peruca afro para completar o look.

Para além de ter estreitado laços com Toyia, que mais tarde se tornou minha companheira na irmandade e se revelou uma das pessoas mais generosas que eu conheço, a noite não foi marcante para mim. Fiquei num canto, tentando puxar o vestido para baixo enquanto todo mundo estava na pista curtindo "Got Me Waiting", do Heavy D. Mas para Kojo, essa festa foi fundamental. Quando percebeu o colar de búzios no saguão do teatro, de repente percebeu que eu era a mesma gata dos anos 1970 da festa de Halloween. Foi aí que ele me chamou para sair.

Agora, anos depois, percebo que meu plano para atrair Kojo para a peça da irmandade não teria sido a primeira vez que gastei uma quantidade enorme de energia tentando convencê-lo a fazer algo que eu queria, para depois descobrir que havia uma rota mais rápida, se eu estivesse disposta a me expor.

Aquele primeiro jantar no Red Robin definiu o tom do nosso futuro relacionamento. Kojo e eu conversamos durante horas comendo hambúrgueres e toneladas de batatas fritas. Falamos sobre política e acontecimentos atuais, nossas famílias, os dramas da faculdade e qual filme era melhor: *Os donos da rua* ou *Perigo para a sociedade*. Ele me impressionou com sua compreensão da história mundial. Como estudava língua inglesa, tinha concluído, erroneamente, que um engenheiro não se interessaria pelas ciências humanas, mas isso não era verdade para Kojo. Nós dois fomos líderes estudantis e lutamos por mudanças no campus por meio de protestos e eventos. Uma vez, bloqueamos uma rodovia interestadual para chamar atenção para o fato de que a universidade precisava ter um quadro de professores mais diverso. Logo passamos a nos ver quase todos os dias. Nosso relacionamento era a soma de longas conversas tarde da noite e ativismo apaixonado. Um sonhava com a visão do outro. Ele voltaria para Gana para ajudar a construir a infraestrutura de telecomunicações. Eu seria uma defensora da justiça social, provavelmente dando aula ou trabalhando numa organização sem fins lucrativos.

Kojo se referia a mim como amiga, mas para mim nós éramos namorados. Soube que ele concordava depois do nosso primeiro verão. Ele tinha conseguido um estágio em Denver e, quando eu não estava no meu emprego de verão no caixa de uma loja de departamentos, eu passava todos os segundos tricotando um cobertor nas cores da bandeira de seu país. Cada ponto era meu jeito de dizer o quanto ele era importante para mim. Ele ficou feliz quando o presenteei com o cobertor no dia de sua volta. Algumas semanas depois, percebi que ele colocou o cobertor na mala que estava arrumando para uma visita aos seus pais. Percebi que ele iria me apresentar para eles mostrando o cobertor. Isso me deixou muito feliz.

Quando Kojo me pediu em casamento na primavera de 1997, algumas semanas antes da formatura, um sorriso irônico atravessou meu rosto.

– Achei que fôssemos apenas amigos – provoquei.

– Acho que a amizade é a melhor maneira de começar o resto de nossas vidas – respondeu ele, sério.

Por mais que eu adorasse Kojo e quisesse passar o resto da vida com ele, ainda éramos muito jovens, então não respondi na hora.

Em vez disso, consultei mulheres que mais tarde vim a chamar de mentoras – mulheres da família e outras mais velhas e mais experientes em cuja opinião eu confiava. Cada uma me deu sua versão do mesmo conselho: case agora, mas espere para ter filhos. Com essa condição, corri para Kojo para dizer sim, deixando claro que teríamos filhos quando *eu* estivesse pronta. Ele concordou com facilidade. Nós nos amávamos. Mais importante do que isso, estávamos certos de que mudaríamos o mundo juntos. Logo comecei a desenhar nosso convite de casamento, e fiz todos os 150 à mão.

Depois que nos casamos, compramos uma linda casinha em Seattle e começamos a criar nosso reino doméstico. Naquele início, o maior objeto de negociação foi a respeito da primeira grande compra para a casa, um sofá de oitocentos dólares da IKEA. Tirando nossos futons, tudo o que tínhamos como recém-formados cabia em malas ou mochilas. Para nós, o sofá era um investimento enorme. Kojo, sempre cuidadoso com as finanças, insistia que não tínhamos muito dinheiro, e tive que me esforçar para convencê-lo a ir ao showroom da IKEA. Eu gostava do cinza-claro e não tinha nem considerado a possibilidade de que Kojo se importaria com a cor do sofá. Foi uma suposição errada da minha parte, com a qual fui obrigada a conviver durante quase duas décadas.

– Estamos interessados neste sofá em azul-escuro – disse meu marido decidido quando o vendedor se aproximou. *Não, não estamos!*, pensei comigo mesma, analisando a situação com rapidez. Investi meu capital de recém-casada em convencer Kojo de que precisávamos de um sofá novo, mas não considerei que precisava negociar a cor com antecedência. *Droga! Agora ele acha que já está me dando tudo o que eu queria.* A cor era dele, decidi. Se eu insistisse no cinza-claro naquele momento, talvez colocasse em risco a compra como um todo. Fiquei em silêncio e, duas semanas depois, o sofá azul chegou.

Como marido e mulher, Kojo e eu continuamos tendo longas conversas sobre tudo, geralmente aninhados naquele sofá azul.

Falávamos sobre nossos valores, sobre o impacto que queríamos ter na comunidade local e global. Falávamos sobre nossas finanças – conversas que costumavam ficar tensas quando eu insistia que mantivéssemos contas separadas. Quando eu era menina, uma vez ouvi minha mãe e suas amigas falando com pena de uma mulher da igreja que tinha um casamento terrível porque não tinha a própria conta bancária. Pelo menos foi assim que minha mente de criança interpretou a situação. Nunca quis que sentissem pena de mim, e queria ter controle sobre o dinheiro que ganhava. Kojo concordou com relutância. Falávamos sobre nossas carreiras, concordando que primeiro ele me apoiaria enquanto eu fazia pós-graduação e depois eu o apoiaria enquanto ele fazia um MBA. Falávamos sobre quantos filhos queríamos ter – quando eu estivesse pronta; filhos ainda estavam num futuro distante. Considerando todo o tempo que passávamos conversando, hoje é incrível pensar que não falamos sobre um aspecto fundamental da nossa vida: quem faria o que em casa.

Durante os primeiros oito anos de casamento, as responsabilidades do lar seguiram divisões tradicionais de gênero. Era como o toque de fábrica dos nossos celulares. Funcionava tão bem que nunca pensamos em mudar. Eu costumava cozinhar e, quando Kojo assumia uma refeição, geralmente era algo na grelha. A exceção era um prato tradicional da África Ocidental feito com bastante tomate e temperos chamado arroz *jollof* que ele preparava com frequência. Como qualquer boa americana casada com um ganês, aprendi a preparar seus pratos tradicionais. Eu dominava o prato preferido de Kojo, *kelewele*, banana-da-terra madura fatiada, temperada e frita até atingir uma delicada cor dourada. Mas nunca acertei o *jollof*. No início, isso me incomodava – o fato de ele preparar o prato melhor do que eu –, mas com o tempo passou a ser o prato que eu amava que ele fizesse.

As tendências perfeccionistas e controladoras que desenvolvi quando morava com meu pai e com minha irmã seguiam firmes nos primeiros anos como esposa de Kojo. Eu esfregava o chão da cozinha de joelhos com uma esponja porque achava que passar um pano não era suficiente. Tirava o pó dos móveis e trocava os lençóis todas as semanas. Mesmo depois de ter desenvolvido uma alergia mortal a frutos do mar, ainda insistia em preparar o guisado de frutos do mar favorito de Kojo – usando luvas de látex para limpar camarão – porque não conseguia imaginá-lo comendo o que outra pessoa tivesse preparado. Kojo cortava a grama e garantia que o óleo do nosso carro fosse trocado com frequência. Eu coordenava nossa agenda social. Ele era responsável pelas questões do financiamento da nossa casa e pagava as contas. Nos fins de semana, eu recortava, testava e arquivava receitas da Martha Stewart. Ele assistia ao futebol.

Eu não pensava muito sobre isso. Afinal, eu *gostava* de cozinhar e manter a casa impecável. Profissional e publicamente, eu defendia que as mulheres tivessem mais poder, mas particularmente eu estava no modo piloto automático das mulheres perfeitas. Eu jamais me descreveria como rainha do lar, mas sempre acreditei que as mulheres estavam mais bem preparadas para isso. Até me orgulhava, como qualquer um que já tenha experimentado minha salada de batatas pode confirmar. Embora não ficasse claro na divisão de tarefas da nossa casa, eu achava que Kojo e eu éramos um casal moderno e progressista.

Um dia, em março de 2003, senti o chamado do meu relógio biológico pela primeira vez. Eu estava fazendo 29 anos. Tinha terminado meu mestrado em língua inglesa e trabalhava angariando fundos para a Seattle Girls' School, uma nova iniciativa social que tinha o objetivo de capacitar meninas para a liderança e a inovação. Kojo era engenheiro de comunicações sem fio da Qwest, uma grande empresa de telecomunicações. Virei na cama e o acordei para fazer meu anúncio.

– Estou pronta para ter um filho – sussurrei.

Ele foi tão paciente durante os seis primeiros anos do nosso casamento que presumi que eu estava segurando o cronograma, então fiquei surpresa com a resposta.

– Ainda não – disse ele. – Quero fazer meu MBA primeiro.

Eu sempre soube que ele queria fazer o MBA, então fez sentido para mim. Naquele dia ele voltou para casa com o guia das melhores escolas de negócios do *Wall Street Journal*. No verão de 2004, já tínhamos alugado nossa casa em Seattle e estávamos colocando as coisas no Jetta para atravessar o país até Boston, onde Kojo conseguiu uma vaga na MIT Sloan School of Management. Eu não estava muito animada com a mudança. Fui criada no Noroeste Pacífico e amava minha casa. Só o interesse em Spelman tinha me levado a Atlanta. Mas eu tinha ido até o altar com um homem que veio de outro continente, então não sei o que me fez pensar que ficaríamos em Seattle para sempre. Lembre-se: contos de fadas não consideram a logística.

Embora a mudança para Boston tenha sido, no início, emocionalmente difícil para mim, acabou se tornando uma das melhores decisões que tomei na vida. Consegui um emprego angariando fundos para a Simmons College, que acabou se revelando um marco importante na minha carreira. Eu atuava como grande defensora da educação de meninas e mulheres e estava dando o próximo passo para me tornar diretora de desenvolvimento. Eu tinha um portfólio próprio de alunas que cobria Detroit, Chicago, Filadélfia e arredores e viajava com frequência, o que não me incomodava uma vez que Kojo estava envolvido com a escola de negócios. Eu tinha todos os recursos de que precisava para ser bem-sucedida. Além disso tudo, Simmons era uma comunidade maravilhosa. Virei conselheira da Organização de Alunos Negros e adorava os alunos e meus colegas. Alguns deles são meus amigos até hoje.

Boston também foi onde a política me mordeu. Certa manhã, ouvi uma entrevista na National Public Radio com Deval Patrick, possível candidato improvável ao governo de Massachusetts. Afro-americano, foi criado por uma mãe solteira em condições muito humildes e, no entanto, ali estava, prestes a fazer história. Sua mensagem de oportunidade para todos reverberou em mim, talvez porque ele falasse com uma sinceridade e um otimismo que eu raramente ouvia na política. Lembro que fiquei emocionada com uma história que ele contou sobre frequentar um internato particular em Massachusetts. A escola tinha mandado uma carta aos pais avisando que os alunos deveriam levar roupas apropriadas para a escola. Deval chegou com uma jaqueta de frio, imaginando que a escola se referia a roupas que protegessem do tempo. Mas não, eles se referiam a um terno para as ocasiões sociais a que ele deveria comparecer. Foi uma das primeiras vezes que o candidato compreendeu a desconexão cultural que deve ser superada para que alcancemos mudanças significativas. Deval parecia acreditar que algumas pessoas comprometidas se dedicando ao bem maior poderiam transformar o mundo. Aquilo era eletrizante.

Alguns dias depois, eu estava conversando sobre o candidato com alguns amigos num coquetel. A esposa de Deval, Diane, estava no evento, ouviu meu entusiasmo e me convidou para apresentar seu marido no evento de lançamento da campanha Women for Deval Patrick, que aconteceria nos próximos dias. Isso é que é estar no lugar certo na hora certa! Eu disse sim imediatamente. Sempre acreditei que, quando uma pessoa influente nos convida a participar, devemos aceitar e fazer nosso melhor.

Foi assim que eu acabei diante de uma sala lotada no Copley Plaza no dia 17 de novembro de 2005, apresentando o homem que viria a ser o próximo governador de Massachusetts. Foi uma grande honra, e nunca fiquei tão nervosa na vida. Mas eu sabia que minha ansiedade no momento era apenas uma das razões das borboletas no meu estômago. Eu estava grávida de três meses. Minha tendência de controlar as coisas tinha se estendido ao planejamento familiar. Nosso primeiro filho nasceria semanas antes de Kojo terminar o MBA.

Dei início à minha licença-maternidade e, duas semanas depois, no dia 28 de abril de 2006, nosso filho chegou. Era de tirar o fôlego. Na cultura ganesa, o pai escolhe o nome do filho, e concordei em honrar essa tradição. Seu primeiro nome seria Kofi, o nome que se dá a um menino nascido numa sexta-feira. O nome do meio seria Abiam, nome do pai de Kojo. Como todos os pais de primeira viagem, Kojo e eu nos organizamos numa rotina alegre mas cansativa de alimentação, troca de fraldas e cochilos intermitentes. Certa manhã, uma pergunta me pegou: *Como vou fazer meu trabalho na Simmons e cuidar deste bebê?* Meu trabalho exigia viagens frequentes para encontrar potenciais doadores, e eu amamentava Kofi em intervalos de poucas horas. Eu não tinha incluído essa nova realidade no meu plano de carreira.

Assim que comecei a pensar em como exatamente resolveria tudo isso, Kojo recebeu uma oferta de emprego num banco de investimentos em Nova York. Enquanto ele compartilhava a boa notícia comigo naquela noite, vivenciei algo novo e estranho: na minha cabeça e no meu coração, eu sabia que deveria ficar feliz por Kojo e por nós, mas, no fundo, na boca do meu estômago, havia um ronco de inveja – uma coisa que eu nunca tinha sentido naqueles onze anos desde que Kojo e eu nos conhecemos. Não era um sentimento bom. Embora eu não fosse capaz de articular completamente na época, o sentimento tinha origem em como parecia fácil para Kojo tomar grandes decisões profissionais; parecia que estava preestabelecido que eu me encarregaria dos detalhes, além de arranjar uma maneira de fazer meu trabalho e cuidar do nosso filho. Pela primeira vez, eu estava enfrentando a realidade de que ter um filho poderia ter impactos muito diferentes na carreira do

Kojo e na minha. Tentei afastar esse sentimento, dizendo a mim mesma que não era nada e que a boa notícia de Kojo era boa para todos nós.

Sobrecarregada e sem dormir direito, eu disse a Kojo que deveríamos ir para Nova York. Ele deveria aceitar o emprego. Mas, secretamente, meu coração estava partido. Deixar Boston significava abrir mão de duas oportunidades que eu tinha certeza de que significariam um avanço em minha carreira – meu trabalho na Simmons e o envolvimento crescente com a campanha de Deval Patrick. Mudar para Nova York parecia um grande retrocesso, mas eu não via alternativa. Com um recém-nascido, como eu poderia voltar para meu antigo trabalho com todas aquelas viagens? Além disso, Kojo não tinha recebido nenhuma oferta de emprego em Boston. Embora eu soubesse que mudar para Nova York era importante para a carreira de Kojo – e que era o melhor para a nossa família na época –, essa compreensão racional vinha acompanhada de certa dificuldade emocional. Era como se Kojo e eu estivéssemos participando de um revezamento 4 × 100, passando o bastão um para o outro com graça até o nascimento do nosso filho. Nesse momento, de repente e sem aviso, havia um obstáculo na minha pista, e nenhum na do Kojo. O caminho se desenrolava diante dele livre e desimpedido.

Parecia injusto.

Capítulo 3

Mãe que trabalha fora

Naquele verão, depois que o Kofi nasceu, larguei meu emprego e organizei nossa mudança de Boston para Nova York, certa de que encontraria algo novo com o tempo. Enquanto isso, a vida era tranquila. Eu limpava a casa e cozinhava, decorava nosso novo apartamento no Harlem, ninava e amamentava Kofi e incentivava sua inteligência com CDs da série Baby Einstein. Eu só precisava de uma babá em quem pudesse confiar e um emprego que não exigisse muitas viagens para resolver meu dilema de mãe que trabalha fora.

Como eu havia previsto, conseguir um emprego não foi difícil. Eu tinha escolhido trabalhar em organizações sem fins lucrativos porque estava comprometida a ajudar mulheres e meninas a levarem vidas cheias de poder e guiadas por elas mesmas, e sabia que sempre precisariam de alguém para angariar fundos. Qualquer um pode ter uma excelente ideia para fazer do mundo um lugar melhor, mas poucas pessoas sabem como conseguir o dinheiro para fazer acontecer. Meus ex-colegas de Seattle e Boston foram muito generosos em me apresentar para líderes de organizações em Nova York e, após várias reuniões, consegui a oferta dos sonhos: ser diretora de desenvolvimento do White House Project.

Sempre achei que, como mãe que trabalha fora, eu deixaria meu bebê numa creche, mas logo descobri que creches boas em Nova York eram muito caras. O custo de contratar uma babá particular era, comparativamente, razoável, mas a ideia me incomodava. Na minha visão de mundo, só pessoas ricas tinham babás. Como eu ainda planejava as refeições da família de acordo com os dias de promoção no mercado, foi preciso me ajustar psicologicamente para aceitar que eu contrataria outra mulher para cuidar do meu filho na minha casa. Além disso, como seria possível encontrar alguém que cuidasse dele como eu cuidava?

Logo descobri que os grupos de mães on-line estavam repletos de candidatas. Respondi a uma mãe que publicou uma crítica muito elogiosa de sua babá, Lucinda, a qual ela só estava dispensando porque tinha decidido ficar em casa em tempo integral. Lucinda me causou uma ótima primeira impressão, mas a entrevista foi estranha. Meu coração saltitou quando ela tirou as sandálias e lavou as mãos assim que entrou pela porta do nosso apartamento. O sotaque de Barbados era de uma calma contagiante. Mas quando nos sentamos no sofá azul e peguei Kofi no colo, me senti estranha. Ela respondia a minhas perguntas abertas como se elas fossem de verdadeiro ou falso.

– Quais são as coisas que te incomodam ou que você prefere não fazer?

– Cachorros.

E ela não se preocupou em devolver meus sorrisos. Quando me disse que tinha dois filhos, fiquei um pouco surpresa. Ela não parecia ser do tipo que gostava de crianças. Foi por isso que menti dizendo que Kofi não se dava bem com pessoas novas quando ela pediu para pegá-lo no colo. Senti que fui salva pelo gongo quando o telefone tocou e precisei deixar o cômodo. Sem pensar, coloquei Kofi no tapetinho colorido da Fisher-Price aos pés de Lucinda e saí.

Assim que disse alô, percebi que tinha deixado meu filho com uma pessoa estranha. Mas quando me virei para voltar e resgatá-lo, ouvi os dois dando gritinhos de alegria. Antes mesmo que eu desse dez passos para atender ao telefone, Lucinda já tinha se sentado no chão para brincar com Kofi. E eles estavam gargalhando um para o outro! As referências de Lucinda gritaram: "Ah, ela é tímida com adultos... mas é maravilhosa com bebês." No fim, decidi que a melhor babá para Kofi seria uma com quem *ele* se sentisse bem. Ofereci o emprego a Lucinda antes mesmo que Kojo pudesse conhecê-la.

Depois de ela aceitar a oferta de emprego e de eu ter alinhado as coisas com Lucinda, fiquei nas nuvens. Achava que iria subir na carreira e, ao mesmo tempo, proporcionar a meu filho tudo de que ele precisava. Saí para o meu primeiro dia com esse otimismo. Mas depois do desastre dos seios explosivos, meus pés voltaram ao chão. Como percebi naquela noite após o meu primeiro dia de volta ao trabalho, seria cada vez mais difícil dar conta de tudo em casa e trabalhar em período integral. Lucinda deixava Kofi em meus braços assim que eu passava pela porta e, depois que eu alimentava, dava banho, brincava e lia para Kofi, não havia tempo suficiente para completar um ciclo da máquina de lavar. Ou era muito tarde para retornar a ligação do meu médico. Nosso carro logo passou a ficar coberto de multas porque eu esquecia de mudá-lo de vaga conforme a rotina de limpeza da rua exigia. Além disso, tive que me acostumar a ter um horário determinado para terminar meu dia de trabalho. Eu costumava trabalhar durante o tempo que fosse necessário para terminar tudo. Agora, eu tinha que sair do escritório a tempo de chegar em casa para liberar Lucinda antes das 18h. Eu estava sempre frustrada pelo fato de nunca conseguir fazer tudo o que queria e precisava num dia de trabalho. Eu era habituada a estar preparada e sempre à frente, mas, a cada dia, passei a sentir que estava perdendo uma corrida imaginária. No início, fiz simplesmente o que sempre fazia para atingir os resultados – trabalhei mais. Ficava acordada até tarde ou acordava cedo para responder a e-mails ou terminar tarefas. Passava os domingos preparando o jantar da semana inteira. Parei de me exercitar – quem tem tempo? Com o passar das semanas, no entanto, uma coisa ficou clara: se eu quisesse ser bem-sucedida no trabalho, meu reinado doméstico teria que acabar. Mas eu não tinha tempo para descobrir como. Estava distraída pela nova dinâmica que estava permeando meu casamento, e isso não era bom.

Kojo e eu tínhamos adoração um pelo outro e, durante a maior parte do nosso casamento, seríamos ótimos candidatos ao prêmio de Casal Mais Feliz do Ano. Tínhamos conquistado um equilíbrio saudável entre independência e união. Não era incomum que viajássemos separados para estreitar laços com amigos diferentes, mas não ousávamos assistir à nossa série de tevê favorita sem estarmos enlaçados um ao outro no sofá azul. Curtíamos conversas íntimas e profundas e momentos de brincadeira entre uma e outra.

Depois do nascimento de Kofi, no entanto, um conjunto novo de emoções começou a se intrometer no meu relacionamento com meu marido. Sem rodeios, eu passava a maior parte do tempo com muita raiva. Publicamente, me gabava do quanto Kojo era um marido e pai maravilhoso, mas, por dentro, ficava irritada com frequência, e não sabia explicar por quê. Tentava reprimir minha frustração, mas ela estava sempre ali, um submarino furtivo, com mísseis voltados para o meu marido, pronto para subir à superfície e atacar a qualquer momento.

Kojo fazia uma pergunta inocente.

– Querida, onde está a chupeta?

E eu explodia.

– Onde está a chupeta?! Está no *mesmo* lugar de sempre, ora!

Ou, enquanto tirava o pó dos móveis, via que ele tinha deixado uma pilha de recibos em cima da cômoda e ficava tão irritada com suas tendências acumuladoras que jogava tudo fora, mesmo sabendo que ele queria guardá-los. Um fim de semana, separei toda a roupa suja, devolvi a dele para o cesto e lavei só a minha. Quando ele reclamou segunda de manhã que não tinha nada limpo para usar, comentei com sarcasmo que sua esposa só teve tempo para lavar as roupas dela. Às vezes eu estava simplesmente sendo malvada, mas suspeito de que ele atribuía meu comportamento à falta de sono. Ele com certeza não tinha ideia de qual era a verdadeira fonte da minha agressividade e, no início, eu também não tinha.

Em retrospecto, o motivo pelo qual eu estava desconectada de minhas próprias emoções era que eu me sentia em conflito com elas. Afinal, o trabalho de Kojo no banco de investimentos exigia mais tempo do que o meu bico na organização, além de pagar mais. As horas e o pagamento a mais não compensavam minhas horas a mais em casa? Não davam a ele o direito de esperar que eu lavasse suas roupas? Essa linha de pensamento me acalmava temporariamente, mas não por muito tempo. Eu o ouvia dando conselhos sobre como preparar papinha caseira, sendo que nunca tinha amassado uma cenoura na vida, e o submarino emergia mais uma vez: eu lançava um olhar agudo de desgosto em direção a Kojo.

O submarino furtivo era ressentimento reprimido, é claro, e o motivo pelo qual eu o dirigia tão diretamente a Kojo era porque, segundo o que eu via na época, as coisas eram muito mais fáceis para ele. Nós dois trabalhávamos em tempo integral fora de casa, mas, dentro de casa, eu trabalhava mais. E, o que era enlouquecedor, ele parecia ignorar metade das coisas que eu fazia para manter o funcionamento do nosso lar fluindo. Em outras palavras, ele não só fazia menos, mas não reconhecia que eu fazia mais.

* * *

Para economizar, Kojo e eu costumávamos comprar carne por atacado. Durante anos, assumi a tarefa trabalhosa de cortar e temperar cuidadosamente as porções de carne, guardá-las em embalagens datadas e organizá-las no congelador. Cada ida ao atacado exigia uma hora a mais em casa só para preparar e guardar a carne. Kojo e eu nunca conversamos sobre isso; eu assumi a tarefa naturalmente.

Um domingo, tive uma ideia. Kojo e eu fomos ao atacado juntos, fizemos as compras, chegamos em casa, descarregamos o carro e cada um seguiu seu caminho. Imediatamente fui até a cozinha para começar a preparar a carne, enquanto Kojo foi em direção ao sofá azul para assistir ao jogo dos 49ers, time de futebol americano. Logo depois da minha crise pós-licença-maternidade, eu estava me sentindo muito sobrecarregada e, em pé no balcão da cozinha, colocando sal num bife, pensei: *Kojo podia fazer isso*. Nosso apartamento era tão pequeno que ele poderia ficar no balcão da cozinha assistindo à tevê. Ele podia acompanhar o jogo *e* preparar a carne ao mesmo tempo. Gooooooool! Todo mundo ganharia!

É isso, pensei. *Não vou mais fazer isso. Meus dias de preparar a carne acabaram. Na próxima ida ao mercado, essa tarefa vai ser do Kojo, e eu vou sentar no sofá.*

Era uma ótima ideia. O problema é que nunca a falei em voz alta. Tive uma epifania, mas não me ocorreu compartilhá-la. Nem sinalizar com meu comportamento que eu esperava que as coisas mudassem. Então, é claro, a próxima vez que Kojo e eu voltamos do mercado, ele foi direto para o sofá azul, como de costume. E eu não consegui comunicar minhas necessidades. Assumi uma postura passiva. Em vez de preparar a carne como costumava fazer, deixei-a na geladeira. Minha esperança era que Kojo visse e tomasse uma atitude – que ele percebesse que a partir de então aquela tarefa era *dele*. Eu fiz aquilo durante anos sem ninguém pedir, então por que ele não poderia fazer?

Era o mesmo que esperar ganhar na loteria sem nunca ter jogado.

Nos dias que seguiram, conforme a carne passava de um vermelho brilhante para um marrom arroxeado, sem que Kojo sequer percebesse, fiquei cada vez mais frustrada, e depois furiosa. Fantasiei que ele reclamava da carne apodrecendo para que eu pudesse explodir:

– Então, por que *você* não faz alguma coisa?!

Mas mesmo depois de dois dias com aquele cheiro estranho na geladeira, ele não falou uma palavra. Finalmente decidi que não aguentava mais. Joguei toda a carne fora num acesso de raiva. Achei que a situação se resolveria como eu esperava, mas, em vez disso, duas semanas de jantar acabaram no lixo, e estava arrasada. O mais irritante aconteceu naquela noite, quando Kojo me agradeceu por ter guardado a carne no congelador. Ele nem sequer supôs que talvez eu a tivesse jogado fora.

– Estava começando a cheirar, amor – disse ele.

Só consegui ir como um furacão até o quarto e bater a porta atrás de mim.

Existem muitas formas de pedir ajuda com as responsabilidades do lar, mas a chave é que *precisamos* pedir. Meu problema é que eu tinha caído na armadilha da *delegação imaginária*. Isso acontece quando atribuímos uma tarefa ao nosso parceiro mentalmente, mas nunca dizemos isso a ele. Achamos que eles vão intuir nossas necessidades ou que entrarão em ação naturalmente se nos afastarmos. Numa entrevista publicada na revista *The Atlantic*, uma mulher observou que não queria se sentir como se estivesse controlando o marido, mas ficou frustrada quando ele não realizou uma tarefa que ela esperava que ele percebesse ser de sua responsabilidade.[1]

Mas os homens não leem mentes nem são ligados como as mulheres. Pesquisas mostram que, em geral, os homens não são tão atentos a dicas não verbais.[2] Se não expressamos claramente que queremos que eles realizem aquela tarefa, eles seguem agindo como de costume, enquanto o bife metafórico fica marrom. E nós fervemos em silêncio – ou explodimos de raiva – enquanto nossos maridos se perguntam "O que está acontecendo?". Esperamos por pedidos de desculpa que nunca chegam porque nossos parceiros não têm ideia de que nos decepcionaram.

De acordo com uma pesquisa de 2007, "dividir as tarefas domésticas" está entre os três fatores mais importantes para um casamento bem-sucedido, atrás de "fidelidade" e "relação sexual satisfatória".[3] Num estudo realizado pela Universidade da Califórnia em Los Angeles (UCLA), os resultados apontaram que é comum que as mulheres se ressintam de seus maridos pelo fardo da administração do lar.[4] Se a capacidade ou a disponibilidade de Kojo para dividir o fardo da minha lista de tarefas da casa era tão crucial para minha felicidade, é de se imaginar que eu simplesmente dissesse a ele o que eu precisava ou queria que ele fizesse. Mas não, mantive minha frustração em segredo. Um dia, Kojo fez uma piada sobre precisar ir a um spa mais do que eu. Esse comentário me deixou furiosa. Escrevi o seguinte e-mail para ele:

> *Seu comentário sobre precisar ir a um spa me incomodou bastante. Tentei esconder esse incômodo dizendo que você "fica sentado" no trabalho, mas na verdade eu devia ter dito que fiquei chateada. Embora meu trabalho não exija tanto a minha presença quanto o seu, tenho uma responsabilidade enorme e quase todas as noites continuo trabalhando depois de fazer Kofi dormir. Mais importante do que isso, eu assumo a maior parte das responsabilidades que mantêm nossa casa funcionando. É POR ISSO que você consegue trabalhar tanto e ter uma experiência familiar valiosa. De qualquer forma, não espero que você "entenda", mas você sempre se importou com meus sentimentos, e eu queria compartilhá-los.*

Quando cliquei em ENVIAR, minha expectativa era que Kojo lesse, fosse tomado pela culpa e corresse até mim com uma lista longa de tarefas que ele iria tirar das minhas mãos. Esperei… Esperei… Mas Kojo não respondeu. Lendo agora, isso não me surpreende. Afinal, meu e-mail não pede por absolutamente nada. Ao contrário, a última frase implica que meu único objetivo era compartilhar meus sentimentos. Até escrevi que não esperava que ele entendesse. Kojo não se sentiria culpado por uma coisa que nós dois sempre demos como certa, que, como escrevi, eu assumia a maior parte das responsabilidades que mantinham nossa casa funcionando. Se eu queria que essas circunstâncias mudassem, eu teria que aprender a dizer isso sem rodeios.

Mas, durante muito tempo, não consegui. Durante meses depois de ter voltado a fazer parte da força de trabalho como uma mãe de primeira viagem, usei táticas de delegação imaginária para tentar motivar meu marido a fazer mais em casa. Kojo sempre parecia disposto em teoria, mas as coisas nunca funcionavam na prática. Ou ele não seguia uma das minhas tarefas delegadas mentalmente, o que intensificava meu ressentimento, ou ele fazia tudo "errado", o que reforçava minha necessidade de controle. Não é surpreendente que, durante a maior parte daquele primeiro ano após o nascimento de Kofi, eu tenha acabado fazendo quase tudo sozinha mesmo.

Kojo trabalhava tanto no banco que parte de mim se sentia mal por querer que ele fizesse mais. Mas eu também trabalhava muito e tentava desempenhar o que pareciam ser dois trabalhos de tempo integral – um no escritório e o outro em casa. Um dia eu estava satisfeita com Kojo, no dia seguinte, estava frustrada. Tenho certeza de que ele sentia o mesmo em relação a mim, dado meu comportamento naquele primeiro ano. Uma semana, eu preparava o jantar todos os dias, na seguinte, não cozinhava nada. Se Kojo ousasse perguntar o que iríamos comer, eu explodia dizendo que não aguentava mais fazer tudo aquilo. Então, quando ele fazia arroz *jollof*, eu ficava chateada por ele não servir vegetais. Estava me tornando especialista em agressividade passiva – e isso não estava me levando a lugar nenhum. A delegação imaginária não passava disso – era *imaginária*. Eu precisava de uma solução concreta. Mas não fazia ideia de por onde começar.

Quando chegou o primeiro aniversário do nosso filho, em abril de 2007, eu estava tão cheia de ressentimento em relação a Kojo que não conseguia mais sufocar esse sentimento. O mais triste é que Kojo era, e sempre foi, meu maior incentivador. Se eu tivesse conseguido verbalizar minha insatisfação, ele provavelmente responderia com simpatia e tentaria consertar, mesmo que não entendesse completamente. Mas eu nunca lhe dei essa oportunidade. Em vez disso, continuei jogando granadas de agressividade passiva em sua direção.

Finalmente, como costumo fazer quando sinto que cheguei a uma encruzilhada, procurei o conselho de minhas mentoras. Uma delas, uma mulher que estava casada há mais tempo do que eu estava neste planeta, disse uma coisa que nunca vou esquecer: "Ressentimento é como tomar veneno e esperar que a outra pessoa morra." Seu comentário me obrigou a reconhecer por que eu nunca tinha falado direta e seriamente sobre meus sentimentos com meu marido: nadar em ressentimento garantia que eu permanecesse a mártir incompreendida da minha própria história. Mas eu estava jogando um jogo perigoso. Quanto mais eu me permitia aceitar uma história na qual Kojo era o vilão, mais evidências eu procurava para sustentar essa hipótese.

Em termos simples, eu estava ressentida porque fazia a maior parte do trabalho em casa. Minha situação era típica, mesmo numa era na qual 70% das mulheres com filhos trabalham ou estão procurando trabalho fora do lar.[5] Estudos revelam que 76% das esposas que trabalham em tempo integral ainda fazem a maior parte das tarefas da casa.[6] Ainda que o número de mulheres e homens que trabalham fora seja quase o mesmo e que elas compartilhem de todas as responsabilidades de vidas profissionais agitadas, em sua maioria, os homens não fazem o jantar (apenas 39%, contra 65% das mulheres),[7] levam os filhos aos treinos de futebol, agendam reparos em casa e pagam contas (82% das mulheres fazem isso todos os dias, enquanto apenas 65% dos homens),[8] participam de reuniões escolares nem verificam se os sapatos das crianças já não estão apertados. Em 2008, apenas 30% das mulheres relatavam que os companheiros assumiam o mesmo tanto de responsabilidade que elas na criação dos filhos.[9] Essas coisas seguem fazendo parte da alçada das mulheres.

Em razão do meu senso profundo de responsabilidade como mulher, eu ficava tentando ocultar meus sentimentos. Ser abertamente ressentida ia de encontro às expectativas de que "boas mulheres" servem e se sacrificam. Eu não conseguia me lembrar da minha mãe reclamando de todas as coisas que ela fazia pela família. Mas é só consultar o mundo dos blogs para ter exemplos de ressentimento oculto que as mulheres acumulam porque se sentem obrigadas a assumir o comando das responsabilidades do lar. Seja uma mulher que acredita que o ressentimento pode sabotar o amor que sente pela família[10] ou uma que sente vergonha por não conseguir trabalhar o mesmo tanto de horas que os colegas homens no escritório de advocacia porque precisa cuidar dos filhos, vemos que é a *obrigação* que motiva as mulheres a manterem esses sentimentos em segredo.[11] Seu lamento mais comum: "Tudo recai sobre mim."

O problema em reprimir nosso ressentimento é o modo como ele cresce e se sobrepõe. Janelle, por exemplo, diretora de diversidade de uma seguradora, tinha problemas de ansiedade e saúde em geral, principalmente em razão de demandas pessoais e profissionais. Conheci Janelle numa conferência, na qual seu rigor intelectual e sua acessibilidade fizeram dela a participante mais memorável da minha palestra. Pouco tempo depois, ela me convidou para ajudá-la a formular uma estratégia de manutenção das mulheres para sua empresa. Uma amizade surgia.

Janelle queria garantir que seus filhos gêmeos conseguissem uma vaga num bom jardim de infância e passava horas tentando dominar o sistema escolar de Nova York. Tinha engordado e admitiu que, embora tivesse um cuidado extremo com o que os filhos comiam, não era tão responsável em relação à própria dieta. Também estava sob pressão intensa para revisar as iniciativas de diversidade da empresa após a promoção de uma turma de executivos que não incluía mulheres ou pessoas de cor. Quando perguntei se seu marido poderia contribuir um pouco mais para ajudá-la a administrar tudo, ela me olhou como se eu fosse louca e respondeu:

– Aquele filho da mãe mimado não vai levantar um dedo.

O ressentimento de Janelle com o marido tinha se transformado em hostilidade profunda. Perguntei sobre o impacto que seus sentimentos em relação a ele tinham em seu casamento.

– Acho que meu ressentimento atrapalha nossa intimidade – confessou ela. Não era só isso, o ressentimento estava alimentando um ciclo vicioso. – Não quero ficar vulnerável com ele ou na frente dele – refletiu ela. – Então não peço ajuda. Simplesmente faço mais, o que me deixa ainda mais estressada no trabalho. E, o que não é surpresa, mais ressentida também.

A minha situação não era muito diferente da de Janelle. Não era o que Kojo *fazia* que causava meu ressentimento, mas o que ele *não* fazia. Por exemplo, se recebêssemos um convite para uma festa, ele nunca confirmava nossa presença, ainda que fosse de um casal que nós dois conhecêssemos. Ou se tentassem fazer uma entrega e deixassem um bilhete na nossa porta, ele simplesmente deixaria o bilhete ali, mesmo se chegasse em casa antes de mim.

Também passei a compreender que eu estava ressentida não só pelas coisas que Kojo não fazia, mas pelas coisas que eu achava que eram minha obrigação. Mais do que odiar lavar a roupa, eu odiava o fato de que eu *tinha* que fazer isso – de que, por algum motivo, essa tarefa, ao lado de muitas outras, era da minha alçada, ainda que eu nunca tivesse me comprometido efetivamente com ela. Eu me sentia culpada se não fizesse aquilo. Entre mães que trabalhavam fora, eu definitivamente não estava sozinha. Indra Nooyi, CEO da PepsiCo, é uma das mulheres mais bem-sucedidas do mundo executivo. Mas, ao responder sobre como equilibrar trabalho e família, ela admitiu: "Não sei se [minhas filhas] diriam que tenho sido uma boa mãe. É preciso superar. Porque a culpa é de matar."[12]

A culpa é definida como um sentimento de remorso por ter cometido uma transgressão ou violado uma lei moral. Ao dizer que sente que precisa superar a culpa de não ser "uma boa mãe", uma das mulheres mais bem-sucedidas do mundo está verbalizando uma verdade cultural não dita: se as mulheres deixam que a vida no lar sofra pelo bem de suas carreiras, estão cometendo uma transgressão moral.

Culpa é uma palavra que ouvi inúmeras vezes de mulheres que trabalham fora, mas só é usada quando sentimos que estamos fracassando em casa. Não usamos a palavra *culpa* para descrever como nos sentimos quando não estamos prosperando no trabalho. A mediocridade no trabalho pode trazer sentimentos de inconformidade e ansiedade; ficamos preocupadas por não corresponder às expectativas ou ao nosso potencial, mas raramente expressamos esses sentimentos como culpa. Queremos nos destacar tanto na vida profissional quanto no lar, mas só quando fracassamos no lar é que sentimos que cometemos uma ofensa moral.

Eu me ressentia da liberdade de Kojo em relação a esse sentimento de obrigação. Eu me ressentia do fato de ele ter permissão da sociedade para colocar as obrigações do lar e da família em segundo plano, e eu não. Se eu perdesse uma consulta do Kofi por estar no trabalho, era uma péssima mãe; se Kojo perdesse a mesma consulta, era um provedor responsável. Não parecia justo. Mas, ao mesmo tempo, também não parecia justo responsabilizar Kojo pelas deficiências da sociedade.

Passei a ter outra compreensão do meu ressentimento quando li *Necessary Dreams: Ambition in Women's Changing Lives* [Sonhos necessários: a ambição na vida em transformação das mulheres], de Anna Fels. Fels define ambição como o desejo de alcançar o domínio de um ofício acompanhado do desejo de receber reconhecimento público por isso. Sempre fui ambiciosa: eu era a garotinha ansiosa por demonstrar seu conhecimento, levantar a mão, sentar na frente da sala, ser pontual, ser inteligente, ser vista. Meu maior orgulho era o fato de que, em todas as instituições de ensino pelas quais passei, da McCarver Elementary School à Universidade de Washington, havia uma placa com meu nome. Eu queria o crédito.

O que descobri foi que meu ressentimento em relação a Kojo era em grande parte uma expressão da minha frustração com o fato de que meu papel em casa não estava alimentando minha ambição. Por mais que eu me dedicasse ao desenvolvimento das habilidades de linguagem do meu bebê, à decoração do nosso apartamento e a esfregar a sujeira do azulejo do banheiro, no Dia das Mães eu iria receber o mesmo cartão que todas as outras executivas. Eu tinha que admitir para mim mesma que não gostava desse aspecto do gerenciamento do lar. Por melhor que eu fosse, por mais que eu dominasse as demandas do lar, eu jamais seria reconhecida publicamente por isso. Como Anne-Marie Slaughter diz, nossa sociedade não valoriza o cuidado tanto quanto valoriza a competição.[13]

A partir do momento em que eu finalmente comecei a encarar a verdadeira fonte do meu ressentimento em relação a Kojo, soube que precisaria deixar de lado o medo latente quanto ao que aquele sentimento revelava sobre mim, sobre Kojo e sobre nosso casamento. Um motivo pelo qual nós mulheres tentamos tanto reprimir nossos ressentimentos é que gostamos de acreditar que, como mulheres modernas que somos, nos casamos com homens modernos. Nenhuma mulher quer acreditar que é casada com um homem preso às normas culturais de 1950. Mas se nossos maridos parecem presumir que as tarefas da casa cabem a nós, isso revela menos sobre a qualidade de nosso processo de decisão do que sobre o fato de que homens são tão suscetíveis ao condicionamento social quanto nós.

Para Kojo, o impacto dos estereótipos de gênero era particularmente poderoso porque ele cresceu numa sociedade matriarcal em Gana. Na cultura dele, as crianças pertencem ao clã da mãe, e as mulheres são as chefes da família. A mãe de Kojo, Irene, era uma supermulher. Aos 16 anos, ela deixou sua aldeia e viajou sozinha num navio para Londres para estudar enfermagem. Foi lá, anos mais tarde, que conheceu o pai de Kojo, engenheiro, e os dois se casaram, mas não antes que Irene se estabelecesse na carreira de enfermeira. Irene teve o primeiro filho com 30 e poucos anos, o que nos anos 1960 era considerado tarde mesmo para uma ocidental. Ela teve mais dois filhos antes que a família voltasse para Gana.

Kojo, o quarto filho, nasceu lá em 1973. Durante a primeira parte da infância de Kojo, Irene comandava a enfermaria de obstetrícia do hospital militar. Mais tarde, ela foi demitida por fornecer DIU a mulheres desesperadas por controle de natalidade. De enfermeira passou a empreendedora, ao comprar um pequeno barco e contratar dois pescadores. Com o tempo, ela transformou o pequeno negócio numa empresa de pesca comercial incrível. O pai de Kojo acabou largando o emprego como engenheiro da Sanyo para dirigir o negócio da família, mas Irene continuou envolvida nas atividades diárias da empresa. Ela também garantia que a casa funcionasse como um relógio. Embora tivesse ajuda de familiares no trabalho braçal, como lavar e cozinhar, era um fardo pesado – mas Irene conseguia manter dois empreendimentos em tempo integral, um na empresa e o outro em casa.

Tendo uma mulher tão forte e multifacetada como mãe, por que Kojo esperaria algo diferente da mulher que escolheu para ser sua esposa? É claro que ele nunca teve dúvidas de que eu conseguiria fazer tudo. A pergunta a se fazer aqui é: por que eu quis isso?

Capítulo 4
Síndrome do controle do lar

A maioria das mulheres modernas ri da ideia de que o lugar da mulher é no lar. Ainda assim, muitas mulheres seguem obcecadas com tudo que diz respeito a ele – como é organizado, administrado e como se dão o preparo da comida, a limpeza e os cuidados, nos mínimos detalhes. Só uma marca de detergente serve. Só leite semidesnatado orgânico. No que diz respeito ao lar, muitas mulheres sentem uma necessidade compulsiva de controlar, de garantir que tudo seja feito de um jeito específico – o nosso.

Chamo isso de síndrome do controle do lar, ou SCL, e a conheço muito bem. Por quê? Porque eu mesma sofri um caso extremo.

Foi mais ou menos assim: durante o verão de 2007, logo após Kofi completar 1 ano, eu tive que viajar a trabalho na mesma semana em que Kojo teve que ir a Seattle tratar de um problema familiar. Como eu não podia levar um bebê, concordamos que Kofi iria com Kojo. Ótimo! Decisão tomada. Então comecei a me transformar na mãe controladora infernal.

Devo destacar que antes de seu aniversário de 1 ano, o passaporte do nosso filho já tinha o carimbo de quatro países. Kofi já tinha feito muitas viagens longas – mas nunca sem mim. Eu não conseguia imaginar Kojo cuidando dele "corretamente" durante três dias sozinho. Por algum motivo, presumi que as tarefas que eu desempenhava tão naturalmente seriam demais para o meu marido.

Primeiro, fiz as malas deles, calculando meticulosamente as trocas de fralda, para poder incluir o número exato de lenços umedecidos de que precisariam. Fiz o mesmo em relação à comida de Kofi, garantindo que eles levassem a quantidade certa de papinha de maçã e cereais para o voo. Até conferi como estaria o tempo para garantir que ele estaria vestido adequadamente. Então digitei e imprimi duas cópias das "Dez dicas importantes para viajar com Kofi" – uma para a mala que seria despachada e outra para a bagagem de mão:

1. Troque a fralda de Kofi no banheiro família do aeroporto imediatamente antes de embarcar para que só precise trocá-la uma vez na viagem, porque o trocador no avião é pequeno e ruim de usar.
2. Durante o voo, mantenha Kofi entretido e em silêncio oferecendo a ele um brinquedo por vez.
3. Quando Kofi ficar sonolento e inquieto no avião, deixe que ele se movimente no seu colo o quanto for necessário, mas evite deixar que ele ande pelo avião, pois vai ser difícil fazê-lo ficar no colo de novo.
4. Ofereça lanchinhos com frequência durante o voo para que, caso perca uma refeição, ele não fique agitado.
5. Pode oferecer leite, mas evite abrir caixas de suco no avião, pois são ruins de guardar se ele não beber tudo.
6. Tente garantir que Kofi tire pelo menos uma soneca de uma hora durante o dia. Vocês dois vão se frustrar se ele ficar cansado.
7. Não se esqueça de alimentá-lo no café da manhã, no almoço e no jantar! Não use sua própria fome para saber quando é hora de comer; você pode ficar muito mais tempo sem comer do que ele.

8. Lembre-se de que Kofi está acostumado ao nosso horário padrão. Tente fazê-lo dormir o mais cedo possível para compensar a mudança de fuso horário. Não se preocupe em fazê-lo se acostumar com o horário de Seattle.
9. Nunca o acorde quando ele estiver dormindo durante a viagem. Sua rotina vai ser tão impactada que ele vai precisar de cada segundo de sono.
10. Divirtam-se! Ele é um ótimo menino e vai se adaptar sozinho a praticamente qualquer situação.

Eu chamei de "Dez dicas", mas a lista está mais para "Dez mandamentos" – e mostra o quanto eu era rígida quanto ao que seria cuidar do nosso filho do jeito "certo". Seria difícil para Kojo corresponder aos meus padrões e expectativas, não só quanto a viajar com Kofi, mas, sinceramente, quanto a *qualquer coisa*. Na época, eu achava que estava ajudando. Achava que meus esforços deixavam a vida de todos mais fácil. Mas hoje vejo nessa lista evidências claras do motivo pelo qual eu me sentia tão esgotada: estava controlando tantas coisas sozinha porque não confiava que meu marido desse conta de nenhuma delas. "Não se esqueça de alimentá-lo no café da manhã, no almoço e no jantar"? Por que eu precisava dizer isso ao meu marido?

Esse tipo de comportamento é característico de mulheres que têm SCL. Como Donald Unger, autor de *Men Can: The Changing Image and Reality of Fatherhood in America* [Eles podem: a imagem e a realidade da paternidade em transformação na América], observa,

> Muitas mulheres ficam divididas emocionalmente em relação ao que querem. Há muito tempo estão insatisfeitas com o fato de os homens não contribuírem na esfera doméstica. [Mas quando os homens participam] com frequência recebem um "Você não está fazendo certo!" afiado e automático.[1]

Numa pesquisa, as mulheres se mostraram tão preocupadas com o fato de que seus maridos não fariam as tarefas como elas queriam que preferiam delegá-las aos filhos.[2] Pelo menos temos esperança de que as crianças possam aprender a fazer as coisas do jeito certo. O medo de que nossos maridos não façam as coisas com perfeição alimenta nosso SCL e nos deixa ainda mais estressadas.

A maior prova da minha insistência em controlar meu lar era um documento que eu chamei de Diário de Bordo, uma folha de papel na qual eu pedia que cada pessoa que cuidasse do meu filho anotasse os menores detalhes de sua rotina. Eu pedia que todas as vezes que ele comesse, fizesse xixi, cocô e dormisse fossem registradas a cada dia, assim como o volume de comida que entrasse e o volume de cocô que saísse. Nosso pediatra pediu que prestássemos atenção nesses indicadores de saúde quando Kofi era recém-nascido. Minha obsessão com os fluidos e sólidos corporais do meu filho um ano depois era simples prova de que o SCL tinha atingido o maior pico de todos os tempos.

Entre muitas outras coisas, o diário detalhava se Kofi tinha bebido leite do meu peito ou da mamadeira. Um dia, um dos nossos amigos, cuja esposa estava grávida, viu o diário no balcão e perguntou:

– Se o Kofi estava mamando no peito, como você sabe que ele ingeriu exatamente 120 ml?

Para mim, a resposta era óbvia.

– Eu tiro leite sempre rigorosamente no mesmo horário – respondi. – Sei exatamente quanto leite tem nos meus peitos.

Eu também sabia mentalmente todas as datas de validade das refeições preparadas que estavam na geladeira. Gosto de comida fresca, por isso sempre havia uma variedade de sobras na geladeira, porque eu sempre preferia cozinhar algo fresco. Digamos que eu fizesse bolo de carne segunda, frango frito terça e *fajitas* quarta. Então surgisse um evento de trabalho na noite de quinta, e eu tivesse que deixar Kojo sozinho em casa. Minha expectativa seria de que ele terminasse o bolo de carne *primeiro*, porque estaria na geladeira há mais tempo. Se eu chegasse em casa e visse que Kojo tinha comido o frango frito e deixado o bolo de carne, perdia a cabeça.

– Mas gostei *muito* do frango – diria ele.

E eu responderia:

– Então você *não gostou* do bolo de carne?

Ele sabia que não deveria dizer mais nada depois disso.

Todas as tarefas domésticas, envolvessem Kofi ou não, tinham que ser feitas seguindo esse rigor. As roupas eram dobradas e guardadas ainda quentes da secadora. A louça estava sempre no lava-louça ou guardadas, nunca descansando na pia ou no balcão. A correspondência era sempre aberta no dia em que chegava. As inúteis eram imediatamente depositadas no lixo reciclável. Contas e convites eram colocados em seu lugar devido para serem resolvidos em tempo hábil. O chão era lavado, esfregado e aspirado no início das manhãs de sábado. Todos os cabides no armário deviam estar na mesma direção. Presentes de casamento e chá de bebê eram comprados no minuto em que eu soubesse onde o casal fez a lista. Macarrão com queijo só o feito em casa e assado no forno. E eu nem vou começar a falar sobre a rotina de banho e sono de Kofi.

Admito que eu era um caso extremo, mas mesmo mulheres que talvez não sejam tão obcecadas como eu era com a limpeza e a organização da casa acabam, ao ter um filho, passando horas incontáveis fazendo tarefas que não se sentem à vontade para delegar aos maridos. Whitney, profissional do livro e mãe de primeira viagem, não se importa nem um pouco se a roupa da família ficar na secadora por uma semana ou se tiver que comer num prato sujo, mas diz que a família nunca saiu de casa ou chegou a algum lugar pontualmente durante o primeiro ano de sua filha.

– Por que não? – perguntei.

– Bom, meu marido estava sempre pronto para sair na hora em que havíamos combinado, muitas vezes ele ficava sentado perto da porta já com os sapatos e o casaco esperando por mim. Mas eu estava sempre correndo para guardar os lanchinhos e as fraldas da minha filha ou trocando sua roupa e me apressando para ficar pronta.

– Por que seu marido não vestia sua filha ou guardava os lanchinhos?

– Eu sempre tinha na cabeça uma roupa certa que queria que ela vestisse e talvez eu achasse que ele não levaria as coisas certas.

– Ele não sabe o que a sua filha come?

– Claro que sabe. Eu devia ter deixado que ele ajudasse a guardar as coisas dela. Sempre achei que as coisas seriam feitas exatamente do jeito que eu queria se eu mesma fizesse.

Como essa conversa ilustra, a maioria das mulheres tem pelo menos uma coisa que, muitas vezes irracionalmente, sente a necessidade de controlar – ainda que essa coisa não seja uma casa meticulosa ou uma refeição caseira.

Na época, associei o SCL ao meu desejo de sucesso. Eu queria que as coisas fossem feitas com perfeição porque queria ser a melhor. Há alguns anos, eu estava conversando sobre estratégias organizacionais com uma de minhas colegas, Cindy. Estava defendendo uma das doutrinas da Tiffany: para alcançar sua missão, escolha a estratégia que você executa melhor do que ninguém.

– Quero que a gente tenha certeza absoluta daquilo que podemos fazer melhor, e que a gente faça exatamente isso – eu disse a Cindy.

Nunca vou esquecer o que ela respondeu.

– Tiffany, ser a melhor ou o melhor não é objetivo de todo mundo.

Pensei no que ela disse durante dias, mas mesmo assim não consegui entender. *Que tipo de pessoa não quer ser a melhor?* O fato de eu ainda estar pensando sobre esse comentário indica o quanto meu SCL era profundo.

A ânsia de ser bem-sucedida se transformou numa ânsia por perfeição em todas as outras áreas da minha vida. Ninguém me encontraria morta com o esmalte descascado ou com roupas amassadas. Essas coisas eram sinal de preguiça na minha cabeça. Meu sutiã e minha calcinha tinham que combinar, o que fez com que muitas vezes eu lavasse roupas íntimas de manhã bem cedo e saísse de casa com elas ainda úmidas. Eu não só era sempre pontual; eu não conseguia entender como as outras pessoas conseguiam chegar atrasadas. Ninguém debaixo do meu teto podia ter pele visivelmente seca. Uma vez, num restaurante, usei manteiga para hidratar um pedaço do rosto do meu filho.

Minha versão de SCL pode ter sido extrema, mas todos os níveis variáveis de querer controlar as coisas afetam nossa vida. Essa verdade foi recentemente retratada num episódio da série *Black-ish*. Na série, Rainbow Johnson é médica, tem quatro filhos e fica feliz quando seu marido, Dre, aceita tomar conta da administração do lar por uma semana para que ela tenha um descanso muito necessário. Não passam nem 24 horas antes que seu SCL entre em cena, fazendo com que Rainbow ligue para o hospital enlouquecida para explicar que vai se atrasar para uma cirurgia porque está no meio de uma emergência. Dre foi fazer compras e guardou tudo no lugar errado, incluindo um pacote de salgadinhos na geladeira. Deixando de lado as mensagens que o episódio parece estar passando sobre a capacidade de um homem de realizar as tarefas do lar – mensagens que implícita ou explicitamente fazem com que as mulheres continuem se sentindo responsáveis por essas tarefas –, a série revela que a perfeição pode ser um vício que resulta num comportamento danoso. Como a Rainbow fictícia, eu descobri que era difícil manter o controle de tantos detalhes e avançar na minha carreira. Mas como abrir mão? É difícil abandonar o poder, mesmo quando se trata de um poder que você nunca pediu.

A síndrome do controle do lar ajuda a explicar por que mulheres que desejam que seus maridos façam mais em casa e se beneficiariam com isso muitas vezes têm dificuldade de deixar que eles realmente participem. É abastecida em parte por uma relutância em abdicar do único lugar onde a autoridade feminina é inquestionável. Em casa, as mulheres têm um poder *enorme*. Nos Estados Unidos, as mulheres controlam 73% das despesas do lar.[3] Esse domínio, no entanto, é um fenômeno histórico recente. Antes da Revolução Industrial, não havia distinção entre o trabalho público fora do lar e o trabalho privado dentro dele. Homens e mulheres viviam e trabalhavam em casa.[4] O fato de os homens saírem para trabalhar nas fábricas exigiu o surgimento da domesticidade moderna das mulheres, já que alguém precisava cuidar das refeições, da limpeza e das crianças. Agora, quase duzentos anos de experiência no cuidado do lar, atrelados à crença dominante de que as mulheres estão destinadas a ele, nos transformaram em especialistas. Nosso jeito de fazer as coisas nos foi passado por gerações de mulheres que vieram antes de nós e pela cultura como um todo.

Mas como contraímos casos tão severos de SCL? Para começar, nascendo com dois cromossomos X. Marian Wright Edelman certa vez disse: "Você não pode ser o que não consegue ver." O que garotinhas costumam ver são bonecas, cozinhas e conjuntos de chá. Esses brinquedos populares acendem a imaginação sobre nosso futuro papel como cuidadoras, cozinheiras e anfitriãs e nos ensinam a desempenhá-lo. Ao pesquisar o desenvolvimento da identidade de gênero das crianças, Carol Martin e Lisa Dinella descobriram que os brinquedos estereotipados de menina incentivam as crianças a imitar comportamentos e aprender regras. Quando as meninas brincam com bonecas, por exemplo, acumulam muita prática imitando seu futuro papel como cuidadoras. Por outro lado, brinquedos estereotipados de menino, como os de montar, incentivam nas crianças resolução de problemas, a autoconfiança, a criatividade e o aprendizado independente.[5] Pais e mães compram brinquedos estereotipados por gênero para os filhos meses após o seu nascimento.[6] Então a doutrinação das meninas para que sejam futuras administradoras do lar começa muito antes de a própria menina implorar a seus pais que comprem aquela boneca do corredor cor-de-rosa da loja de brinquedos.

Nos últimos trinta anos, esses corredores ficaram mais estereotipados do que nunca. Na verdade, qualquer menina dos anos 1980 até hoje, o que inclui a maior parte da geração Y, recebeu mais mensagens estereotipadas de gênero por meio de brinquedos do que as meninas dos anos 1920 aos anos 1970.[7] Para entender por quê, conversei com Elizabeth Sweet, socióloga e professora da Universidade da Califórnia em Davis, cuja pesquisa atual aborda desenvolvimento de gênero e brinquedos infantis. De acordo com a dra. Sweet, o surgimento dos videogames nos anos 1980 causou competição entre os fabricantes de brinquedos, que passaram a desenvolver estratégias de segmentação de marketing por gênero. Basicamente, se você fizesse um brinquedo, mas criasse versões separadas para meninos e meninas, venderia mais. "Embora as questões de gênero estivessem progredindo no mundo adulto, esses avanços não se refletiam nos brinquedos infantis, que se tornaram cada vez mais machistas e estereotipados", Sweet explica.[8] O resultado? Os blocos de madeira neutros dos anos 1930 foram substituídos por Legos Explorando o Fundo do Mar para meninos e Supermercado para meninas. Com esses brinquedos, nossos meninos se imaginam explorando o mar, enquanto nossas meninas se imaginam escolhendo os melhores brócolis do setor de hortifrúti. O que começa como uma brincadeira quando somos crianças se transforma em pressão quando nos tornamos adultas, e essa pressão vem aumentando.

Martha Stewart é uma das maiores propagadoras do SCL. O sucesso de seu império da mídia é alimentado pelos sonhos de milhões de mulheres que lutam pela perfeição doméstica. O fascínio, transmitido também por livros e revistas, é a ideia de que a perfeição pode ser rápida e eficiente. Uma vez, para um chá de bebê, fiz trouxinhas de carne, ovos recheados, morangos cobertos com chocolate branco e barrinhas de limão, tudo com receitas "rápidas e fáceis". Passei metade do dia na cozinha. Hoje tenho certeza de que não existe nada mais rápido e fácil do que encomendar alguns pratos na confeitaria do bairro.

Achamos que se as coisas derem errado em casa, teremos falhado como mulheres, porque a sociedade nos diz que para sermos mulheres bem-sucedidas precisamos ter filhos sempre prontos para fotos e uma cozinha impecável. Ao mesmo tempo, não devemos admitir abertamente que nosso sucesso como mulheres esteja ligado ao sucesso no lar. Isso faria com que parecêssemos fracas, ou pelo menos antiquadas. E não somos fracas nem antiquadas. Somos mulheres poderosas e modernas, certo?

Minha amiga Rebecca é sócia de uma grande empresa de consultoria em São Francisco. Ela é uma torcedora fanática dos 49ers e, a qualquer momento, pode ser vista conversando com Kojo sobre quem é o melhor *quarterback* de todos os tempos: Steve Young ou Joe Montana. Ela também é uma poderosa executiva que administra contas multimilionárias e tem orgulho de sua ética de trabalho, sua convicção e intuição quanto às necessidades dos clientes. Quando conversamos enquanto bebíamos *mojitos* numa viagem recente que fiz à Califórnia, ela parecia estar num de seus melhores momentos, mas estava em dúvida quanto a aceitar ou não uma nova função que talvez exigisse que ela passasse menos tempo com os filhos. Quando comentei sobre o quanto suas conquistas têm sido incríveis, considerando que há cinquenta anos o único cargo disponível para mulheres na área em que ela trabalha seria o de secretária, ela concordou e me disse o quanto tinha orgulho de representar uma nova era. Mas, em relação a sua casa, ela tinha certeza de que estava vivendo numa era passada.

Naquele dia em especial, ela lamentou o fato de seus filhos estarem jantando pizza enquanto conversávamos.

– Acho que sou uma péssima mãe – admitiu.

Perguntei se os compromissos na hora do jantar faziam com que seu marido se sentisse um péssimo pai. Ela riu.

– Não! É ele quem está dando pizza para eles hoje.

A mãe tinha uma crise de consciência por causa do jantar, enquanto o pai ligava para a pizzaria. A ansiedade por nossos filhos devorarem algumas fatias na verdade não tem nada a ver com a pizza. O medo real para mães como Rebecca é que o fato de não estarem em casa preparando o jantar implica que elas não são boas mães. Ser uma boa mãe é o papel principal ao qual as mulheres são ensinadas a aspirar. E o medo de um desempenho insatisfatório nesse papel sufoca a ambição de seu papel como profissionais.

Assim, as pressões associadas a uma promoção podem parecer inaceitavelmente altas – principalmente se coincidirem com maiores demandas no lar. Não é surpresa, então, que um estudo de 2013 do Pew Research Center "descobriu que mães são muito mais propensas do que pais a ter horário de trabalho reduzido, tirar folgas significativas, largar um emprego ou, por uma margem pequena, recusar uma promoção para cuidar de um filho ou outro membro da família".[9] Essas mulheres sabem que é quase impossível operar a todo vapor no trabalho e em casa. Em 2012, as pesquisadoras Melissa Williams e Serena Chen descobriram que o poder das mulheres sobre as decisões do lar reduz a quantidade de poder que estamos interessadas em alcançar no ambiente de trabalho.[10] Quem estaria motivado a administrar uma empresa multimilionária se estivesse exausto demais em razão da administração da própria casa? Um dos efeitos mais danosos da SCL é que ela tolhe nossos objetivos profissionais.

Felicia é uma educadora de quarta geração que dirige um programa de treinamento de professores em Mineápolis. Quando entrei em contato por telefone para solicitar uma entrevista para este livro, ela brincou que sua mãe, que foi criada em terras tribais nativas, estava decepcionada com o modo como Felicia administra seu lar.

– Não estou em união com a terra – disse ela, brincando.

Seis vezes ao ano, Felicia sai do estado para compartilhar seu premiado modelo de treinamento com outros distritos escolares. Ela construiu uma reputação de líder talentosa e apaixonada que motiva professores, administradores e alunos, mas sente que não tem o necessário para expandir mais o programa. Ela diz estar muito ocupada empregando suas habilidades na motivação dos filhos gêmeos de 6 anos e da filha de 11. Quando visitei a casa de três quartos da família dois meses após a conversa ao telefone, fiquei muito impressionada com seu quadro de incentivo: os filhos ganham recompensas por fazer tarefas domésticas e escolares sozinhos e por comportamentos que reforcem os valores da família. Tentei usar o quadro de incentivo na minha casa e falhei terrivelmente, então fiquei fascinada com o sucesso de Felicia. No dia em que eu estava lá, sua filha recebeu um adesivo por entreter os irmãos mais novos para que Felicia pudesse conversar comigo sem interrupções.

Felicia é bastante metódica, e o funcionamento de sua casa se baseia numa filosofia de rotina sistemática. Ela está convencida de que se todo mundo souber exatamente o que esperar, a vida sob seu teto será mais fluida, o que significa que ela se estressará o mínimo possível. Ela instituiu regras e rotinas para praticamente todos os aspectos da vida da família. Havia passos determinados para refeições, tarefas domésticas e da escola, entretenimentos, banho e hora de dormir. A rotina para entrar na casa é tirar os sapatos, colocá-los no armário, pendurar o casaco e ir ao banheiro lavar as mãos (a última me era familiar, também fazemos isso na minha casa). Cada coisa tem seu lugar. Cada ação tem sua sequência. Desconfio de que Felicia tenha regras para fazer novas regras. Ordem é a chave.

Sempre que Felicia viaja, seu marido, Ron, que trabalha no Correio, contribui mais que o normal. Quando Felicia e eu nos vimos pela primeira vez, ela estava se preparando para uma viagem no dia seguinte e já tinha escrito instruções extensas, que começavam assim:

- Ryan e Jason vão a um passeio com a escola amanhã. O almoço deles está na geladeira. Não se esqueça de colocá-lo nas mochilas.
- Temos uma passeadora de cães nova. Jessie. Ela pega a chave com os vizinhos.
- Tem ensopado na geladeira para o jantar. Suficiente para duas noites. Pode pedir comida na terceira noite, mas NÃO pizza.

Não precisei ler mais do que isso. Escrevi inúmeras listas como essa. Entendi o impulso de orientar à distância. Mas também estava aprendendo a reconhecer a SCL. Manter um controle rigoroso das estruturas e sistemas é um mecanismo de enfrentamento para mulheres encurraladas. Talvez tenhamos responsabilidades demais – mas pelo menos sabemos onde está cada coisa! Se tudo *parece* estar sob controle, então podemos dizer que está. Não importa que toda a energia que depositamos na microgestão esteja nos levando à loucura.

Dois dias depois que Felicia partiu, liguei para Ron. Comentei que deve ser ótimo ter uma esposa tão organizada e preparada como ela. Felicia claramente achava que era sua responsabilidade equipar o marido para que tudo funcionasse em sua ausência. Ela também claramente presumia que sua orientação levava exatamente a isso. Mas quando perguntei a Ron:

– Você precisa disso tudo?

A resposta que ele me deu talvez a surpreendesse.

– Na verdade, não – respondeu ele. – Ela deixa instruções porque quer que as coisas sejam feitas de determinada maneira.

E o que teria acontecido se Felicia tivesse viajado sem deixar a lista detalhada?

– Tudo teria dado certo – garantiu Ron.

Insisti para que ele entrasse em detalhes.

– Então você teria colocado o almoço nas mochilas? Como você saberia do passeio?

Ron respondeu na lata.

– A escola não iria deixar uma criança passar fome. Alguém perceberia que os meninos não tinham levado almoço. Teriam me ligado. Eu teria dado um jeito de levar comida para eles. Nada de mais.

Se os opostos se atraem, não é surpresa que Felicia e Ron tenham se encontrado. Ele descreveu com a maior tranquilidade do mundo um cenário que, pelo que testemunhei, seria o maior pesadelo da Felicia. Então completou da melhor maneira possível:

– Os meninos teriam ficado bem, mas a Felicia teria me matado.

Por mais desafiador que seja para as mulheres abrir mão do controle em casa por causa do modo como fomos socializadas, é duplamente difícil porque também somos criaturas de hábitos. Neurocientistas conduziram estudos que demonstram que humanos são programados para escolher o caminho de menor resistência ao cumprir tarefas, mesmo quando agir no piloto automático não é a melhor maneira de abordar determinada situação.[11] Acrescente a essa realidade científica a realidade social de as mulheres terem sido historicamente excluídas da esfera pública, mas incutidas de poder na esfera particular, e nossa compulsão por controlar o espaço doméstico está explicada.[12]

A necessidade de manter o controle do lar a qualquer custo pode impedir que as mulheres peçam ajuda. Chamo isso de síndrome da cavaleira solitária.

No trabalho, a síndrome da cavaleira solitária vem da crença das mulheres numa meritocracia falsa. Na escola, somos recompensados por nosso desempenho acadêmico. Nos concentramos, trabalhamos duro e alcançamos ótimos resultados. Nossa educação é em grande parte um esforço individual, e nossa dedicação e persistência produzem efeito. O resultado é uma média excelente. Quando terminamos a faculdade e entramos no mercado de trabalho, empregamos a mesma estratégia, mas ela não é tão eficaz no novo ambiente. Eu era *coach* de uma jovem da geração Y que ficou chateada por ter sido preterida por um colega quando surgiu uma oportunidade de promoção.

– Não é justo – reclamou ela. – Sou eu que viro a noite para os clientes enquanto ele joga golfe com os chefes, mas ele é promovido.

A síndrome da cavaleira solitária faz com que nos concentremos mais nos resultados do que em cultivar relacionamentos que também são fundamentais para o avanço de nossa carreira. Seguimos sozinhas, esperando sermos reconhecidas com base em nossos próprios méritos, sem pedir ajuda às pessoas certas.

Em casa, a síndrome da cavaleira solitária vem da crença das mulheres numa eficiência falsa. Acreditamos que qualquer coisa que fazemos melhor e mais rápido é melhor que nós mesmas façamos. O problema é que acreditamos que podemos fazer tudo melhor e mais rápido, então tudo acaba na nossa lista. É impossível fazer tudo, mas ainda assim nos esgotamos tentando. Como muitas mulheres internalizaram a ideia de que devemos ser autossuficientes nas atividades do lar enquanto nossos maridos atuam como os provedores, pedir ajuda parece fraqueza ou incapacidade de assumir nossa razão de ser.[13]

Sendo justa com as mulheres, quando temos muito a fazer, delegar tarefas parece mais trabalho ainda. Então seguimos em frente. Mas esse impulso se transforma num hábito perigoso, que nos atrasa e nos atrapalha em outras áreas da vida, principalmente no trabalho. Nossa lista de afazeres domésticos nunca termina e, a menos que nos tornemos capazes de abrir mão de algum deles, nunca vamos conseguir nos libertar do turbilhão de loucura que é a roda da vida.

Capítulo 5

A roda da vida

No fim de 2007, quando as folhas de outono começaram a cair, meu mundo começou a girar. Fazia mais de um ano que eu era uma mãe que trabalhava em tempo integral. Por fora, eu fingia que estava vivendo um conto de fadas. Eu me imaginava como uma Alicia Keys cheia de poder – estilo Superwoman, com o *S* no peito e tudo, indo do trabalho para casa num só salto. Mas, por dentro, havia muitos dias em que eu mal conseguia dar um passo. Estava emagrecendo, mas não de um jeito bom. E me sentia cansada o tempo todo. Não sentia tanto sono, era mais um estado de exaustão crônica. Kojo estava indo bem no banco e seu trabalho exigia ainda mais viagens, então ele não tinha disponibilidade para me ajudar em casa (ou era o que eu pensava). Mas mesmo quando estava em casa, meu sentimento geral era de que ele era inútil, então era melhor fazer tudo sozinha.

Numa noite agitada depois de um dia insano de mãe que trabalha fora, liguei para Kojo às três da manhã. Eu estava em Nova York, mas ele estava em Londres a trabalho, então eu sabia que estaria acordado. Quando ele perguntou por que eu não estava dormindo, expliquei que não conseguia parar de pensar na minha lista – registro interminável de todos os meus afazeres, que não conseguia parar de repassar mentalmente. Para meu desgosto, Kojo começou a rir. Ele sugeriu que se eu não conseguia dormir por causa da minha lista, deveria ler o livro da Allison Pearson, *Não sei como ela consegue*. Ele tinha me dado de presente meses antes, depois que confessei que tinha pegado no sono durante uma reunião no trabalho. Ele sabia que eu amava livros. Na época, dei um sorrisinho forçado e um abraço nele para expressar o quanto estava grata. Mas não consegui não pensar: *Não acredito que ele acha que eu tenho tempo para ler isso*. Coloquei na pilha de livros que mantinha na minha cabeceira e esperava poder ler. Toda noite olhava para a capa antes de encostar a cabeça no travesseiro e repetia o título como um incentivo para o dia seguinte.

Achei ridícula a ideia de ler o livro naquele momento. É óbvio que se fosse para sair da cama às três da manhã seria para fazer alguma coisa da minha lista interminável, certo? Mas naquele momento de exaustão, alguma coisa me disse para ouvir meu marido. Fiz uma xícara de chá, sentei à mesa da cozinha e abri o livro.

Nesse romance de sucesso, que depois virou filme estrelado por Sarah Jessica Parker, Kate Reddy é uma executiva e mãe dedicada que tenta equilibrar trabalho e família. Numa cena, ela está deitada na cama de madrugada, repassando mentalmente sua lista:

- Equilibrar vida profissional e pessoal para uma existência mais feliz e saudável.
- Acordar uma hora mais cedo para maximizar o tempo disponível.
- Passar mais tempo com as crianças…
- Valorizar Richard.
- Receber mais visitas, almoço de domingo etc.
- Um hobby relaxante??
- Aprender italiano…

- Parar de cancelar tratamentos para estresse.
- Arrumar uma gaveta de presentes para emergências, como uma mãe decente e organizada.
- Tentar emagrecer. *Personal trainer*?
- Ligar para as amigas, espero que elas se lembrem de mim.
- Ginseng, peixes oleosos, nada de glúten.
- Sexo?
- Lava-louça novo.[1]

Um pouco familiar demais, pensei. E não era o que eu considerava material para comédia. Mas, conforme segui com a leitura, comecei a rir, e uma lâmpada se acendeu na minha cabeça: minhas lutas eram comuns, tão comuns que um livro que satirizava meu dilema tinha se tornado um best-seller nacional.

Não sou a primeira e muito menos a única mulher a sentir a pressão devastadora das obrigações simultâneas da família e do trabalho. Ainda que o número de mães casadas na força de trabalho tenha passado de 17% em 1948 para mais de 70% hoje,[2] a distribuição de tarefas no lar não alcançou esse ritmo. Mulheres empregam uma quantidade desproporcional de energia em atividades pelas quais não são recompensadas nem reconhecidas publicamente, mas que tomam bastante tempo. Numa das minhas oficinas de liderança sustentável, faço um exercício com as mulheres em que peço que escrevam tudo o que esperam fazer nas próximas 24 horas. E me refiro a *cada coisinha*: se exercitar (ou deitar na cama pensando em se exercitar), fazer café da manhã, fazer uma venda, se preparar para fazer a venda, comprar ratoeiras, analisar currículos para uma nova contratação, conseguir uma babá para sábado à noite, fazer as malas para uma viagem, parar no banco, se vestir, se maquiar, decidir o que vestir, marcar uma reunião com a professora dos filhos – cada coisa, até que a lista se esgote e elas não consigam pensar em mais nada. Então peço que façam as contas: que calculem o tempo que levaria para fazer cada item de lista e então somem o total. Ainda estou para conhecer uma mulher que possa, realisticamente, fazer todas as tarefas de sua lista em 24 horas, e apenas metade das mulheres inclui uma boa noite de sono na lista. O objetivo do exercício é mostrar que fazer listas e tentar completar cada tarefa contida nelas não é uma estratégia de sucesso. Tentar fazer tudo garante um único resultado: o esgotamento.

Minha própria lista era um ótimo exemplo. Eu a escrevia à noite para me preparar para o dia seguinte e, no outono de 2007, era mais ou menos assim: buscar as roupas na lavanderia, passar minha roupa, dar início ao preparo da rabada, enviar um cartão de agradecimento à anfitriã do jantar da semana passada, tirar os medicamentos vencidos do armário do banheiro, tirar o lixo reciclável, revisar proposta de auxílio financeiro, fazer um rascunho do pedido de doação de Natal, planejar o cardápio do Dia de Ação de Graças, conseguir alguém para consertar a banheira, retornar a ligação da Trinity. Mas a realidade era muito diferente. Na verdade, o dia seria assim: depois de acordar Kofi e alimentá-lo, eu só teria tempo de bater um vestido que eu esperava que ninguém notasse que estava amassado e temperar a rabada. Eu acabaria fazendo as coisas que estavam na minha frente e teriam consequências imediatas. Se eu não temperasse a rabada, por exemplo, não teríamos algo para jantar naquela noite, e, se eu não buscasse as roupas da lavanderia, Kojo não teria uma camisa para vestir no dia seguinte. Talvez eu conseguisse ticar a ligação para Trinity na lista, mas só se ela me ligasse e eu atendesse. Revisaria a proposta de auxílio financeiro porque alguém na equipe estaria esperando por ela e tínhamos um prazo. Mas todo o resto ficaria esperando até o dia seguinte, assim como tudo que eu precisasse acrescentar à lista. Por isso ela era eterna.

A maioria das mães que trabalha fora embarca numa luta diária semelhante para cumprir com suas responsabilidades duplas. A maioria não tem escolha. Elas equilibram exigências de uma carreira fora de casa e as exigências de chefiar o lar. Não dormem o suficiente porque acordam cedo e vão dormir tarde.[3] Estão estressadas porque as horas do dia não são suficientes para concluir todos os itens de sua lista. Seu bem-estar está prejudicado porque a última coisa que elas têm tempo para fazer é se exercitar. E se sentem culpadas, principalmente porque gostariam de poder estar mais disponíveis para os filhos. Só 10% das mães que trabalham em tempo integral avaliam bem seu envolvimento com os filhos.[4]

A vida para essas mulheres é uma roda que não para de girar – um redemoinho implacável. Por mais que tentem, por mais que façam, sempre se sentem incapazes. Numa pesquisa de 2012 encomendada por uma revista americana – dedicada a tornar "mais fácil" a vida das mulheres ocupadas – e idealizada pelo Families and Work Institute, 32% das mulheres disseram sentir que, se fizessem menos em casa, não estariam cuidando dela adequadamente. Em seu tempo livre, a maioria dessas mulheres relatou fazer coisas como lavar a roupa (79%), limpar a casa (75%), cozinhar (70%) e organizar (62%) porque estavam estressadas com tudo o que precisava ser feito.[5] Encontrar um equilíbrio real entre o trabalho e a família parece impossível; sempre achamos que não fazemos o suficiente numa das frentes. Sentimos que estamos presas a uma roda vertiginosa e insustentável.

Essa roda está levando as mulheres ao limite. Em 2014, pesquisadores da Penn State descobriram que mulheres que tentam conciliar casa e trabalho eram muito mais propensas a apresentar níveis mais altos de cortisol, o hormônio do estresse, do que os homens.[6] Enquanto entrevistavam as mulheres, os pesquisadores ouviam como o fim de um dia de trabalho implicava o retorno a mais um trabalho exaustivo que as aguardava assim que chegassem em casa.[7] Como resultado, a felicidade das mulheres diminui muito mais rapidamente que a do homem.

Um estudo do National Bureau for Economic Research sugere que essa diminuição da satisfação com a vida que as mulheres experimentam pode refletir a "soma de seus domínios múltiplos" ou as responsabilidades duplicadas nas esferas pública e privada.[8] Mas há notícias ainda piores: as mulheres que relatam conflitos entre o trabalho e a família são mais propensas a alergias, enxaqueca, fadiga, transtornos de humor, ansiedade, dependência de drogas ou álcool, hipertensão e problemas cardiovasculares e gastrointestinais.[9] Do mesmo modo, um estudo de 2012 de Harvard e Yale revelou que mulheres com "alta tensão no trabalho eram 80% mais propensas" a desenvolver doenças cardiovasculares do que seus colegas e a exibir uma tendência maior ao tabagismo, à inatividade física e a desenvolver diabetes.[10]

Tentar corresponder a expectativas impossíveis só vai seguir prejudicando nosso bem-estar físico e psicológico. Exemplos de sucesso – como a CEO do YouTube Susan Wojcicki, que concilia uma carreira de sucesso e a criação de cinco filhos – e a dedicação das organizações de liderança feminina têm ajudado as mulheres a perceberem que podem ser bem-sucedidas no ambiente de trabalho, mas é difícil abandonar velhas normas culturais. Os exemplos que vemos em nossas casas, comunidades e na mídia dizem às mulheres que assumir mais responsabilidade no trabalho não elimina as obrigações do lar. Hoje temos uma geração de mulheres que acreditam que, embora possam se esforçar para ser o que quiserem, ainda são as principais administradoras da família e do lar. Essa expectativa é um terreno fértil para sentimentos de fracasso, estresse e culpa. E esses sentimentos costumam ter efeitos perigosos à saúde. O *status quo* no seio de nossas famílias não pode ser mantido.

No outono de 2007, com Kojo trabalhando e viajando como louco e minha carreira indo a todo vapor, eu costumava anunciar para meus colegas ao fim de um dia longo de trabalho:

– Tchau, pessoal! Estou indo trabalhar agora!

Eu me referia, é claro, ao "segundo turno" que estava me esperando em casa.[11] Dizia com leveza, como se fosse uma piada, mas, por dentro, o submarino sorrateiro do ressentimento ameaçava emergir a qualquer momento. Eu corria para casa para abrir a correspondência, preparar o arroz e os vegetais que acompanhariam o ensopado, engolir a comida enquanto também alimentava Kofi e dar início ao ritual da hora de dormir. Antes mesmo de Kojo entrar pela porta, eu ficava na expectativa do momento em que ele chegaria, colocaria as mãos em volta da minha cintura e pediria que fritasse seu *kelewele*. Então ele iria direto para o sofá azul. Felizmente, outra coisa estava começando a se revelar pouco a pouco para mim: se eu não podia ser a trabalhadora, esposa, mãe e cidadã perfeita que a sociedade exigia de mim – e que eu também exigia de mim mesma –, então Kojo tinha que compensar.

A ideia não foi minha. Eu estava muito estressada para criar novas soluções para meus próprios problemas. Foi minha amiga da faculdade Sasha quem incitou meu momento eureca. Sasha era solteira e não tinha filhos, e eu ainda não tinha conseguido dizer a ela que o pior momento para me ligar era às 19h30 durante a semana. Eu não queria ser o tipo de mãe que trabalha fora e não tem tempo para as velhas amigas. Quando seu nome apareceu no meu celular às 19h38 um dia, respirei fundo e atendi. Coloquei Sasha no viva voz, tirei o babador do Kofi e o apoiei no quadril para conseguir levá-lo e também levar o celular até o banheiro. Sasha gritava por sobre o barulho da água enchendo a banheira.

– Parabéns, amiga!

– Pelo quê? – Eu não sabia mesmo do que ela estava falando.

– Por ser uma mulher de seis dígitos.

Um sorriso enorme atravessou meu rosto. Na semana anterior, eu tinha conseguido a maior doação de uma única pessoa em toda a minha carreira: 125 mil dólares. Fiquei tão feliz com a marca que esperei acordada até que Kojo chegasse em casa para poder contar tudo a ele. Ele tinha sido a única pessoa para quem eu tinha contado, então obviamente deu com a língua nos dentes. Para quem mais ele tinha contado? Parei de sorrir na hora. Sentia a agitação na garganta.

– Kojo escreveu para você?

Sasha percebeu a irritação na minha voz.

– Bom, alguém tinha que escrever. Não saberíamos se não fosse por ele. Ele é seu relações-públicas particular. Todos gostamos de saber, mesmo que você não tenha gostado.

O mesmo indivíduo que eu tinha colocado no papel de vilão na minha história era considerado herói na história de outra pessoa. Isso me incomodou, e acabei assumindo uma posição defensiva. Bati o pé e brinquei com o desgosto:

– Estou pensando nas coisas de que preciso, e um relações--públicas não é uma delas. Eu *gostaria* mesmo é de não ter que fazer tudo aqui.

Assim que as palavras saíram da minha boca, quis voltar no tempo. Pela primeira vez, meu ressentimento sorrateiro ultrapassou Kojo. Eu estava atacando Sasha, que tinha ligado para me dar os parabéns. Pior do que isso, não era suficiente para mim acreditar que Kojo tinha feito algo errado. Pela primeira vez, eu estava pedindo que outra pessoa conspirasse comigo e afirmasse que ele era o Lobo Mau da minha história. Embora eu tenha desejado poder retirar aquelas palavras, tinha certeza de que o código das amigas exigia que Sasha ficasse do meu lado. Ela deveria dizer algo como:

– Ele *continua* trabalhando como louco? Não sei como você aguenta.

Então deveria escutar minhas reclamações. Felizmente, Sasha era tão boa amiga que se recusou a morder a isca. Ela sabia que eu jamais falaria mal de Kojo a não ser que algo estivesse realmente errado. Ficou quieta por um instante enquanto minhas palavras flutuavam com as bolhas do sabonete infantil. Então ela falou com a sinceridade que só uma amiga de verdade pode demonstrar:

– Tiffany, não sei o que está acontecendo com você, mas sei que Kojo é seu maior fã. Se você está tão esgotada, por que não pede ajuda a ele? Eu sei que você não costuma fazer isso... pedir ajuda... mas parece que está precisando.

Ai.

– Tenho que ir – foi tudo que consegui responder. Fiquei com raiva de Sasha por dizer aquilo, mas meu coração sabia que ela estava certa.

Eu não podia transformar meu marido em inimigo. *Eu precisava da ajuda dele em casa.* Aquilo pareceu uma epifania – uma ideia tão óbvia que fiquei boquiaberta de não ter pensado naquilo muito antes. Minha única esperança era esperar menos de mim mesma e mais dele.

A inspiração para abandonar de uma vez por todas o ressentimento em relação a Kojo veio de uma fonte inesperada – minha admiração pelos Obama. Na época, a primeira corrida presidencial de Barack e Michelle estava no início. Embora apoiasse Hillary, eu admirava o poder, a beleza e a adoração que os Obama tinham um pelo outro. O que eu mais respeitava era o compromisso mútuo de melhorar a vida de outras pessoas. Esse trabalho em equipe me lembrou de que, quando Kojo e eu nos casamos, prometemos mudar o mundo juntos.

Para mim, os Obama eram o exemplo perfeito para nosso casamento, então fiquei surpresa quando li no livro *A audácia da esperança*, de Barack, que Michelle tinha sofrido com o mesmo ressentimento que eu estava vivenciando. Barack escreveu: "O fato é que, quando as meninas chegaram, o esperado era que Michelle fizesse os ajustes necessários, não eu. Eu ajudei, é claro, mas era sempre nos meus termos, segundo a minha agenda." Mais adiante, ele continua: "Michelle mal parecia conter a raiva em relação a mim."[12] Se um casal poderoso como os Obama não estava imune à pressão que as expectativas de gênero podem causar num casamento, com certeza Kojo e eu podíamos começar a enfrentar nossos problemas.

Mas o ressentimento não era um problema *nosso*. Era meu.

Decidi que iria fazer um jogo comigo mesma para lidar com meu ressentimento. Toda vez que o submarino sorrateiro ameaçasse emergir, preparando um ataque, eu imaginaria Michelle e Barack. Para mim, aquela união representava a promessa da campanha: esperança. Com o tempo, o ressentimento começou a retroceder conforme eu aceitava que a raiz da minha infelicidade não era um marido preguiçoso ou irresponsável, mas as expectativas que eu tinha estabelecido para mim mesma. O fato de nunca ter verbalizado o desejo de renegociar os papéis de gênero que Kojo e eu assumimos automaticamente no início do nosso casamento ajudava. A peteca, percebi, estava vindo na minha direção. Mais do que isso, concentrava nela toda minha força de mãe que trabalha fora. Superar o ressentimento era um passo na direção certa, mas, para redirecionar de fato as coisas, eu teria que encontrar um jeito de deixar aquela peteca cair.

Parte Dois

Alguém tem que ceder

Capítulo 6

Momento decisivo

Em janeiro de 2008, recebi uma notícia horrível que mais tarde se revelaria uma oportunidade de aprender a pedir ajuda de um jeito mais eficaz. A primeira pista de que algo estava errado deve ter sido quando Kojo entrou pela porta do nosso apartamento às sete da noite numa quinta-feira. Raramente ele chegava antes das dez. Minha amiga Laura tinha acabado de bater na nossa porta. Ela estava em Nova York a trabalho, e eu pretendia preparar um jantar para nós depois que colocasse Kofi para dormir. Quando Kojo soube dos nossos planos, se ofereceu para ficar em casa com Kofi para que pudéssemos sair para jantar.

– Assim você não precisa cozinhar.

Eu estava muito animada com a noite surpresa com minha amiga – algo raro e precioso para uma mãe que trabalha fora – para me perguntar por que Kojo tinha chegado tão cedo ou por que ele estava se oferecendo para cuidar de Kofi. Mas percebi que havia algo estranho quando cheguei em casa e vi Kojo no lugar de sempre no sofá azul com a televisão *desligada*. Como por instinto, sentei ao seu lado e descansei a cabeça em seu ombro. Foi quando ele me contou que tinham fechado a divisão em que ele trabalhava.

Ele não voltaria ao escritório no dia seguinte. Teria que procurar outro emprego.

Nos meses que seguiram, a indústria dos bancos de investimento entrou em colapso, levando nossos planos de curto prazo consigo. Não poderíamos mais usar o bônus de Kojo para pagar o financiamento do MBA, comprar uma casa em Nova York ou começar uma poupança para pagar a faculdade de Kofi. Eu já estava sobrecarregada tentando ser bem-sucedida no trabalho e fazer tudo em casa; agora, eu também era a principal provedora do nosso lar. Senti mais pressão do que nunca e uma urgência ainda maior de redefinir meu valor como trabalhadora, esposa e mãe. Eu sabia que não conseguiria fazer isso sozinha.

Achei que a demissão de Kojo poderia ser uma oportunidade para renegociarmos a divisão de trabalho na nossa casa, mas no início as coisas pareceram piores. Eu me sentia mal por Kojo; ele tinha se dedicado muito para transformar sua carreira, e o momento acabou se revelando péssimo para isso. Minha solidariedade por sua situação fez com que eu continuasse assumindo a mesma quantidade de tarefas em casa, dando a ele tempo para superar o que tinha acontecido. Imaginei que, uma vez que o choque e a raiva tivessem passado, ele começaria a assumir mais das responsabilidades da casa, já que de repente seu horário ficou mais flexível e eu me tornei responsável pela maior parte do nosso orçamento. Isso não se concretizou.

Ao explicar a diferença de gênero nas responsabilidades do lar, muitos estudiosos propuseram uma hipótese "economicista", argumentando que quem tiver o maior salário terá o poder de levar a outra pessoa a fazer a maior parte do trabalho do lar.[1] O motivo principal pelo qual são as mulheres a assumir tantas tarefas domésticas, segundo eles, é o fato de que os homens passam mais tempo fora de casa ganhando dinheiro e, assim, têm menos tempo para lavar a louça. Afinal, o contrato matrimonial é baseado na troca de renda por trabalho doméstico, certo? Errado. Como descobri por experiência própria, e Veronica Jaris Tichenor argumenta no livro *Earning More and Getting Less* [Ganhando mais, conseguindo menos], essa teoria economicista não se sustenta para mulheres. Na verdade, mesmo em casais em que a mulher ganha mais, ela ainda faz a maior parte do trabalho do lar.[2] Na reportagem do *New York Times* sobre como as pessoas desempregadas passam o tempo, 55% das mulheres relataram passar a maior parte do tempo cuidando da casa ou de outros membros da família, enquanto apenas 23% dos homens fazem o mesmo.[3] A cultura e o condicionamento social exercem uma influência mais poderosa sobre nossos lares do que o dinheiro. Eu teria que ir mais longe do que simplesmente receber um salário para conseguir uma divisão de trabalho diferente em casa.

Um pouco mais de um mês depois da demissão de Kojo, o Cleveland Cavaliers jogou contra o New York Knicks. Foi uma partida equilibrada e a estrela da noite foi LeBron James, que na semana anterior havia se tornado o jogador mais jovem a marcar 10 mil na NBA. Dizer que foi um jogo emocionante é pouco. Mas, logo antes do intervalo, houve uma explosão. Não na quadra – no nosso apartamento.

Naquela noite, voltei para casa me sentindo mais estressada do que o normal. Para que o White House Project alcançasse a meta anual de arrecadação, teríamos que produzir o prêmio anual que homenageia inovadores que trazem ao público americano imagens positivas de liderança feminina – e teria que ser espetacular. O evento do ano anterior tinha sido um sucesso avassalador. Em 2007, demos a Billie Jean King o prêmio pelo conjunto da obra e homenageamos a ativista liberiana Leymah Gbowee, que mais tarde receberia o Prêmio Nobel. A revista *Glamour* também ganhou um prêmio relacionado a jornalismo e a estilista Diane von Furstenberg estava entre os muitos notáveis. Em pé sob uma baleia de quase trinta metros no Museu Americano de História Natural, a presidente e CEO da PepsiCo, Indra Nooyi, discursou sobre o tema "Inclua as mulheres, mude a história" e nos ajudou a arrecadar mais de um milhão de dólares. O prêmio de 2008 estava marcado para o dia 17 de abril e, faltando só seis semanas, tínhamos conseguido alcançar apenas 50% da meta. Como diretora de desenvolvimento do White House Project, eu tinha muito trabalho a fazer.

Estava subindo a escadaria do nosso prédio, a cabeça na lista de afazeres do trabalho, quando um choro violento e penetrante interrompeu meus pensamentos. Era Kofi. Subi correndo e enfiei a chave na fechadura apressada. Segui o choro do meu bebê até o banheiro, onde encontrei Lucinda limpando o nariz dele com um aspirador nasal. Kofi odiava aquela coisa e estava gritando como louco para provar. Meu coração ainda estava pulando quando virei e vi Kojo, relaxado no sofá azul, completamente absorto naquele jogo de basquete idiota. Nosso filho estava berrando, e Kojo nem se mexeu. Chamei seu nome, mas ele estava tão vidrado na tela da tevê que não percebeu meu tom de voz. Chamei mais uma vez, e então ele ouviu. Virou a cabeça, deu um sorriso e perguntou animado:

– Oi, querida! O que tem para o jantar hoje?

Foi aí que aconteceu. Aquele arrepio de ressentimento correu pelo meu corpo, forçando a entrada no meu peito. Respirei fundo para me acalmar, mas não consegui me conter. Nem pensar no Barack e na Michelle Obama ajudaria dessa vez. O que eu sentia era raiva. Fechei os punhos e gritei a plenos pulmões:

– Me diga você!!

Um longo silêncio dramático se seguiria não fosse a multidão de fãs e o jingle do cronômetro emanando da tevê. Lucinda passou correndo por mim, colocou Kofi no colo de Kojo e saiu correndo pela porta com um tchau baixinho. Eu não sabia que ela era tão rápida.

Meu marido e meu filho de 2 anos estavam sentados no sofá olhando para mim. Virei e joguei o molho de chaves no balcão, passei direto pelo Diário de Bordo que costumava conferir religiosamente e entrei no quarto pisando firme. Bati a porta atrás de mim e me joguei na cama chorando.

Eu tinha gritado com meu marido.

Para muitas esposas, isso não seria nada, mas para mim era demais. Eu nunca havia levantado a voz para Kojo. Meus pais gritavam o tempo todo, e acabaram se divorciando. Muito tempo antes – antes mesmo de conhecer Kojo –, eu tinha jurado a mim mesma que nunca gritaria com os outros. Gritar com qualquer pessoa não fazia meu estilo. Minha recusa em erguer a voz chegou a virar piada. Uma vez, ainda na faculdade, Kojo e eu estávamos no meio de uma discussão acalorada (hoje não conseguimos nem lembrar qual era o tema). No auge da discussão, virei para ele e disse com extrema calma:

– Acho que este é um momento decisivo do nosso relacionamento.

Minha intenção era intimidá-lo e passar uma imagem firme, mas Kojo começou a gargalhar.

– É só isso? – foi o que ele conseguiu dizer entre uma gargalhada e outra. Comecei a rir também. Desde então, sempre que nossas discussões se intensificavam, era só um de nós soltar essa fala que a tensão se dissipava instantaneamente. Nós dois começávamos a rir.

Como é que passamos disso para aquele momento horrível?

Quando acordei na manhã seguinte com os olhos inchados, havia uma panela de arroz *jollof* no fogão e um Post-it no espelho do banheiro que dizia: "Este é um momento decisivo."

Naquele dia, me senti culpada, sem esperanças e desconfortável – uma dor de cabeça latejante desceu até meus ombros. Eu sabia que tinha que pedir desculpa, mas meu ego não estava cooperando. Sentia a dor do momento, mas não conseguia tomar a decisão certa. Em qualquer outro dia, eu teria desejado que Kojo levantasse da cama para me ajudar a dar comida a Kofi, vesti-lo e dar início ao preparo do jantar. Naquela manhã, desejei desesperadamente que ele continuasse dormindo para que eu não precisasse dizer as palavras que ainda não sabia como expressar.

Depois de entregar Kofi a Lucinda, percebi que precisava trocar de roupa. Naquela noite, haveria uma festa de lançamento de um de nossos doadores, e eu tinha que comparecer. Saindo do nosso quarto depois de trocar de roupa, ouvi a voz de Kojo.

– *Precisamos conversar mais tarde.*

Continuei andando. Eu sabia que a dor de cabeça não iria passar com alguns analgésicos e uma conversa. Precisávamos de uma intervenção maior. Durante os dias que seguiram, evitei falar sobre aquela noite. O tempo acabou passando e nós não conversamos.

Duas semanas depois, procurei Margaret Crenshaw, uma das minhas mentoras.

– Você parece péssima, querida – disse ela depois que a abracei no café onde nos encontramos.

Margaret se aposentou numa grande corporação e montou sua própria empresa de consultoria. Ela tinha me orientado no início da minha carreira em Seattle e estava em Nova York para encontrar um de seus clientes. Eu sabia que o universo estava agindo em meu favor quando escrevi pedindo ajuda e ela respondeu imediatamente dizendo que estaria na cidade nos próximos dias. Normalmente, eu teria preparado algumas perguntas para otimizar nosso tempo juntas, mas, naquela ocasião, tudo o que consegui fazer foi vomitar meus sentimentos enquanto tomávamos alguns cafés.

Expliquei o que estava acontecendo em casa e como meu carrossel estava me fazendo transformar em inimigo aquele que sempre foi meu maior aliado. Eu sabia que precisava da ajuda de Kojo, mas não sabia como conseguir essa ajuda. Até aquele momento da minha vida, sempre consegui tudo o que quis. Tinha um plano para tudo, mas não sabia lidar com o que estava acontecendo. Estava perdida, o que não era do meu feitio. Margaret confirmou isso com sua resposta:

– Você está muito dispersa, Tiffany – disse ela com gentileza. – Precisa desacelerar e estabelecer prioridades. Você não pode fazer tudo. O que você quer de verdade?

Durante as semanas seguintes, tive conversas parecidas com mulheres mais experientes do que eu, e todas elas repetiram alguma variação do mesmo tema: decida o que é mais importante para você, e o resto vai se organizar. Eu sabia o que queria organizar entre Kojo e mim. Eu queria conseguir delegar tarefas que eram essenciais para o funcionamento do nosso lar – e, sinceramente, para meu próprio bem-estar – sem a sensação de que Kojo não faria direito, mas com confiança, calma e, basicamente, alegria.

Mas, para pedir ajuda de maneira significativa, minhas mentoras aconselharam, primeiro eu tinha que decidir o que estava exigindo de *mim mesma*.

Capítulo 7

O mais importante

Nunca fui o tipo de pessoa que sente a necessidade de reinventar a roda, então quando minhas mentoras sugeriram que eu procurasse saber com clareza o que é mais importante para mim, imediatamente fui atrás de pessoas que achei que já tivessem feito isso. Os livros costumam me ajudar, então li muitos. A lista incluiu: *Você pode curar sua vida*, de Louise Hay, as memórias de Donna Brazile, a primeira afro-americana a dirigir uma campanha presidencial (a de Al Gore, em 2000), e *O alquimista*, de Paulo Coelho. Conforme eu devorava esses livros, foi ficando cada vez mais claro que o problema não era o fato de eu estar esgotada por exaustão, estresse ou uma pilha de listas de afazeres. Na verdade, a psicóloga dra. Ayala Malach Pines argumenta que a principal causa do esgotamento não é o fato de termos muito a fazer, mas a sensação de que as coisas que fazemos não são importantes ou não refletem quem somos.[1]

Em *How Remarkable Women Lead* [Como mulheres extraordinárias lideram], Joanna Barsh escreve sobre o papel crucial do significado para o sucesso das mulheres. Ela explica que as que entendem o contexto mais amplo daquilo que é importante para elas são mais motivadas no trabalho e menos estressadas.[2] Um estudo recente do periódico *Harvard Business Review* concorda, citando as necessidades emocionais e espirituais como influências-chave no envolvimento e na produtividade no ambiente de trabalho.[3] Minha busca por identificar meu propósito mais amplo envolveu muitos livros de autoajuda e sessões de *coaching*, mas as ideias mais importantes vieram com dois exercícios simples que qualquer pessoa pode fazer com pouco tempo e sem gastar nada.

O primeiro exercício, que Stephen Covey popularizou com o livro *Os 7 hábitos das pessoas altamente eficazes*, é visualizar seu próprio funeral.[4] Imaginei três pessoas – um membro da família ou um amigo íntimo, um membro da comunidade e um colega de trabalho – levantando para me homenagear. Visualizei seus depoimentos sobre a pessoa que eu era e as coisas que eu defendia. Imaginei-os dizendo coisas como: "Ela defendia mulheres e meninas", "Ela acreditou em mim e me inspirou a acreditar em mim mesma" e "Ela entendia o poder das histórias e as usava para inspirar as pessoas a ter mais poder". E Kofi: "Ela foi uma boa mãe porque não confundia minha jornada com a dela. Me orientava mas não tentou viver *através* de mim." Imaginei essa celebração da minha vida levando todos às lágrimas. Pareceu piegas fazer isso, mas ajudou muito a esclarecer meus objetivos. Fiquei inspirada a viver de acordo com esses depoimentos.

O segundo exercício consiste em pedir a um grupo variado de pessoas "Fale sobre uma situação em que você vivenciou o melhor de mim". Esse exercício foi desenvolvido por pesquisadores da Universidade de Michigan.[5] Pedi histórias de pessoas que me conheceram em diferentes estágios da minha vida e em diferentes contextos. Adaptei um pouco o exercício original e imprimi todas as histórias, então circulei as palavras e frases que surgiam com frequência: *paixão, evangelizadora, autêntica, uma voz poderosa, determinada a vencer, motivada, uma alma velha.* Este exercício me deu uma boa ideia dos meus pontos fortes e das qualidades que mais impactavam os outros.

Embora o relacionamento com minha mãe tenha sido difícil durante a minha adolescência e juventude, quando Kofi nasceu eu tinha alcançado aceitação quanto à nossa relação. Talvez não fôssemos tão próximas quanto algumas de minhas amigas eram de suas mães, mas eu sabia que minha mãe podia compartilhar histórias comigo que me ajudariam muito a ter clareza quanto a quem eu era e o que me motivava de verdade. E eu estava certa. Quando pedi a minha mãe que recordasse um momento em que vivenciou o melhor de mim, achei que ela citaria alguma conquista minha, como quando ganhei o prêmio de Menina do Ano na escola. Em vez disso, ela escreveu: "No dia em que você bateu na cabeça do Marcus com um martelo." Foi a primeira vez que ela mencionou essa situação desde que ela aconteceu, quando eu tinha 11 anos. Em retrospecto, foi um dos dias mais importantes da minha vida, porque foi quando aprendi a confiar em minha própria voz.

Naquela tarde de verão, eu estava brincando com um grupo de meninos da minha rua. Estávamos jogando pedras na piscina do vizinho por cima da cerca. Eu estava de vestido, e, quando os meninos me levantaram para que eu pudesse ver por sobre a cerca, senti a mão de Marcus entre as minhas pernas. Gritei para que eles me colocassem no chão. Assim que minhas sandálias de plástico tocaram a grama marrom, corri até o barracão do meu pai, peguei a primeira ferramenta que vi e bati com toda a força. Infelizmente, Marcus não desviou rápido o suficiente, e o martelo acertou o topo da cabeça dele. Corri de volta para casa com lágrimas escorrendo pelo meu rosto, passei pela minha mãe, que estava em pé na pia da cozinha, e entrei no meu quarto, batendo a porta. Eu nunca tinha sentido tanta raiva em todos os meus 11 anos.

A gravidade dos meus atos começou a pesar sobre mim minutos mais tarde, quando ouvi a mãe do Marcus gritando com a minha na porta da nossa casa. Ela exigia que eu saísse e pedisse desculpa. Quanto mais alto ela gritava, mais sem confiança eu ficava. Minha raiva se transformou em culpa. Comecei a achar que tinha cometido um erro terrível, e uma voz de dúvida começou a me assombrar: *Você pode ter machucado o Marcus de verdade. O que estava pensando? Por que deixou que eles a levantassem se estava de vestido? A culpa foi sua. Você está encrencada. Você não é uma boa garota.*

Eu estava encolhida no chão do meu quarto morrendo de medo, mas um milagre aconteceu. Minha mãe disse à mãe do Marcus, com educação, mas com firmeza, que eu não ia pedir desculpa.

– Espero que ele não faça com outra menina o que quer que tenha feito com a minha filha – disse ela com calma. – No que me diz respeito, a Tiffany fez um favor a ele. Ela não vai pedir desculpa.

Então ela fechou a porta e voltou para a cozinha.

Foi naquele dia que eu aprendi que meu primeiro instinto era o instinto certo. Aprendi a confiar na minha voz interior. Aprendi a me defender. Mas, de alguma forma, nos últimos vinte e tantos anos, acabei me distanciando daquela garotinha destemida. Acabei me acostumando a ouvir e priorizar a voz dos outros em vez da minha. Minha mãe ter lembrado daquele incidente foi como minha própria voz me chamando do passado, me incentivando a recuperar meus ideais, meus valores – *minha vida*. Eu não só obtive clareza quanto ao que era mais importante para mim, mas também aprendi a importância de valorizar o que era mais importante para mim. Antes disso, eu priorizava o que achava importante para os outros. Tratava o sacrifício como uma virtude, ainda que me prejudicasse.

Quando comparei os resultados da visualização do funeral e deste segundo exercício, cheguei a duas considerações que não incluía na minha tomada de decisão diária. A primeira era quanto ao meu legado, a marca que eu queria deixar no planeta. A segunda era quanto a meus dons natos, principalmente a capacidade de influenciar os outros. Então adicionei uma terceira consideração: como eu queria passar o tempo. Quando pensei nessas três considerações juntas – meu legado, meus dons e meu tempo –, o que era mais importante para mim se transformou de uma miragem distante numa pintura vívida. Visualizei um mundo onde Kojo e eu aprendíamos e crescíamos um com o outro e apoiávamos completamente um ao outro em nossas buscas, onde meu filho estava em contato com sua humanidade e respeitava a humanidade dos outros, e onde os talentos e as vozes das mulheres eram cultivados para benefício de todos.

Embora eu tenha levado várias semanas para fazer esses exercícios e refletir sobre minhas descobertas, no fim, eles me ajudaram a esclarecer o que mais importava para mim: amar Kojo, educar um cidadão do mundo consciente e favorecer o crescimento de mulheres e meninas.

Há pouco tempo, Melanie, uma ex-colega de trabalho que hoje vive em Chicago, pediu minha orientação para conciliar as novas demandas que surgiram com uma promoção recente. Concordamos em conversar por Skype. Três anos antes, sua carreira tinha mudado para gestão de varejo, e agora, pela primeira vez, ela era responsável pela própria loja. Melanie era mãe solteira de um menino de 13 anos muito ativo, Justin, e sua mãe estava lutando contra um câncer de pulmão. Melanie soube do diagnóstico da mãe antes de aceitar a promoção, e tinha sido uma decisão difícil. Com o aumento das responsabilidades na loja, ela teria menos tempo para cuidar do filho e da mãe, mas um salário maior daria mais estabilidade à família.

– Já tenho responsabilidades demais – confessou ela –, mas como poderia recusar uma oportunidade como essa?

Eu sabia que tínhamos que bolar um plano rápido, antes que Melanie se esgotasse de vez. Ela também sabia disso.

Quando perguntei a Melanie:

– O que é mais importante para você?

Ela logo deu respostas rápidas e diretas:

– Justin, mamãe, Deus, minha carreira.

– É claro – respondi. – Todas essas coisas são importantes. Mas vamos mais fundo. Deixe-me perguntar o seguinte: quais são suas *expectativas* em relação ao Justin, à sua mãe, a Deus e à sua carreira?

Essa pergunta era mais difícil de responder diretamente. Entender o que é mais importante para nós não costuma ser uma tarefa que pode ser feita numa ligação pelo Skype.

Sugeri a Melanie que, durante as próximas semanas, ela fizesse dois exercícios: um interno, que amplificaria sua própria voz, e um externo, em que ela reuniria contribuições de outras pessoas, semelhante ao que eu tinha feito. Para decidir qual deveria ser o exercício interno, pedi a Melanie que falasse sobre ocasiões em que ela teve um momento eureca. Enquanto ela falava, percebi um padrão. Muitos dos momentos eureca da Melanie tinham a ver com sonhos. Ela costumava ter sonhos vívidos e, em diferentes momentos da vida, desenvolveu a prática de anotá-los. Era isso! Durante 21 dias, Melanie manteria um diário e uma caneta ao lado da cama para poder registrar seus sonhos assim que acordasse. Para o exercício externo, ela pediria às pessoas que compartilhassem com ela a primeira coisa que lhes vinha à cabeça quando pensavam nela – uma palavra, história ou imagem que capturasse a experiência que tinham dela. Eu tinha uma conferência marcada em Chicago, então nossa próxima conversa seria pessoalmente.

Um mês depois, eu estava sentada com Melanie em sua pizzaria favorita, fatias grudentas de queijo esticando entre meus lábios e dedos enquanto ela repassava sua jornada. Ela tinha feito bastante pesquisa sobre o que era mais importante. Ler seu diário dos sonhos ajudou-a a descobrir que tinha tomado muitas das decisões passadas baseada no medo. Como resultado, tinha se fechado para oportunidades maravilhosas sem necessidade. Ela não queria mais isso para si nem para Justin. Revisando as palavras, histórias e imagens de sua família e de seus amigos sobre suas experiências com ela, Melanie percebeu que muitas pessoas valorizavam sua lealdade e confiabilidade. Depois de algumas xícaras de chá e algumas palavras, Melanie estava confiante quanto ao que era mais importante para ela: cultivar o destemor em Justin, honrar sua mãe, ser exemplo do que é "estar presente" e estar aberta à voz de Deus.

Conheço muitas pessoas – homens e mulheres – que passaram por um processo de esclarecer e articular o que é mais importante para elas. Uma ex-colega de trabalho, Maxie, se redescobriu ao passar dois meses em Bali. Maxie descobriu que o que era mais importante para ela era inspirar os outros. Um amigo, Josh, passou semanas meditando e pedindo a pessoas que compartilhassem com ele reflexões sobre seu portfólio fotográfico antes de ter certeza do que era mais importante para ele: alimentar a visão de vida da filha e servir de lente para a alma.

Poucas pessoas conseguem articular com clareza e confiança o que é mais importante para elas, e não é porque não saibam de alguma forma. É porque é difícil decifrar significado em meio a tanto barulho. Um pouco desse barulho nos é imposto: todas as mensagens culturais nos dizendo o que *deveria* ser importante para nós. Mas é essencial dedicarmos tempo e espaço para descobrir o que é *realmente* mais importante para nós.

Quando comecei a pensar em como seria meu futuro com Kojo, vi que costumávamos ter muita clareza quanto ao que era mais importante para nós como casal. Logo no início do casamento, desenvolvemos quatro perguntas para fazer a nós mesmos, uma espécie de guia para o processo de tomada de decisão. As perguntas não foram escritas em lugar nenhum, mas nos orientaram sempre que chegamos a uma encruzilhada, nos ajudando a ter clareza quanto à direção que queríamos que nossa vida tomasse. Infelizmente, quando minha roda da vida acelerou depois do nascimento do nosso filho, essa ferramenta útil acabou ficando um pouco enferrujada.

Kojo e eu criamos as quatro perguntas no carro em março de 1998. "Can't Nobody Hold Me Down", do Puff Daddy, estava tocando no rádio, e nós éramos recém-casados cheios de esperança e otimismo em relação ao futuro. Houve muita festa na comunidade ganesa naquele dia, pois se comemorava o Dia da Independência do país. Kojo e eu estávamos voltando de uma dessas festas e conversando sobre a perseverança de Kwame Nkrumah, o primeiro presidente de Gana, que liderou o movimento de Independência. "Aqueles que nos julgam apenas pela altura em que estamos devem se lembrar das profundezas de onde começamos", disse certa vez Nkrumah. Kojo e eu tínhamos consciência do ponto de partida humilde de nossas famílias. O pai dele nasceu num vilarejo em Gana e pagou os estudos vendendo pão na beira da estrada. Meu pai teve dez irmãos e nasceu numa habitação social em Watts, Los Angeles. Apesar de termos sido criados em partes diferentes do mundo, tínhamos os mesmos valores: reconhecer a humanidade nos outros, criar nossa própria realidade e que não há substituto para a disciplina e a dedicação. Também fomos ensinados que temos a responsabilidade de causar um impacto significativo em nossas comunidades. Parece meloso e idealista agora, mas Kojo e eu acreditávamos que nossa união representava a África da diáspora, unidos para que nosso povo avançasse. Conhecíamos as "profundezas de onde começamos". Que altura éramos responsáveis por alcançar, principalmente considerando tudo que nossos pais tinham conquistado? Tentamos responder a essa pergunta enquanto faróis se aproximavam da nossa traseira e nos ultrapassavam na rodovia escura.

Durante o discurso de Independência de Nkrumah em 1957, que eu estava lendo em voz alta no programa verde da celebração enquanto Kojo dirigia, ele implorou à nação: "Precisamos mudar nossas atitudes e nossas mentes. Precisamos perceber que de agora em diante não somos mais uma colônia, mas um povo livre e independente."[6] Para Kojo e para mim, isso significava que, em vez de esperar que a vida acontecesse ou que alguém nos dissesse o que fazer, nosso casamento seria seu próprio modelo. Sugeri a Kojo que deveríamos criar objetivos maiores para nós mesmos. Kojo tinha uma ideia diferente.

– Não, objetivos, não – disse ele, decidido. – É muita pressão. Não sabemos o suficiente sobre o que vai acontecer no futuro.

– Então, talvez, um plano? – continuei. – Deveríamos criar algo como um mapa?

– Não, não sabemos o suficiente para isso também. Precisamos de alguma coisa que nos ajude quando as coisas ficarem difíceis ou ficarmos confusos, ou quando as coisas não saírem como imaginávamos.

– Tudo bem, bom, é por isso que gosto de pedir conselhos a outras pessoas. Outras pessoas sempre me ajudam a entender as coisas.

Kojo ficou quieto por um instante. Eu ouvia as engrenagens do seu cérebro funcionando.

– É, você é boa nisso – observou ele. – Por que você acha que os outros ajudam tanto?

– Porque eles me fazem muitas perguntas. Isso faz com que eu pense sobre a situação de um jeito diferente.

– Tudo bem, então tem que ser uma lista de perguntas – decidiu Kojo. – Vamos criar perguntas que possam nos guiar.

Pouco tempo depois de fazer os exercícios que me ajudaram a ter clareza quanto ao que era mais importante para mim, comecei a pensar sobre aquele dia no carro há tantos anos. Eu estava lendo um livro chamado *The Nonprofit Strategy Revolution* [A revolução da estratégia sem fins lucrativos], que defendia a implementação, de uma avaliação de estratégia – um conjunto de critérios que uma organização poderia usar para julgar se determinada estratégia estava alinhada à sua identidade.[7] Num mundo que está em rápida transformação, organizações sem fins lucrativos precisam de uma ferramenta para tomada de decisão rápida e calculada. A ideia central é que uma estratégia de solução de problemas deve refletir a missão da organização enquanto eleva sua vantagem competitiva. As organizações devem trabalhar em conjunto com as partes interessadas para determinar o conjunto único de critérios que vai ajudá-las a manter sua identidade.

Esse livro mudou completamente o que eu pensava sobre como liderar uma organização. Inesperadamente, também esclareceu por que minha parceria com Kojo tinha sido tão eficaz no início. Antes de aprender sobre avaliação de estratégia, eu achava que éramos um casal bem-sucedido porque nos dedicávamos muito, tínhamos pais que nos passaram bons valores e nos esforçávamos para sermos as melhores pessoas que poderíamos ser a cada dia. Apesar dos contratempos da vida, cada um de nós tinha crescido pessoal e profissionalmente e também tínhamos evoluído como casal. Com frequência, agradecíamos um ao outro, a nossas famílias e ao universo pela boa sorte. Sinto vergonha ao admitir que, no fundo, eu realmente achava que éramos *especiais*.

A introdução à avaliação de estratégias me atingiu em cheio – Kojo e eu não éramos especiais. Naquele carro, tínhamos simplesmente desenvolvido uma avaliação de estratégia, ou, como eu chamo agora, a Bússola do Casal.

Sempre que tínhamos que tomar uma decisão, nos perguntávamos se o curso de ação que estávamos considerando estava alinhado com nossas quatro perguntas:

1. Isso vai favorecer o crescimento das mulheres ou da África Subsaariana?
2. É fiel aos valores que nossos pais nos passaram?
3. Vai nos colocar no caminho para a liberdade financeira?
4. Nossos descendentes terão orgulho de nós?

Se nós dois respondêssemos "sim" para todas as quatro perguntas, nos comprometíamos a avançar na decisão, independentemente dos desafios ou sacrifícios que teríamos que enfrentar. Isso às vezes nos colocava em situações difíceis, como no ano em que Kofi nasceu, quando decidimos nos mudar de Boston para Nova York. Minha carreira estava prestes a decolar quando concordamos em interrompê-la, mas me confortei com o fato de que o emprego novo de Kojo no banco de investimento o prepararia para promover os interesses da África Subsaariana e nos colocaria no caminho da liberdade financeira. Nós dois sabíamos que logo eu encontraria um emprego, mas, enquanto não acontecia, cuidar do nosso filho ao mesmo tempo que criava um novo lar para nossa família certamente era fiel aos valores que nossos pais nos passaram. E, sim, nossos descendentes ficariam orgulhosos, porque estávamos no caminho certo para fazer a diferença um para o outro e para o mundo.

Logo percebi que tirar a ferrugem da nossa Bússola do Casal seria crucial para aprendermos a trabalhar juntos em casa. Minha roda da vida girava tão rápido que eu estava atolada nos estresses do dia a dia e nem sempre conseguia enxergar além. Eu estava tão ocupada brigando com o seguro por causa de uma cobrança indevida ou planejando férias que pareciam nunca acontecer, que esqueci o objetivo final: deixar um legado. Sabia que se continuasse a me esgotar, perdendo de vista o propósito maior de nossa família, Kojo e eu nunca conseguiríamos deixar um legado para aqueles que viessem depois de nós. A Bússola do Casal nos ajudaria a manter os olhos naquilo que realmente importava para nós dois como equipe. Uma vez que isso estivesse definido, todo o resto seria negociável – quem busca a roupa na lavanderia, quem fica em casa para receber o encanador, quem prepara a carne ao voltarmos do mercado.

Mas a questão é a seguinte: é possível que dois companheiros tenham uma Bússola do Casal como estratégia primordial para tomada de decisão, mas que cada um deles esteja incerto quanto ao que é importante individualmente. Foi por isso que minhas mentoras me aconselharam a casar com Kojo, mas esperar para ter filhos. Elas eram experientes o suficiente para saber como é fácil que mulheres executivas percam de vista o que é mais importante para elas, e queriam que eu tivesse um tempo sem a responsabilidade que os filhos trazem para explorar minha real vocação. Guiados pela Bússola do Casal, Kojo e eu nos viramos bem em nossas tomadas de decisão conjuntas durante anos. Então, pela primeira vez, obtive clareza quanto ao que era mais importante, profissional e pessoalmente, para *mim*.

Capítulo 8

A lei da vantagem comparativa

Agora eu tinha clareza quanto ao que era mais importante para mim: amar Kojo, criar cidadãos do mundo conscientes e favorecer o crescimento de mulheres e meninas. E Kojo e eu voltamos a usar a Bússola do Casal para enfrentar os maiores desafios da vida. Tínhamos tudo, certo? Errado. Eu ainda precisava entender o que os contos de fadas jamais abordam: a logística. Eu tinha uma lista bem longa de coisas que precisavam ser feitas, e ainda não sabia como motivar Kojo a colaborar. Fiquei tentada a usar a demissão como trampolim, a sugerir que, agora que ele tinha mais tempo durante o dia, poderia ajudar mais em casa. Mas, embora isso pudesse resolver meu problema a curto prazo, eu me preocupava que, assim que voltasse a trabalhar, ele devolvesse tudo para mim; que eu voltaria ao ponto onde tudo começou.

A revelação veio algumas semanas depois, quando participei de um curso ministrado por Jerry Hauser no Management Center em Washington. O Management Center ajuda líderes de justiça social a construir e gerenciar organizações mais eficazes para que possam alcançar plenamente sua visão e seus objetivos. Meu chefe recomendou que eu fizesse o curso para aprimorar minhas habilidades de gestão.

Durante a seção sobre gerenciamento do tempo, Jerry enfatizou a importância de concentrar nossa atenção nas áreas para as quais agregamos maior *valor* como gestores, em vez de nas áreas onde talvez sejamos melhores que os outros apenas em razão da experiência. Por exemplo, por ter muita experiência com angariação de fundos, talvez eu escrevesse pedidos de doação com mais facilidade, mas eu agregava maior valor em reuniões presenciais com grandes doadores. Ninguém mais na minha equipe era bom nisso. Se o mais importante para mim era arrecadar dinheiro, então era muito melhor que eu estivesse fora do escritório estabelecendo conexões cara a cara. Do mesmo modo, se o mais importante para mim como mãe era criar cidadãos do mundo conscientes, por que eu estava me estressando com a organização das roupas de verão do meu filho? Era muito melhor que eu me dedicasse a ler um livro para ele todas as noites. Era economia básica – a lei da vantagem comparativa.[1] Simplificando: só porque você faz alguma coisa melhor do que os outros, não significa que esse seja o uso mais produtivo do seu tempo. Foi um momento eureca para mim.

Sentada ali, naquele curso no Management Center, aprendi uma lição de vida que ia muito além das práticas de negócios. *O que você faz é menos importante do que a diferença que você causa.* Eu podia passar a vida inteira riscando itens da minha lista de afazeres e, no fim, fazia pouquíssima diferença. Eu não queria que meu epitáfio dissesse: "Ela fez muita coisa." Em vez disso, eu tinha que descobrir como eu, e só eu, poderia fazer a diferença – e isso era verdade tanto para minha vida em casa quanto para minha vida profissional. Onde eu poderia ser mais útil para alcançar aquilo que era mais importante? Até aquele momento, sempre abordei o gerenciamento do meu lar fazendo uma lista enorme com todas as tarefas que precisavam ser feitas – trocar as solas daqueles sapatos, organizar as fotos, marcar uma consulta – e depois tentando realizar todas as tarefas sistematicamente. Às vezes, eu delegava – pedia a Kojo que ligasse para o médico ou a Lucinda que levasse os sapatos –, mas a SCL não permitia que eu me desligasse totalmente, porque eu não achava que os outros corresponderiam aos meus padrões. O único jeito de evitar uma longa espera no consultório era garantir a primeira consulta do dia, e as solas tinham que ser de borracha. Kojo e Lucinda fariam tudo certo?

De repente, sentada no curso de gerenciamento, percebi que estava abordando essa questão do jeito errado. Eu estava fazendo tudo ao contrário. Deveria olhar a minha lista procurando por obrigações que *não poderia* delegar. Potencializar nossas ações significa empregar nossas habilidades e focar em tarefas que *só nós podemos fazer* para alcançar nossos maiores objetivos e prioridades. Se o que mais importa para mim como mãe é criar um cidadão do mundo consciente, por exemplo, marcar as consultas do Kofi não é o melhor uso do meu tempo. O melhor uso do meu tempo seria conversar com ele com frequência. Por ainda ser um bebê, ele não vai entender tudo o que estou dizendo, mas vai fazer diferença se eu começar a prática agora. Conforme ele cresça, é importante que eu o ajude a entender suas experiências e desenvolver estratégias saudáveis de reação a elas que reflitam nossos valores familiares de responsabilidade, coragem e empatia.

O resultado mais marcante da abordagem da vantagem comparativa foi reduzir drasticamente minha lista de afazeres.

Antes de focar na vantagem comparativa, minha lista de afazeres era mais ou menos assim: *fazer compras, marcar visitas a escolas, buscar a roupa na lavanderia, ligar para o tio Kenny: cirurgia, encomendar o presente do chá de panela da Lisa, temperar o frango, conferir o orçamento do piso, comprar um carrinho de bebê para o Kofi.* Todas essas tarefas tinham que ser executadas naquele dia, além das dez horas no escritório e o que mais estivesse na minha lista profissional.

Isto foi o que aconteceu com a minha lista quando submeti cada tarefa ao teste da vantagem comparativa, me perguntando se eu estava aplicando o melhor uso dos meus talentos ao fazer a tarefa em questão:

Fazer compras: Não. Eu podia amar Kojo, criar cidadãos do mundo conscientes e favorecer o crescimento de mulheres e meninas sem fazer as compras.

Marcar visitas a escolas: Não. O ambiente onde Kofi vai passar quase nove horas do dia, cinco dias da semana definitivamente vai moldá-lo. Para criar um cidadão do mundo consciente, eu definitivamente preciso visitar as escolas, mas acho que outra pessoa pode marcar essas visitas.

Buscar a roupa na lavanderia: Não.

Ligar para o tio Kenny: cirurgia: Sim, preciso fazer essa. É importante para o meu tio ouvir a voz da sobrinha perguntando como ele está. Quero que Kofi saiba o quanto a família é importante. Manter esse relacionamento é crucial. Além disso, delegar essa tarefa para outra pessoa seria insensível.

Encomendar o presente do chá de panela da Lisa: Não. Eu estarei no chá. Não importa como o presente vai chegar ao seu apartamento.

Temperar o frango: Não. De qualquer forma, vou usar uma receita nova. Qualquer um pode segui-la.

Conferir o orçamento do piso: Não.

Comprar um carrinho para o Kofi: Não.

Dos oito itens da lista original, só um era importante que eu mesma fizesse para alcançar o que é mais fundamental para mim. Só um representava o melhor emprego dos meus talentos. Que fique claro: as outras tarefas da lista ainda precisavam ser feitas, e eu não tinha certeza de como. O que tinha mudado era minha perspectiva: agora eu tinha certeza de que não seria eu a realizar todas elas. Em vez de oito coisas que eu tinha que fazer para ser uma boa funcionária, esposa e mãe, agora havia só uma tarefa que eu precisava fazer e sete que poderiam ser feitas por outra pessoa. Para a rainha da vida doméstica com um caso sério de SCL, essa mudança de mentalidade era revolucionária!

Todas as mulheres têm uma lista de responsabilidades que sentem que precisam cumprir – e, na maioria das vezes, nosso senso de identidade depende de que sejamos nós mesmas a cumpri-las. Como resultado, muitas mulheres tentam se organizar de uma forma que possibilite que façam o maior número possível de tarefas da lista. Talvez considerem trabalhar apenas em meio período, abrir o próprio negócio ou ajustar as ambições profissionais para evitar demandas adicionais de trabalho para que possam cumprir com as domésticas.

A beleza da abordagem da vantagem comparativa é que ela ajuda as mulheres a encurtar a lista e manter os olhos e a energia no que realmente importa para elas. Depois daquele curso de gestão, decidi que havia apenas três coisas que precisavam mesmo estar na minha lista como mãe: gestar e dar à luz os filhos, amamentá-los durante um ano e envolvê-los em conversas significativas. (Mais tarde, adicionei "fazer bolo no fim de semana" à lista, após minha família apresentar uma proposta muito convincente.) Havia outras coisas que precisavam acontecer para que minha casa funcionasse? Claro. Mas, daquele momento em diante, essas três eram as únicas tarefas que, caso eu não as realizasse de acordo com minhas expectativas, faziam com que eu me sentisse culpada. Em todo o resto, eu podia deixar a peteca cair.

Em seu recente livro *Unfinished Business* [Negócio inacabado], Anne-Marie Slaughter reformula o debate trabalho-vida nos Estados Unidos: de uma tensão entre a mulher e o local de trabalho passamos a uma tensão entre competição e cuidado. Slaughter argumenta que nosso principal problema social é que valorizamos a competição, e não o cuidado. Como o sucesso é definido por quem ganha, o cuidado nem sempre é visto como igualmente importante e necessário enquanto empenho humano. Slaughter está certa. Se nossa sociedade valorizasse o trabalho de cuidar – ou lavar, cozinhar, organizar, educar os filhos, atender os idosos – tanto quanto valorizamos o ato de prover, todos nos beneficiaríamos. Mas enquanto a sociedade não acompanha a visão de Slaughter, o que uma mulher esgotada pela responsabilidade de prover *e* cuidar deve fazer?

A resposta é que ela precisa redefinir o que cuidar significa para si mesma e para sua família. Vai ter que rejeitar as expectativas irreais da sociedade de que ela faça as duas coisas *perfeitamente*. Vai ter que deixar a peteca cair. É isso que a abordagem da vantagem comparativa pode ajudá-la a fazer.

Algumas das responsabilidades que as mulheres assumem como cuidadoras não são necessárias no que se refere a alcançar determinados objetivos. Considere o envolvimento com a escola da criança, por exemplo. É uma crença bastante difundida que o responsável que participa como voluntário na escola ou ajuda com a lição de casa está contribuindo para o sucesso acadêmico da criança. Se assegurar o sucesso acadêmico de nossos filhos é o mais importante para nós, naturalmente vamos assumir essas responsabilidades. Mas a pesquisa de Keith Robinson e Angel Harris, autores do livro *The Broken Compass: Parental Involvement with Children's Education* [Bússola quebrada: o envolvimento dos pais na educação dos filhos], prova o contrário.[2] Num artigo publicado no *New York Times*, Robinson e Harris afirmam que "a maior parte do envolvimento dos pais, como observar uma aula, ir à escola conversar sobre o comportamento da criança, ajudar a decidir sobre cursos ou com a lição de casa, não contribui para o desempenho dos alunos".[3] De acordo com Robinson e Harris, existem três atividades principais que influenciam o sucesso dos filhos na escola: defender que eles tenham determinados professores, conversar sobre as atividades de que participam na escola e desejar que frequentem a universidade. Não há nada de errado em continuar participando como voluntário na escola. Mas não é o que de melhor podemos fazer se o mais importante para nós é o sucesso acadêmico de nossos filhos.

Esclarecer como podemos garantir o melhor uso de nossos talentos para conquistar o que é mais importante para nós permite que as mulheres redefinam suas expectativas. Ajuda a criar um filtro para o nosso papel no cuidado. Quando sabemos no que devemos *nos* concentrar para sermos bem-sucedidas, determinamos melhor o que *os outros* precisam fazer para nos apoiar. Com minha nova clareza sobre quais eram os melhores usos de meus talentos, percebi que a abordagem passivo-agressiva para conseguir que Kojo contribuísse mais em casa era ineficaz para nós dois.

Agora eu estava pronta para o passo seguinte – pedir às pessoas que contribuíssem. Os outros itens da minha lista de tarefas se dividiam em três categorias básicas. Na primeira estavam as tarefas que me faziam rir por tê-las colocado na lista, como "temperar o frango". *Aquele frango vai ser frito com qualquer tempero que eu jogue em cima dele quando chegar em casa.*

Na segunda, coisas que precisavam ser feitas, mas que eu teria que usar a criatividade para delegar, como fazer compras, comprar um carrinho para o Kofi, marcar visitas a escolas e encomendar o presente para o chá da Lisa.

As compras de mercado e do carrinho para transportar Kofi deleguei para Lucinda. Sempre enfatizei que sua principal tarefa era cuidar do Kofi, mas, antes de voltar a trabalhar, eu cuidava dele em tempo integral e fazia compras e outras tarefas durante o dia, e ele parecia não se importar. Se eu podia fazer essas coisas ao mesmo tempo, ela também podia. Tarefas tiradas da lista!

O próximo item era marcar as visitas a escolas. Decidi recrutar minha vizinha Lynette. Ela tinha um bebê da mesma idade do Kofi; na verdade, foi ela quem me lembrou de marcar as visitas, sugerindo que fôssemos juntas. Pedi a Lynette que confirmasse a minha presença também ao confirmar a sua.

Em seguida, o presente do chá de panela da Lisa. Percebi que podia pedir à minha amiga Veronica. Ela ia ao chá também e estava disposta a encomendar o meu presente quando encomendasse o dela. Eu pagaria quando nos encontrássemos lá.

Finalmente, a última categoria: as tarefas para as quais eu precisaria da ajuda de Kojo. Buscar a roupa na lavanderia e conferir o orçamento do piso para a casa de Seattle. E, desta vez, eu estava pronta para delegar ativamente – não só na minha imaginação.

Aquela seria uma conversa importante que merecia atenção especial. Avisei Kojo que estava pensando em algumas coisas que gostaria de compartilhar com ele. Combinei com antecedência um horário que não coincidisse com nenhum evento esportivo – ou qualquer outro programa que ele tivesse planejado. Segui o exemplo do dr. Phil, cuja coluna na revista *O* oferece conselhos para lidar com conversas difíceis, e rascunhei e ensaiei o que queria dizer quando me aninhasse ao seu lado no sofá azul. Para deixar clara a importância da conversa, pedi a Kojo que a tevê fosse desligada.

Eu disse o seguinte:

> *Meu bem, eu tenho andado esgotada ultimamente. Faz tempo que lhe devo um pedido de desculpa pela noite em que gritei com você. Eu estava muito estressada naquela noite e estou cansada de me sentir assim. Então estive pensando bastante sobre o que é mais importante para mim e sobre como tenho gastado meu tempo em relação a essas coisas com as quais me importo. Depois de fazer vários exercícios, tenho certeza de que o que mais importa para mim é amar você, ajudar Kofi a se tornar um cidadão do mundo consciente e favorecer o crescimento de mulheres e meninas. O problema é que sinto que passo muito tempo do meu dia ocupada com tarefas inexpressivas que não me ajudam a fazer a diferença nessas áreas. Você sempre me apoiou e*

me incentivou a corresponder ao meu potencial, então eu queria pedir sua ajuda. Escrevi uma lista com algumas dessas coisas e queria saber se você pode me ajudar com duas delas. Elas podem parecer pequenas para você. Na verdade, quando eu disser quais são essas coisas, você provavelmente vai se perguntar por que eu marquei essa conversa em vez de simplesmente lhe mandar um e-mail. Para você ver como isso é importante para mim... que você faça essas coisas. Uma delas é conferir o orçamento do piso que David mandou e liberar o serviço caso você aprove. A outra coisa que preciso que você faça é buscar a roupa na lavanderia.

Era uma conversa completamente nova. Na verdade, não era sobre o orçamento do piso ou buscar a roupa na lavanderia. Embora eu estivesse acostumada a fazer as coisas sozinha, eu poderia simplesmente ter mandado uma mensagem para Kojo pedindo que ele buscasse as roupas ou conferisse o orçamento. Mas ao discutir esse pedido de um jeito tão deliberado e pensado, eu estava comunicando a Kojo que sua ajuda significava mais do que essas duas tarefas; que, ao assumir esses dois itens da minha lista, ele estava me ajudando a cumprir meu propósito. Essa conversa deixou claro para Kojo que o pedido era sobre quem eu era no mundo.

Mais importante do que isso, o pedido era sobre como Kojo, como meu companheiro, podia desenvolver a melhor versão de si mesmo ao me ajudar a desenvolver a minha. Em 2015, Francesca Gino e seus colegas na Escola de Negócios de Harvard provaram que a ativação dessa melhor versão, ou lembrar as pessoas dos momentos em que dão o seu melhor, é a ferramenta mais eficaz para inspirar funcionários a aprimorar seus relacionamentos e seu desempenho.[4] Conversei com Jooa Julia Lee, uma das pesquisadoras, para entender melhor por quê. Ela explicou que, quando abordamos experiências como se elas fossem transacionais, como quando vamos trabalhar porque somos pagos, há um limite quanto ao que achamos que precisamos fazer para cumprir com a nossa parte do negócio. Se estão nos pagando para trabalhar oito horas, trabalhamos oito horas sem problemas, mas qualquer tempo a mais significa que o acordo beneficia o empregador. Por outro lado, quando abordamos as experiências como se fossem relacionais, como ir trabalhar porque a missão da empresa nos inspira, não há limite para o que fazemos para alcançar a missão. "A ativação de sua melhor versão permite às pessoas que incorporem sua identidade pessoal ao trabalho. O empregador está dizendo 'Quero você inteiro envolvido no trabalho, não só suas habilidades'."[5] Isso também funciona em casa. As palavras mais importantes do meu pedido, que garantiriam o engajamento de Kojo, eram as palavras que falavam sobre ele. "Você sempre me apoiou e me incentivou a corresponder ao meu potencial."

Depois que eu fiz o pedido, ele respondeu como o esperado:

– É claro, meu bem. Faço isso amanhã.

Então beijou minha testa e apertou o botão verde do controle remoto. Kojo não é um homem predisposto a demonstrações físicas de carinho. Eu até alterei o roteiro do nosso casamento para dizer "Pode saudar a noiva" caso ele não se sentisse confortável para me beijar em público (ele me abraçou). Então o beijo na testa era um gesto único e afetuoso.

Finalmente! Eu tinha feito a transição da delegação imaginária, quando Kojo não fazia ideia do que eu estava pedindo, para a delegação com alegria. Delegar com alegria é pedir ajuda a alguém com um propósito maior do que a tarefa em si. Quando delegamos com alegria, colocamos a tarefa num contexto maior, mais significativo. Estamos dizendo à outra pessoa: "Estou pedindo sua ajuda com [insira a tarefa aqui] porque ao fazer isso você vai me ajudar a viver minha paixão e meu propósito." Ninguém quer tirar o lixo. Então, se você pedir à pessoa que tire o lixo, é uma proposição em que alguém ganha e alguém perde. Mas qualquer pessoa que te ame quer que você se transforme na melhor versão de você mesma. Pedir ajuda para conquistar o que é mais importante para você é uma situação em que todos ganham. Quando pedimos ajuda, costumamos fazê-lo com frustração ou até desprezo pela outra pessoa. Às vezes, é doloroso pedir ajuda porque achamos que estamos sendo fracos. Mas quando focamos no objetivo final, passamos da delegação com ressentimento para a delegação com alegria.

Eu tinha certeza de que Kojo tinha me escutado não só com os ouvidos, mas também com o coração. No outro dia, no entanto, acordei nervosa, porque Kojo não tinha perguntado nada sobre as tarefas. Eu tinha encaminhado para ele o orçamento do piso, mas ele com certeza não tinha o comprovante da lavanderia. Fiquei em êxtase às dez da manhã quando ele me copiou ao responder ao David. Ele não só conferiu o orçamento, como fez algumas perguntas importantes. Tarefa cumprida. Agora só faltava uma!

Várias vezes no decorrer do dia, entre uma reunião e outra, quis ligar para ele e lembrá-lo de buscar a roupa na lavanderia, só para garantir que Kojo sabia a hora e o lugar. *Chega dessa microgestão,* disse a mim mesma. *Ele disse que vai fazer*. O problema era que a lavanderia fechava às oito da noite, e Kojo disse que tinha uma entrevista à tarde e depois sairia para encontrar um amigo. Ele chegaria à lavanderia a tempo?

Quando eu estava correndo para casa para liberar Lucinda, pensei que Kojo talvez tivesse buscado as roupas de manhã, depois que eu saí para trabalhar. *Ah, sim, com certeza ele fez isso.* Entrei no apartamento e, com o Kofi nos braços, abri todos os armários na esperança de encontrar um grupo de camisas, ternos e vestidos bem passados. Mas não encontrei nada. Às 19h45, meu coração começou a acelerar, e meu rosto começou a ficar vermelho. Imaginei Kojo num bar com o amigo. Desta vez, não houve ressentimento, nem a SCL para me forçar a vestir Kofi e buscar as roupas eu mesma.

Eu sabia que as roupas não eram importantes em si mesmas, mas estava triste porque tinha esperança de que todo o esforço que dediquei a delegar efetivamente ia fazer dar certo desta vez. Estava tentando manter a cabeça em pé quando o interfone tocou. *É Kojo! Ele não consegue pegar as chaves porque está carregando as roupas.* Corri para liberar o portão para ele e abri a porta. Mas não era Kojo parado na minha frente. Era Martin, da lavanderia. Eu devo ter parecido confusa.

– Seu marido pediu que eu entregasse.

– Você faz entrega?

– Sim.

– Martin, faz quase dois anos que levo minhas roupas à sua lavandeira. Como você nunca me disse que faz entrega?

– Você nunca perguntou.

Capítulo 9

A um passo da mudança

Em quase vinte anos de casamento, o período mais estressante pelo qual passamos foi o fim da primavera de 2008. Kojo estava desempregado havia quase quatro meses, e seu seguro-desemprego estava no fim. Quando tínhamos duas fontes de renda, não pensávamos duas vezes antes de entrar num táxi, mas agora um sedã amarelo era um carro de luxo. Fazer as unhas e mandar lavar a seco qualquer peça de algodão que poderia ser lavada na máquina também eram extravagâncias desnecessárias. Assim como variedade na hora do jantar. Um domingo, fiz uma panela de feijão vermelho que comemos com arroz durante a semana inteira. Tínhamos mais sorte do que a maior parte das famílias na época. Minha renda cobria metade das nossas necessidades do dia a dia, e tínhamos economias que davam conta do restante. Mas, conforme nossas economias diminuíam, meu otimismo quanto à nossa segurança financeira diminuía junto. Ao mesmo tempo, embora estivesse aprendendo a delegar com alegria, eu ainda era a principal responsável pelo funcionamento da casa. Minha roda da vida parecia estar girando mais rápido do que nunca.

Crescer com pais que trabalhavam duro me inspirou a adotar o lema "Quando a vida endurece, os durões trabalham mais". Então, para sustentar minha família, foi exatamente isso que fiz. Eu me joguei no trabalho, tanto em casa quanto no escritório. No escritório, minha dedicação estava dando frutos. Um dos negócios que ajudei a fechar estava se transformando numa iniciativa divisora de águas chamada Women Rule, uma parceria entre o White House Project, a *O, The Oprah Magazine* e a American Express. Mulheres de todos os cantos dos EUA enviaram suas ideias sobre como imaginavam que mudariam o mundo. Selecionamos oitenta das mais impressionantes e trouxemos as vencedoras a Nova York para um treinamento de três dias durante o qual elas desenvolveriam projetos para implementar suas ideias e sonhos. A *O* publicou um artigo de oito páginas sobre a iniciativa, e várias das empreendedoras tiraram seus planos do papel de forma impactante. Os resultados da iniciativa excederam nossos sonhos. Logo depois, fui promovida de diretora a vice-presidente da White House Project, um avanço que veio acompanhado de um aumento de salário, de que minha família precisava mais do que nunca.

O esforço que dediquei à iniciativa foi uma distração conveniente das tensões crescentes em casa. No processo de colocar em prática meu lema "Quando a vida endurece, os durões trabalham mais", um abismo foi surgindo entre Kojo e mim. A divisão se devia principalmente à minha encheção de saco e às mensagens de alienação que eu estava transmitindo. Eu não necessariamente dizia essas mensagens em voz alta, mas não precisava. Minhas ações falavam mais alto.

A primeira mensagem era sobre como ele lidava com as nossas redes de contato. Kojo conhecia muitas pessoas da faculdade e de trabalhos anteriores, mas ele passava pouco tempo cultivando relacionamentos com essas pessoas. Enquanto isso, eu passava muito tempo cultivando meus próprios relacionamentos. Eu gostava de ter um grupo de pessoas que podia me ajudar a obter clareza com sua orientação e incentivo, e contava com sua experiência na resolução dos meus problemas. Minha rede de contatos também facilitou minhas transições profissionais. Ao contrário de muitos dos meus colegas, eu não tinha pais que pudessem usar sua vantagem social ou seu capital econômico a meu favor. Nem uma instituição da Ivy League no currículo. Mas *tinha* minha rede de contatos. Sempre que alguém me abria uma porta, eu entrava correndo por ela. Como resultado, nunca precisei me candidatar a um emprego. Quando eu estava pronta para uma mudança na carreira, alguém na minha rede inevitavelmente me conduzia até a próxima oportunidade. Foi assim que consegui o emprego no White House Project: quando nos mudamos para Nova York, uma das minhas colegas, Laurisa Sellers, me disse para procurar a líder do projeto.

– Diga a Marie que eu a indiquei – foi a instrução de Laurisa.

Kojo tinha uma visão diferente da minha. Um de seus argumentos mais convincentes para justificar a necessidade de deixarmos nossa vida feliz em Seattle e investirmos quase 200 mil dólares era para que ele pudesse frequentar uma das melhores escolas de negócios onde, além de um diploma, ele poderia adquirir uma rede de contatos profissionais entre os alunos da instituição, como um dividendo a mais para o investimento feito. Mas depois de vê-lo desempregado por cinco meses, percebi que era impossível simplesmente *comprar* uma rede de contatos e usá-la quando necessário. As redes mais poderosas são alimentadas com o tempo.

Uma vez que a lista de contatos de Kojo pareceu não ajudar muito, passei a dobrar esforços para incluir profissionais de finanças – área dele – na minha rede. Para apoiá-lo na busca por um emprego, fui a várias reuniões sociais e eventos para conhecer mais pessoas em seu nome. Mas não havia muito que eu pudesse fazer. Muitas das pessoas que conheci estavam tentando remendar carreiras dizimadas pela crise financeira, então a única coisa que podiam fazer era me indicar outras pessoas. Cultivar uma rede de contatos é como cuidar de um jardim; leva tempo para dar frutos.

Infelizmente, não tínhamos tempo. Minha mensagem para Kojo: *Estou compensando por algo que você já deveria ter construído.* Como resposta, ele deixou de pedir minha ajuda. Fizemos a última coisa que deveríamos ter feito: paramos de funcionar como equipe, justamente quando nossas redes deveriam ter se cruzado.

Minha segunda mensagem de alienação girava em torno do resultado desejado com a busca por um emprego. Kojo queria um emprego que, bem, o fizesse *feliz*. Com o tempo e a liberdade recém-descobertos, ele começou a fazer alguns dos mesmos exercícios de crescimento que eu fiz para descobrir o que era mais importante para mim. Para ele, o resultado ideal da busca por um emprego seria encontrar uma função que alimentasse sua paixão por promover o desenvolvimento da África Subsaariana e maximizasse sua experiência em telecomunicações, engenharia e finanças. Ele também tinha decidido que, como havia pouquíssimas vagas em bancos de investimentos tradicionais, ele começaria a ir atrás de seu objetivo de longo prazo, trabalhar numa empresa de investimentos alternativos.

Para mim, isso não facilitava as coisas de todo. No início, comprei a ideia. Apoiei sua busca pelo emprego ideal e o foco simultâneo no setor de investimentos alternativos. Mas, depois de alguns meses de procura sem nenhum resultado, comecei a achar que o objetivo deveria ser simplesmente encontrar um emprego que pagasse bem e não comprometesse sua integridade. Passei a considerar a questão com uma mentalidade de "Para a fome não há pão duro". A mentalidade de Kojo estava mais para "Mire a lua e, ainda que erre, cairá entre as estrelas". Eu não queria ser o tipo de esposa que despedaça os sonhos do marido, mas incentivei uma abordagem mais pragmática. Afinal, tínhamos uma família para sustentar. Eu queria que ele fosse feliz, mas parecia uma ostentação impraticável com nossa conta no banco definhando. Minha mensagem inconsciente para Kojo: *Você está priorizando sua felicidade em favor do sustento da família.* Sua resposta foi parar de conversar comigo sobre sua busca.

Minha terceira mensagem de alienação para Kojo era sobre as tarefas do lar. No início da busca por um emprego, eu ficava satisfeita em assumir a mesma quantidade de responsabilidades que eu tinha quando nós dois estávamos empregados para que ele pudesse se concentrar em seus objetivos profissionais. O ocorrido com a lavanderia me ensinou que eu podia delegar com alegria, mas eu ainda fazia mais do que meu marido em casa. Essa situação já tinha durado demais.

Diferentemente de quando eu estava procurando uma colocação e cuidando do Kofi em 2006, agora tínhamos a Lucinda para cuidar do nosso filho durante o dia. E era eu quem a orientava do escritório, embora Kojo estivesse em casa. Depois de quatro meses entregando Kofi nos braços de Lucinda pela manhã e correndo para o escritório antes mesmo que Kojo acordasse, comecei a achar a situação injusta. E embora Kojo estivesse fazendo mais do que fazia antes de ser dispensado, estava ficando difícil delegar com alegria. O velho ressentimento começou a emergir. Eu me esforçava para não fazer comparações entre nós dois, mas chegava em casa ao fim do dia, encontrava uma pilha de louça suja e pensava: *Se eu estivesse desempregada e não tivesse que cuidar do Kofi, eu não só já teria um emprego a essa altura, mas esta casa também estaria brilhando!* Mesmo com meu aumento, teríamos que dispensar Lucinda se as coisas não mudassem logo. Estávamos cortando todas as despesas possíveis, mas nenhum desses cortes reduziria a coluna de despesas como o salário dela. A ideia de perder Lucinda me apavorava, porque as expectativas que eu tinha em relação a Kojo ainda eram muito baixas. Eu não conseguia imaginá-lo cuidando da casa e do nosso filho como Lucinda ou eu cuidávamos. Minha mensagem para Kojo: *Você não dá atenção aos detalhes.*

Todas essas indiretas eram mais poderosas do que eu imaginava.

Claude Steele, psicólogo social, estudou como mensagens negativas arraigadas em estereótipos podem desencadear um desempenho ruim. No livro *Whistling Vivaldi* [Assoviando Vivaldi], de 2011, Steele descreve um experimento no qual um grupo de mulheres asiáticas foi convidado a resolver um teste de matemática.[1] Muitos estão familiarizados com os dois estereótipos divergentes em jogo no experimento: é esperado que asiáticos sejam bons em matemática e que mulheres sejam ruins (ou piores que os homens). Lembrar às mulheres asiáticas qualquer uma dessas identidades teria algum efeito sobre seu desempenho num teste de matemática? A resposta é sim. Quando mulheres asiáticas recebiam instruções antes do teste que incluíam lembrá-las de que eram asiáticas, reforçando a associação positiva com um bom desempenho em matemática, elas se saíam melhor. Quando recebiam instruções que enfatizavam seu gênero, reforçando a associação negativa com baixo desempenho em matemática, elas se saíam pior. Os códigos culturais contidos nessas mensagens tinham um impacto imenso nos sistemas de crença inconscientes e, por consequência, no desempenho real daquelas mulheres.

Do mesmo modo, o que as mulheres acham que os homens em suas vidas conseguem e não conseguem fazer – e as mensagens que enviamos a eles sobre essas crenças – influencia seu comportamento. Se não temos ou não demonstramos ter fé nas capacidades de nossos maridos, as chances de que eles confirmem nossas dúvidas são muito altas, assim como a probabilidade de que se ressintam de nós por termos duvidado deles. Era exatamente isso que estava acontecendo entre mim e Kojo. Quanto menos eu acreditava que Kojo poderia cuidar da nossa casa, menos motivado ele se sentia para fazê-lo.

No fim de abril, a sensação de que meu marido não estava cumprindo com a sua parte da busca por uma recolocação e das tarefas da casa se tornou um fardo – para nós dois. Enquanto meu ressentimento crescia, Kojo interpretava todas as minhas mensagens do mesmo jeito: *Ela não acredita em mim.* Na época, eu não via a ligação entre as mensagens que eu transmitia e as ações dele. Mas o resultado estava diante de mim: a louça, a roupa suja e a correspondência se acumulavam mais do que nunca. Também estávamos nos distanciando emocional e fisicamente. Costumávamos conversar o tempo todo, mas, àquela altura, paramos até de perguntar "Como foi seu dia?". E nossa vida sexual era praticamente inexistente.

Nosso único refúgio foi a comemoração do aniversário de 2 anos de Kofi. Gastei um bom dinheiro com creme de leite fresco, cacau em pó, cream cheese e dois frascos de corante vermelho para fazer um bolo *red velvet*. Estávamos felizes naquela noite. É engraçado como achamos que queremos uma coisa e, assim que conseguimos, percebemos que não era aquilo que queríamos. Isso aconteceu comigo quando, logo após termos ajudado Kofi a apagar as velas, Kojo disse que, depois de pensar bastante, tinha decidido que aceitaria qualquer oportunidade que surgisse. Ele tinha desistido da lua e iria se contentar com o que quer que cruzasse seu caminho. Admitiu que a procura por um emprego estava sendo mais difícil do que havia imaginado e me agradeceu por trabalhar tanto. Eu prezava o que ele estava dizendo, mas, ao mesmo tempo, aquilo partiu meu coração.

Eu disse a Kojo que estava na hora de dispensar Lucinda, o que nos daria algum tempo, financeiramente falando, para que ele pudesse continuar buscando o que lhe era mais importante. Além disso, Kojo e Kofi iriam se divertir passando mais tempo juntos. O que aconteceu em seguida me assustou: Kojo pareceu genuinamente animado. Pela primeira vez, percebi que meu marido *queria* cuidar do filho, mas nunca sugeriu por causa da minha insistência de que precisávamos da Lucinda e porque eu nunca disse a ele que o achava capaz de fazer um bom trabalho. Decidimos contar a ela no fim da semana.

Mas quando chegou a sexta-feira, recebi uma notícia que iria melar nossos planos. Precisei de toda a minha força de vontade para me conter e esperar até o fim do dia para contar a Kojo. A informação seria melhor recebida ao vivo. Mandei uma mensagem quando estava indo para casa. *Tenho uma coisa para contar. Vamos conversar com a Lucinda semana que vem.* Ele respondeu na hora. *Tudo bem, eu também!* Interpretei o ponto de exclamação como uma notícia boa. Quando cheguei em casa, li o Diário de Bordo e peguei Kofi para que Lucinda pudesse ir embora. Assim que a porta fechou atrás dela, virei para Kojo.

– Você quer falar primeiro ou quer que eu fale?

– Você primeiro.

– Estou grávida.

– Sério?

Ele levantou do lugar de sempre no sofá azul. Eu coloquei Kofi no chão. Kojo beijou minha testa. Então, me abraçou forte e disse:

– É isso aí! Minha pontaria está boa!

– Sua vez – respondi sorrindo.

– Recebi uma oferta de emprego.

– Eu sabia! – gritei.

– Tem mais – disse ele. – Não é ideal. Vamos sentar.

Peguei Kofi e fiquei com ele no colo. Kojo explicou que tinha conseguido o emprego dos sonhos – numa empresa de investimentos alternativos que investia na África – e que seria parte importante de uma equipe nova. Mas tinha um problema. A empresa ficava em Dubai. Se Kojo aceitasse a proposta, teria que se mudar para lá.

A proposta trazia complicações, para dizer o mínimo. Eu sabia que de jeito nenhum iria abrir mão do meu emprego incrível para me mudar para um país onde minha saia nos joelhos seria considerada exposição indecente. No meu coração, eu já sabia que Kojo iria e eu ficaria, e que a distância seria difícil. Mas a distância seria uma escolha nossa. Imediatamente pensei na Lucinda, que teve que deixar os filhos em Barbados quando migrou para os Estados Unidos. Pensei nas famílias de militares que com frequência eram separadas por acontecimentos sobre os quais não tinham nenhum controle. Seria complicado. Mas, naquele momento, a alegria por ele e por nossa família em expansão me impediu de pensar nos detalhes.

– Vamos dar um jeito – foi tudo o que eu disse, e estava sendo sincera.

Kojo fez Kofi dormir. Então fizemos o que qualquer casal faz quando descobre que um bebê está a caminho e o futuro é seguro financeiramente: um sexo maravilhoso.

Parte Três

Deixe a peteca cair

Capítulo 10

Vamos lá, deixe a peteca cair

Com um bebê a caminho e Kojo prestes a atravessar o oceano, começamos a tratar da logística do nosso conto de fadas. Matriculamos Kofi numa creche em horário integral (depois de 2 anos o valor a ser pago era significativamente menor) e demos o aviso prévio a Lucinda, mas não sem antes mandar e-mails e fazer ligações suficientes para conseguir um novo emprego para ela. Como a família nova não precisava dela imediatamente, Lucinda ficou conosco por mais dois meses para auxiliar nossa transição. A comunidade de estrangeiros em Dubai é grande, e contamos com nossos contatos para ajudar Kofi a arrumar um apartamento e resolver questões de documentação. Aumentamos nossos planos de ligações internacionais e marcamos uma revisão completa do carro. Achei a segunda despesa desnecessária, pois costumávamos usar muito mais o metrô. Além disso, o carro estava em ótimas condições – tinha sete anos e tinha só 80 mil quilômetros. Mas Kojo insistiu. Ele não queria se preocupar com a esposa grávida e o filho de 2 anos usando um veículo que não fosse confiável. Achei que ele estava exagerando. Apesar dos zilhões de detalhes de que tratamos, no entanto, houve um que negligenciamos. E era o detalhe que mudaria tudo.

Imagine três meses de correspondências formando uma montanha no balcão da sua cozinha. Toda vez que você passa por ela, a montanha chama seu nome, mas você ignora suas súplicas e segue com a vida como se ela não estivesse aumentando em tamanho e lamúrias a cada dia. Essa era a minha situação no verão de 2008.

Havíamos concordado que Kojo assumiria a tarefa de cuidar da nossa correspondência; era algo simples que ele podia fazer para me ajudar a ter mais tempo. Peteca no chão. No dia seguinte ao nosso acerto, ele pegou os envelopes da caixinha de correio e colocou-os sobre o balcão, com a intenção de abri-los mais tarde, tenho certeza. Mas o mais tarde nunca chegou. Todos os dias ele trazia a correspondência para dentro e colocava em cima da pilha sobre o balcão. A cada dia eu resistia ao impulso de mencionar a pilha porque eu tinha delegado aquilo com alegria e não queria mais fazer microgestão. Me convenci a acreditar que Kojo tinha uma estratégia em mente, talvez ele quisesse separar uma quantidade enorme de correspondência de uma vez.

Essa situação continuou por quatro semanas. Logo, ficou fácil ignorar a correspondência; tínhamos questões mais urgentes com que lidar. O primeiro período de Kojo fora do país duraria um mês, mas acabou durando dois. Em sua ausência, escolhi deixar a pilha de correspondência crescer. Eu não estava tentando provar nada com aquilo, mas a transição repentina da situação de ter um marido desempregado em casa para a situação de ter um marido do outro lado do mundo enquanto eu tentava administrar um trabalho em tempo integral, um menino de 2 anos e enjoos matinais fez com que a correspondência parecesse uma questão trivial. Além disso, quando eu pensava no que era mais importante para mim e em como aplicar o melhor uso dos meus talentos para conquistar isso, não conseguia justificar o desperdício das horas que levaria para separar toda a correspondência. Eu sabia que não seria um bom uso do tempo precioso que eu tinha.

Durante o primeiro mês, a síndrome do controle do lar questionou a estratégia da vantagem comparativa quase todos os dias. Uma voz na minha cabeça me provocava: *Tiffany, você é muito irresponsável. Aquele envelope rosa provavelmente é um convite para um aniversário, e o remetente vai achar que você é a pessoa mais mal-educada do mundo. Aquele envelope com letras garrafais provavelmente é o aviso daquela multa por estacionamento irregular que você levou. Se não abrir aquele envelope, você vai ser presa e isso vai destruir a vida da sua família e a sua carreira. Torça para que ninguém venha até aqui sem avisar. Você vai ter que conversar com a pessoa lá fora na escada porque as pessoas não podem saber que você deixa a correspondência acumular desse jeito. Você está só dificultando sua vida, porque Kojo não vai separar essa correspondência. Pode muito bem facilitar as coisas e separar você mesma.*

Alguns dias, a SCL falava tão alto que eu ficava tentada a abrir um envelope. Eu colocava "Don't Stop the Music" da Rihanna bem alto enquanto passava aspirador no apartamento para abafar a voz incessante na minha cabeça.

Então, com o tempo, algo maravilhoso começou a acontecer. Quanto maior a pilha ficava, menos responsabilidade eu sentia por ela. Em vez de fazer com que eu me sentisse péssima, a SCL começou a corroborar meus atos. *Mulher, essa pilha é tão grande que com certeza não é sua, porque você jamais deixaria chegar a esse ponto.* Além disso, nenhum dos meus maiores medos se concretizou. Eu não estava recebendo olhares maldosos ou mensagens de ódio por perder a festa de ninguém. Ninguém bateu na minha porta para me prender. Na verdade, uma noite, uma mãe da vizinhança veio pedir meu processador de papinha emprestado, e eu tive que deixá-la entrar porque estava dando banho no Kofi. Eu estava prestes a me desculpar pela bagunça quando os olhos dela começaram a brilhar.

– Meu Deus! É a sua correspondência? E eu passei todo esse tempo me sentindo péssima, me perguntando como você conseguia fazer tudo, porque você é tão perfeita. Desculpa, mas você acabou de me fazer ganhar o dia!

Eu fiquei morrendo de vergonha, mas ela ficou tão feliz. O mundo não acabou e minha ansiedade em relação à correspondência se acumulando começou a diminuir.

Certa noite, enquanto passava o Kofi para mim, Lucinda se ofereceu para separá-la.

– A correspondência está saindo de controle, você não acha? – disse ela.

– Que correspondência? Não sei do que você está falando – respondi.

Mal consegui dizer isso antes de cair na gargalhada. A pilha estava mesmo ridícula. Eu disse a Lucinda que iria dar tanto trabalho que deixaria para Kojo, que estava prestes a voltar. Eu também sabia que Kojo é uma pessoa reservada e não iria querer que outra pessoa abrisse nossa correspondência. Parece loucura, mas foi libertador para mim chegar ao ponto de não ficar obcecada com aquilo – nem um pouco.

Meses antes, eu tinha aprendido a delegar com alegria – a contextualizar meus pedidos de uma maneira positiva que motivasse Kojo a corresponder –, mas, no fim das contas, eu ainda me sentia responsável por garantir que as coisas fossem feitas. Até aquele momento, ainda não tinha me libertado da expectativa de que essa responsabilidade era minha. Quando adotei a mentalidade de que separar a correspondência não era minha responsabilidade, deixei de sentir a pressão onipresente de fazê-lo. Senti o primeiro gostinho do que significava realmente deixar a peteca cair.

Quando Kojo voltou e encontrou três meses de correspondência esperando por ele no balcão da cozinha, pareceu um pouco estressado.

– É muita correspondência – disse.

– Eu sei – respondi alegre. – Estive tão ocupada enquanto você estava fora, mas sabia que você daria um jeito, como disse que faria.

Naquele momento, a tarefa da correspondência finalmente mudou de mãos.

Isso não aconteceu quando concordamos sobre quem se responsabilizaria por ela três meses antes. Na verdade, aconteceu quando, pela primeira vez, ele realmente *viu* a correspondência e quando ele, também, desejou que ela desaparecesse. Essa situação só aconteceu porque eu passei a não me incomodar nem um pouco com a pilha – e exercitei um pouco a paciência (tudo bem, exercitei muito a paciência).

Nos dois dias que seguiram, o barulho da trituradora de papel encheu o apartamento enquanto Kojo abria cada envelope que tinha empilhado. Toda aquela correspondência por abrir trouxe consequências: contas não pagas, mais de uma festa de aniversário perdida e uma multa por estacionamento irregular vencida. Depois de separar toda a correspondência, Kojo passou o resto da semana lidando com as consequências. Até hoje, a correspondência na nossa casa pode até se empilhar, mas nunca por um período tão longo como naquele verão.

A situação com a correspondência foi um divisor de águas para nós, porque foi quando descobri que Kojo tinha um limite para a desorganização da casa – sua tolerância só era muito maior que a minha. Também descobri que mesmo depois que eu delegasse com alegria, e mesmo depois que Kojo aceitasse, a tarefa não mudava realmente de mãos. Aquela não foi uma situação única. Passei a entender que, com frequência, Kojo iria deixar a peteca cair, mas de jeito nenhum eu deveria pegá-la do chão, a não ser numa emergência. Nada naqueles envelopes era emergência. Numa situação de vida ou morte, ninguém me notificaria sobre algo que tivesse importância vital por correspondência. Eu só precisava confiar que, com o tempo, Kojo veria a peteca no chão e a pegaria.

Não me entenda mal, é necessário ter força moral para não pegar a peteca do chão, principalmente no início. Estou certa de que, quando o reformador social e escritor Frederick Douglass disse "Sem luta não há progresso", ele não estava pensando em três meses de correspondência não lida, mas pode ser essa a nossa luta para dar um basta à roda da vida. A alternativa é muito mais frustrante, como muitas mulheres sabem. Recentemente estive numa conferência com um grupo de mulheres muito bem-sucedidas. Uma delas era embaixadora dos Estados Unidos. Depois de discutir conflitos mundiais, entramos no terreno familiar do gerenciamento do lar e das funções dos nossos maridos. A embaixadora foi a primeira a contribuir:

– Quando vejo uma toalha em cima da cama, vou lá e pego. Ele passa direto. Nem vê a toalha. Então, basicamente, acabo fazendo tudo porque estou sempre pegando toalhas metafóricas.

Então outra mulher entrou na conversa:

– Meu marido vê a toalha, mas passa direto mesmo assim porque sabe que eu vou pegar.

Então, perguntei:

– Bom, o que aconteceria se você deixasse a toalha lá? Se passasse direto por ela, como ele faz?

Outra mulher:

– Teríamos pilhas de toalhas molhadas em cima da cama. Inúmeras toalhas! Eu jamais conseguiria deixar as coisas chegarem a esse ponto. E, mesmo que conseguisse, ele sabe que uma hora eu iria pegar as toalhas, então nunca vai fazer isso.

Descobri que existe uma pesquisa no mundo real que sustenta essa conclusão.

Os homens da vida dessas mulheres contavam com o maior investimento de suas esposas no espaço comunitário da família. Simplificando, os homens acreditam que as mulheres ligam mais para toalhas em cima da cama, então não são incentivados a pegá-las. Em 2013, a economista Irene van Staveren convocou homens e mulheres para participarem de um jogo que avaliaria suas crenças a respeito de qual gênero é mais benevolente. Os participantes receberam a mesma quantia em dinheiro – dez dólares, por exemplo – e foram informados de que qualquer valor que depositassem num recipiente do grupo seria dobrado pelos pesquisadores e divido entre todos igualmente. Todos permaneceriam com a quantia que não depositassem no recipiente coletivo. É claro que o melhor para todo mundo seria que todo o dinheiro fosse depositado no recipiente coletivo, considerando o bem comum. Isso dobraria os ganhos para todos. Mas ninguém queria ser passado para trás ao contribuir com todo o dinheiro, que seria dobrado e compartilhado mesmo com os colegas menos benevolentes, e estes sairiam ganhando, porque ficariam com uma quantia maior do que tinham recebido. O interessante é que os homens imaginavam que as mulheres contribuiriam com uma quantia maior; eles acreditavam que as mulheres, por estereótipo, consideravam mais o coletivo.[1]

A verdade é que as mulheres realmente contribuem mais para o coletivo, mas o resultado é que também ficamos mais ressentidas, tensas, estressadas e não falamos sobre isso no processo.

O que aprendi ao deixar a peteca cair na questão da correspondência foi que eu precisava pensar menos na coletividade para dar a Kojo a oportunidade de pensar *mais*. Deixar a correspondência empilhar também era a única maneira de sustentar minha credibilidade. Num estudo, 30% dos homens demonstraram tanta certeza de que as mulheres com quem viviam desistiriam de insistir que eles fizessem mais em casa que faziam as coisas de qualquer jeito, para garantir que a mulher frustrada simplesmente realizasse ela mesma a tarefa da próxima vez. Funcionava. Um quarto dos homens que intencionalmente fez um trabalho ruim nunca mais teve que contribuir, e 64% deles tiveram que contribuir só de vez em quando.[2] Essa estratégia brilhante me fez lembrar um dos meus poemas favoritos do poeta, compositor, músico e autor de livros para crianças americano Shel Silverstein:

Se tiver que secar a louça
(Que tarefa mais chata)
Se tiver que secar a louça
(Em vez de dar uma volta)
Se tiver que secar a louça
E um prato cair no chão
Talvez para secar a louça
Ninguém mais peça sua mão

Eu queria que Kojo entendesse que, quando eu passasse uma tarefa para ele, estava realmente passando-lhe uma tarefa e confiando que uma hora ele a faria. Paciência é essencial para garantir que uma tarefa delegada com alegria continue assim. Abrir todos aqueles envelopes foi tentador para mim nos primeiros momentos, mas ter paciência foi crucial para garantir que Kojo assumiria a correspondência de verdade. Praticar a paciência pode ser um desafio na nossa cultura apressada do "just do it". Estamos programados para a gratificação instantânea e, hoje em dia, "nossa expectativa quanto ao que é 'instantâneo' ficou mais rápida", observa o pesquisador Narayan Janakiraman.[3] Em 2011, Janakiraman conduziu um estudo que examinou a decisão de consumidores de desistir de um serviço depois de certo tempo de espera na fila.[4] Janakiraman levantou a hipótese de que duas forças psicológicas antagônicas influenciariam o tempo que as pessoas estão dispostas a esperar numa fila. De um lado estaria a voz da "inutilidade da espera", ou o impulso de abandonar a espera por causa do tempo que as pessoas percebem que estão desperdiçando. Do outro estaria a voz do "compromisso com a conclusão", ou o impulso de continuar a esperar para ser recompensado pelo tempo investido. Janakiraman descobriu que as pessoas costumam abandonar a fila no meio da espera em razão dessas forças antagônicas.

Para deixar a peteca cair em casa, no entanto, nosso "compromisso com a conclusão" precisa falar mais alto. Ao contrário dos indivíduos da pesquisa de Janakiraman, precisamos ficar na fila. A paciência é mais do que uma virtude; é uma estratégia poderosa. Permitir que tarefas fiquem incompletas reforça o que precisa ser feito e por quem. A simples passagem do tempo tem uma maneira incrível de fazer com que os outros contribuam, e não só em casa. Quantas vezes estivemos numa sala de aula com homens que dominavam a discussão com ideias pela metade porque levantavam a mão antes mesmo de pensar no que iam dizer? Essa dinâmica criou uma disparidade de gênero tão grande na Escola de Negócios de Harvard que os professores foram incentivados a pedir aos alunos que colocassem perguntas e comentários numa caixa da qual o professor tiraria os papéis aleatoriamente. Em casa, as mulheres são como esses meninos ansiosos, levantando a mão antes de pensar bem no resultado que queremos obter. Uma das coisas mais simples que um educador pode fazer para criar uma sala de aula mais inclusiva é esperar mais antes de chamar os alunos a participar.[5] Do mesmo modo, o que as mulheres podem fazer para criar uma divisão de tarefas inclusiva no lar é esperar mais antes de assumi-las.

O título da canção "How Can I Miss You When You Won't Go Away?" [Como vou sentir sua falta se você não vai embora?], de Dan Hicks, pode ser adaptado para destacar o poder da paciência: "Como eu vou lavar as roupas se elas estão sempre limpas?" Em outras palavras, esperar menos de nós mesmas e mais de nossos maridos exige não só que passemos a tarefa para eles, mas também que resistamos ao impulso de fazê-las nós mesmas, mesmo quando eles não correspondem.

Capítulo 11

Esclareça quem faz o quê

Quando Kojo voltou depois de ter passado os primeiros dois meses em Dubai, nós dois já estávamos acostumados à ideia de que o fato de ele trabalhar do outro lado do oceano seria nosso novo estilo de vida. Depois do incidente com a correspondência, experimentei uma recém-descoberta liberdade em relação à preocupação com cada coisinha. Já tinha sentido o gostinho de como seria tê-lo mais comprometido com o funcionamento do nosso lar – e tinha gostado. Não tinha mais volta. Kojo viajaria novamente para Dubai em cinco dias, então precisávamos de um sistema novo, que possibilitasse que ele participasse do gerenciamento da nossa casa de um jeito mais organizado e fluido.

Certa tarde, eu estava numa reunião de um projeto que estávamos começando no trabalho. Estava anotando num quadro branco todas as tarefas que precisávamos cumprir para atingir nosso objetivo. Depois de termos completado a lista, comecei a distribuir as tarefas. De repente me dei conta de que mulheres que são gerentes de sucesso no ambiente de trabalho abandonam suas melhores práticas profissionais em casa. Aliás, em casa, as mulheres costumam fazer o *oposto* daquilo que lhes garante uma liderança eficaz no escritório.

Por exemplo: bons gerentes definem expectativas com antecedência, comunicam sua visão e então permitem que a equipe crie e execute um plano para chegar lá.[1] Gerentes eficazes sabem que, quando as pessoas têm clareza quanto à sua função e às suas responsabilidades desde o início, elas se comprometem mais com o cumprimento de seus objetivos. Em casa, no entanto, presumimos que nossos maridos entendem nossa visão, então esperamos eles estragarem tudo para só depois dizermos que não corresponderam às expectativas. Eu era capaz de compreender que isso desmotivaria o indivíduo que tivesse feito um esforço bem-intencionado.

Foi então que pensei: *Por que não tentar essa ideia do quadro branco em casa?*

Naquela noite, sentei na cama com o laptop e abri uma planilha nova no Excel. Na primeira coluna coloquei todas as tarefas que consegui lembrar que eram necessárias para o funcionamento da nossa casa. Foi a primeira vez que coloquei a lista inteira que estava na minha cabeça num documento. Tentei lembrar das coisas que Kojo fazia e eu não; queria que a lista fosse o mais completa possível. O que apareceu naquela primeira coluna foi o seguinte:

Aspirar / varrer todo o piso
Tirar o pó da sala, incluindo os eletrônicos e o peitoril da janela
Limpar / esfregar o chão da cozinha
Limpar a pia da cozinha
Limpar privadas
Esfregar banheira e azulejos do chuveiro
Limpar espelhos do banheiro
Limpar pia e balcão do banheiro
Lavar tapetes do banheiro
Tirar o pó dos quartos
Trocar os lençóis
Limpar balcão e mesa da cozinha

Aspirar o tapete embaixo das cadeiras depois das refeições
Limpar o fogão
Arrumar o quarto do Kofi
Lavar, secar, dobrar e guardar roupas do Kofi
Lavar, secar, dobrar e guardar roupas dos adultos
Tirar a louça do lava-louça de manhã
Colocar a louça no lava-louça à noite e lavar as panelas
Tirar o lixo
Fazer compras
Comprar carne
Preparar comida aos domingos
Cozinhar o jantar
Embrulhar o almoço
Fazer o café da manhã
Pagar contas
Monitorar o fluxo de caixa
Cuidar do orçamento
Arquivar impostos
Separar a correspondência
Inventariar roupas e artigos em geral
Manter contato com a escola
Coordenar babás
Cortar cabelos
Marcar consultas médicas do Kofi
Cuidar do banho da noite
Trocar o carro de vaga
Fazer a manutenção do carro
Lavar o carro
Administrar a casa de Seattle
Comprar presentes para amigos e família
Gerenciar o calendário da família
Responder a convites da família

Então, fiz mais três colunas. No topo da primeira, digitei "Tiffany". Depois apaguei meu nome e digitei "Kojo". Eu não seria mais a principal responsável pela nossa casa. Dali em diante, a coluna de Kojo seria sempre a primeira. No topo da próxima coluna, digitei "Tiffany". Finalmente, no topo da terceira coluna, digitei *Ninguém*. Mal sabia eu que esta última coluna seria a mais importante.

Então, comecei a colocar um *X* na minha coluna ao lado das tarefas que eram de minha responsabilidade. Apertei o *X* um monte de vezes antes de perceber que apresentar ao meu marido uma lista de tarefas da casa que deixava óbvio o quanto eu fazia mais do que ele não era uma boa estratégia. Eu jamais faria isso com minha equipe no trabalho. *As células precisam estar em branco quando eu mostrar essa planilha ao Kojo*, pensei. O objetivo do exercício era que nós trabalhássemos juntos para resolver a questão, como uma equipe.

Saí do quarto com o laptop na mão e sentei ao lado dele no sofá azul. Coloquei o laptop sobre uma das almofadas, ao lado do controle remoto. Ele colocou o braço sobre meus ombros. Quando o jornal estava no fim, meu discurso delegando com alegria estava pronto:

> *Meu bem, eu tive uma ideia. Acho que você vai gostar. Quer ouvir?*
> *(Esperar pelo sim.)*
> *Sabe aquele tempo todo que você passou lidando com a correspondência? Pensei num jeito de nós dois não ficarmos tão sobrecarregados com esse tipo de coisa. Sabemos o que é mais importante para nós, e isso não deveria envolver se estressar com esses afazeres. Você vai voltar para Dubai em alguns dias, e eu estava pensando que, antes de você ir, poderíamos bolar um plano para garantir que nós dois saibamos quem é o responsável pelas coisas da casa. Então cada um pode cuidar da sua área de um jeito que funcione para aquela pessoa. Sem invadir o espaço do outro.*

Kojo começou a prestar atenção quando eu disse *correspondência.*

Coloquei o laptop no colo, abri e mostrei a lista. Ele concordou que era um ótimo começo, mas disse que faltavam algumas coisas. Eu nem imaginava do que ele poderia estar falando, já que eu era a responsável por cuidar da nossa casa, mas decidi que devia escutá-lo.

– Tudo bem, o que está faltando? – perguntei.

– Bom, para começar, quem troca o filtro de água da geladeira?

Não pude deixar de rir. *Sério? Ele tinha que achar essa coisinha de nada que é ele quem faz?* Mas o exercício era importante, e percebi que ele estava disposto a participar, então decidi aceitar.

– Desculpe, querido. Não pensei nisso.

Adicionei uma linha na planilha e digitei *Trocar filtro de água.*

Kojo continuou.

– E quem compra todas as passagens para suas viagens pessoais e acompanha nossas milhas e se certifica de que as usemos sempre que vale a pena?

Tudo bem, ele ganhou alguns pontos com essa (trocadilho intencional). Eu não sabia dizer o número dos meus cartões-fidelidade, e tínhamos de várias empresas aéreas. Criei uma nova linha e digitei *Reservar passagens da família.* Kojo soltou uma risada rápida. Ele pegou o computador do meu colo e colocou no dele. Então, apagou *Reservar passagens da família* e digitou *Coordenador das viagens da família.* Ele olhou para mim.

– Querida, quando chegamos ao nosso destino, quem já reservou o aluguel do carro e o hotel e encontrou o melhor negócio?

– Tudo bem – disse eu. – Você faz isso.

O homem se empolgou.

Ele criou uma nova linha e digitou *Botânico.*

– O quê?! – exclamei incrédula. Ele olhou para mim de novo.

– A última vez que você molhou uma planta foi em 1996, quando não éramos nem casados. Era um cacto, que morreu. Tenho cuidado de tudo que é verde e cresce desde então.

– Você nunca cuidou do mofo que cresce na comida velha que você deixa na geladeira – respondi.

– Você nunca cuidou de nada que tenha quebrado.

– Você nem percebe quando as coisas quebram!

– Verdade, mas quando você nota que elas quebraram, você pede que eu as conserte, e eu conserto, ou tenho que ir atrás do Lionel. Então quem realmente faz algo quanto a isso?

Aquilo foi como uma enterrada do LeBron. Principalmente porque levei um tempo para perceber que Lionel era nosso faz-tudo. Eu nem sabia o nome dele. Fiquei sentada no sofá em silêncio vendo Kojo criar várias linhas novas:

Gerente de tecnologia ("Alguma vez você programou seu telefone ou seu computador?")

Gerente de investimentos ("Você sabe quanto tem na nossa aplicação para a aposentadoria?")

Professor de matemática ("Você lê para o Kofi e conversa com ele, mas quem treina com ele os desafios matemáticos? Aliás, leva tempo encontrar e baixar esses desafios da internet.")

– Mas não é justo – protestei. – Você não faz essas coisas todo santo dia.

Ele olhou para mim de novo, então criou mais uma linha e digitou *Babá do Kofi à noite.*

– Ah, por favor. O Kofi dorme a noite toda.

– Não, *você* dorme a noite toda, e é por minha causa.

Imediatamente passaram na minha cabeça imagens de todas as festas em que eu comentei o quanto meu filho dormia bem.

– Bom, por que você nunca me disse que o Kofi acorda à noite?

– Para você ter mais uma coisa com que se preocupar sem necessidade? Não mesmo.

Estávamos nos últimos segundos do último quarto, e eu estava perdendo por dois dígitos. Tentei uma jogada ousada.

– Era para ser uma lista de afazeres, com verbos de ação, não cargos – disse eu.

Meu marido só riu e continuou.

Foi assim que Kojo e eu compusemos, juntos, nossa primeira Planilha de Gerenciamento Oficial, e foi o surgimento de uma nova era. Se alguém me perguntasse, antes desse exercício, qual era a porcentagem do trabalho com a casa e com o Kofi que meu marido fazia, eu responderia, com um sorriso:

– Ah, ele é fantástico.

Mas, na minha cabeça, eu estaria revirando os olhos e pensando *5%, num dia bom*. Depois de contar todos os itens que eu já sabia que Kojo fazia e somar com as linhas que ele adicionou, descobri que estava mais para 30%, um número surpreendente considerando minha crença de que ele não fazia quase nada em casa. Isso é que é abrir os olhos.

Logo começamos a chamar a planilha de nosso "Fluxo de Casa".

Com o tempo, o Fluxo de Casa se transformaria na ferramenta mais útil para negociar e acompanhar as responsabilidades do nosso lar. No início, dividimos as tarefas principalmente por localização: *A tarefa precisa ser feita em pessoa ou pode ser feita virtualmente?* Como Kojo passava a maior parte do tempo fora, ele ficou responsável por tarefas que pudessem ser feitas com o uso de tecnologia ou que exigissem sua presença com intervalos, como cuidar da manutenção do carro ou das consultas médicas regulares do Kofi. Mais tarde, passamos a usar fatores que não a geografia para renegociar a planilha, como horários de trabalho, talentos e interesses.

O mais revelador do exercício do Fluxo de Casa foi decidir quais tarefas deveriam ser marcadas na coluna *Ninguém*. Essa coluna representava nosso reconhecimento de que havia mais tarefas envolvidas no gerenciamento do lar do que nós dois conseguiríamos dar conta. Era preciso parar de presumir o que o outro estava fazendo – ou deveria estar fazendo – e de culpá-lo pelo que não era feito. Concordamos que algumas coisas simplesmente não aconteceriam, e tudo bem. Durante três meses, o carro ficaria sujo, a sala empoeirada e nossas roupas não seriam dobradas. Eu pegaria meias e roupas íntimas do cesto e não das gavetas. Se alguém perguntasse se podia fazer alguma coisa para nos ajudar, teríamos uma lista pronta, mas, naquele momento, Kojo e eu ignoraríamos esses itens e voltaríamos a eles dali a três meses, quando ele voltasse.

Deixar a peteca cair não é uma ação estática, que acontece de uma vez; os detalhes se desenvolvem com o tempo. O Fluxo de Casa nos deu um mecanismo consistente e flexível para que renegociássemos nossas expectativas. As responsabilidades passaram a flutuar dependendo de praticidade, prioridades e do fluxo de nossas carreiras. Durante muitos anos, deixei Kofi na escola, porque eu é que estava no país, mas, numa das transições na carreira de Kojo, o tempo que ele passava fora do país foi drasticamente reduzido, então revisitamos o Fluxo de Casa e, durante um ano, ele passou a fazer isso. Kojo também passou a cozinhar muito mais quando estava em casa do que antes, principalmente porque ele gosta dos pratos ganeses tradicionais, que prepara tão bem. Quando ele foi consumido pelo lançamento de um novo fundo de investimentos, no entanto, eu passei a cozinhar mais. Do mesmo modo, quando passei por uma das maiores transições da minha carreira, Kojo abriu o Fluxo de Casa, colocou um X embaixo do seu nome em todas as linhas e disse:

– Eu cuido de tudo enquanto você se dedica a isso.

Foi incrível!

Ao eliminar a tensão que decorre de expectativas não alinhadas que nunca são discutidas, o Fluxo de Casa pode ajudar qualquer casal com agendas cheias a lidar melhor com a esfera doméstica. Como Jessica DeGroot, fundadora e presidente do Third Path Institute, observa: "Casais que praticam o cuidado compartilhado o fazem intencionalmente. Eles se reúnem como casal para imaginar o que cada um quer."[2] Entender e reconhecer os interesses particulares de nosso parceiro é importante para estabelecer o trabalho em equipe. Valorizar o modo como a outra pessoa funciona, em vez de só reclamar, nos ajuda a ajustar nossas expectativas e nosso próprio comportamento para o bem da parceria.

Meu amigo Brian e seu parceiro, Mark, são um bom exemplo. Conheço Brian há muitos anos e, desde o instante exato em que nos conhecemos, fiquei impressionada com como ele parecia organizado. Brian é um executivo da música cuja roda da vida inclui criar um menino de 10 anos e uma menina de 13 e coordenar cuidados para o pai, doente terminal. Esta última tarefa é especialmente dolorosa, pois o relacionamento com o pai ficou tenso desde que Brian se revelou para a família. O parceiro de Brian, Mark, que desenvolve softwares, o apoiava emocionalmente, mas não correspondia no que dizia respeito às responsabilidades do lar.

Apesar de trabalhar muito, Brian era claramente o principal responsável pela criação dos filhos e também pelos cuidados da casa. Era ele quem ia às reuniões da escola, inscrevia as crianças em atividades esportivas e até penteava e trançava o cabelo longo e encaracolado da filha. Quando Brian e Mark davam um jantar, era Brian quem recebia os convidados na porta e mantinha as taças de todos cheias durante a noite. Se eu um dia fui a rainha da vida doméstica, Brian era o rei.

Ao contrário do que acontecia comigo, no entanto, as normas sociais ou expectativas culturais não estavam levando Brian ao esgotamento por SCL. A pressão, no caso dele, era outra: os filhos eram de um relacionamento anterior. Brian me disse que, em seu primeiro relacionamento, ambos contribuíam igualmente para o gerenciamento do lar, mas, quando ele e o ex se separaram, Brian que ficou com a guarda das crianças. Mark as herdou com alegria, mas sempre foi solteiro e não tinha filhos.

Nesse novo relacionamento, Brian assumiu a responsabilidade de administrar o lar. E, na verdade, tinha dúvidas se seria justo pedir a Mark que contribuísse.

– Entendo como as coisas chegaram a esse ponto – lamentou-se certa vez –, mas não sei o que fazer para o Mark contribuir mais.

Tudo o que pude fazer foi soltar um suspiro e acenar com a cabeça com empatia. *Ah, sim, eu sei como é.*

Meses mais tarde, encontrei Brian no meu bar favorito no Harlem e fiquei surpresa com as novas informações. Enquanto bebíamos taças de vinho, ele compartilhou comigo como tinha superado uma das diferenças que tinha com Mark para garantir mais ajuda em casa. Ao contrário de Brian, Mark é bastante competitivo, tanto que não se motivava a assumir as tarefas que achava que Brian fazia melhor. Certa manhã de sábado, no entanto, Brian precisou ir ver o pai, então Mark ficou cuidando das crianças. Ele fez panquecas e as crianças amaram. Mais importante, as crianças disseram a Mark que suas panquecas eram *melhores* que as do Brian. Foi o que bastou. Mark se transformou numa máquina de fazer panquecas. Além disso, quando ficou claro que Brian era imprestável para as feiras de ciências, Mark aproveitou a oportunidade para ajudar a enteada com o projeto. Para Brian, a panqueca e a feira de ciências foram momentos eureca:

– Saber que Mark se sente motivado a fazer aquilo em que é bom me permitiu dar um passo atrás – disse Brian, agradecido.

Entender o que motivava Mark ajudou Brian a saber quais petecas ele poderia deixar cair. Moral da história: em vez de ver as diferenças como causa de dor – "Ah! Se ele fosse mais parecido comigo..." –, podemos usá-las para iniciar conversas cruciais sobre os desejos e motivações de nossos companheiros e para descobrir novas oportunidades de apoio nessa parceria.

Conversas como essa nos mostram que podemos aprender muito com os homossexuais. Uma pesquisa conduzida em 2015 pelo Families and Work Institute, em parceria com a PricewaterhouseCooper, revelou que casais do mesmo sexo negociam o gerenciamento do lar com muito mais eficácia do que os casais heterossexuais.[3] Por quê? Porque a maioria dos casais heterossexuais opera por padrão de acordo com normas de gênero – como Kojo e eu fazíamos antes de criar o Fluxo de Casa –, enquanto casais do mesmo sexo em que ambos trabalham fora são mais propensos a dividir as responsabilidades, usando critérios como habilidades, talentos e interesses. Como resultado, os dois ficam mais alinhados com o melhor uso de seus talentos.

Quando um casal começa a operar tendo como base essa mentalidade, criar um Fluxo de Casa e codificar quem deve ficar responsável pelo quê se torna um exercício simples. Um efeito colateral delicioso do Fluxo de Casa é que ele nos fornece um terceiro a quem culpar quando qualquer um dos dois deixa a peteca cair, para que não levemos os pequenos percalços da vida tão a sério. Sempre que surge alguma coisa que esquecemos de incluir no Fluxo de Casa e que, portanto, não foi feita, Kojo e eu nos olhamos e dizemos – *meio* brincando:

– Temos que controlar melhor nosso Fluxo de Casa.

Capítulo 12

Acredite no trabalho em equipe

No outono de 2008, com Kojo de volta a Dubai, tínhamos estabelecido um ritmo no gerenciamento conjunto do nosso lar, e eu estava começando a sentir o impacto positivo da contribuição dele em outras áreas da minha vida. O Fluxo de Casa, nosso sistema para traçar quais eram as responsabilidades domésticas de cada um, estava funcionando. Tínhamos clareza das nossas expectativas em relação ao outro e sabíamos exatamente o que devíamos fazer para manter as coisas fluindo. Agora éramos parceiros *mesmo*: duas pessoas que trabalhavam fora em tempo integral e cogerenciavam as tarefas da casa. O mais incrível foi que essa parceria total aconteceu com Kojo vivendo do outro lado do oceano.

A realidade da nova divisão de tarefas estava apagando o enredo anterior sobre o marido que era inútil em casa. Percebi que grande parte do meu ressentimento em relação a Kojo estava deslocada. Ele nunca foi um marido ruim. Ao contrário, estava tentando ser um bom marido – correspondendo às expectativas culturais de ser o provedor da família. Ao tratar desse sentimento num ensaio, a psicóloga Marlia E. Banning observa que, como o ressentimento é "baseado fundamentalmente no *desvio* da capacidade de falar ou agir diretamente sobre a injustiça original, resulta no direcionamento de emoção carregada negativamente a outros alvos humanos".[1] Eu estava tratando Kojo como meu adversário, quando na verdade tínhamos um inimigo em comum: os padrões culturais que me fizeram sentir que tinha que fazer tudo, combinados a estruturas e valores dos locais de trabalho que ainda são projetados para o trabalhador ideal masculino.

A verdade é que só porque nossos companheiros deixam a louça na pia para que a gente lave não significa que são babacas ou neandertais. Ao longo da vida, eles internalizaram as mesmas mensagens sobre os papéis de gênero que nós internalizamos. Uma pesquisa conduzida em 2014 por Robin Ely e seus colegas na Escola de Negócios de Harvard destaca o resultado do condicionamento social dos homens em relação aos papéis de gênero. Ao se formar, 60% dos homens da geração X e da geração *baby boomer* disseram esperar que suas carreiras tivessem prioridade em relação à da esposa.[2] Isso indica que a maioria dos homens espera que a esposa cuide do lar, mesmo que ela trabalhe em tempo integral. Na verdade, quando um homem não pensa assim, ele vira notícia. Quando Max Schireson deixou o cargo de CEO da empresa de software MongoDB para passar mais tempo com a família, foi uma decisão incomum. Assim como o fato de ele considerar que sua esposa, médica e professora, não deveria ser obrigada a suportar o peso da responsabilidade do lar. "Tenho uma dívida eterna com ela por ter conseguido encontrar uma maneira de fazer com que nossa vida familiar fluísse apesar da minha agenda de viagens louca", ele escreveu na postagem em seu blog que anunciava sua decisão. "Não devo continuar abusando dessa paciência."[3]

A maioria dos homens não é Max Schireson. Na verdade, até no escritório, muitos homens esperam que as colegas mulheres façam o "trabalho feminino". A autora e professora de direito Joan Williams descreve essa situação como "trabalho doméstico do escritório", com as mulheres presas a tarefas desvalorizadas como planejar festas ou cuidar de comitês de diversidade/inclusão, papéis que invariavelmente as afastam de oportunidades mais competitivas e de ascensão na carreira.[4]

Mas conforme a noção de que as tarefas do lar são responsabilidade da mulher era arrancada da nossa casa, meu velho ressentimento derretia. Como eu é que fui motivada a mudar a dinâmica anterior do nosso relacionamento, fazia sentido que eu liderasse esse esforço, mas não havia mais dúvida de que éramos uma equipe. E isso aconteceu no tempo certo, porque o pequeno acrobata dentro de mim estava se fazendo notar, e nós dois compreendíamos que mais um bebê traria um novo conjunto de tarefas para a rotina do gerenciamento do nosso lar.

Em novembro, quando expressei minha ansiedade em relação ao fato de que Kojo talvez perdesse o nascimento do nosso segundo filho por estar em Dubai, meu obstetra sugeriu que marcássemos uma indução uma semana antes da data prevista para o parto. Eu não tinha ideia de que as pessoas faziam isso! Quer dizer que eu podia controlar a data de nascimento do meu filho? Isso era música para os ouvidos de uma mulher com SCL (ainda que eu estivesse em recuperação). Respondi que sim na hora.

Minha gravidez vinha sendo saudável e totalmente regular, então, quando contei meu plano brilhante a Kojo, ele insistiu que marcar uma indução não era uma boa ideia. Pediu que eu não marcasse e fez uma promessa:

– Não vou perder o parto. Confie em mim.

Eu não entendia como ele podia fazer essa promessa se o voo de Dubai para Nova York durava no mínimo quatorze horas, e os bebês costumam vir quando bem entendem. Mesmo assim, cancelei a indução, considerando ironicamente que aquele poderia ser o exercício definitivo de deixar a peteca cair. O mais incrível é que eu nem me estressei com a questão – até a data prevista do parto, 26 de fevereiro, se aproximar.

Como muitas mulheres ambiciosas, eu planejava trabalhar até o dia do parto; com isso, nos últimos dias de fevereiro, eu ainda estava atrás de doadores, antecipando contatos antes de começar minha licença de três meses. Durante uma das ligações, coloquei a pessoa em espera duas vezes enquanto sentia pequenas contrações, então, decidi que aquela seria a última que faria.

Comecei a entrar em pânico. *Será que Kojo vai chegar a tempo?*

Olhei para os botões de rosa que recebi naquele dia com um bilhete que dizia "Estarei aí". Mas o voo do Kojo só sairia de Dubai dali a três dias. Ali mesmo no escritório fiz a posição do gato da ioga para aliviar a dor das contrações e a ansiedade. Claro, houve situações em que Kojo não fez algo que disse que faria, mas ele nunca tinha quebrado uma promessa. Pensei na última vez que ele tinha dado sua palavra, exatamente um ano antes.

Perto do Dia dos Namorados de 2008, eu ainda estava começando a aprender a delegar com alegria quando fui convidada a participar do conselho da Harlem4Kids, uma organização não governamental que promovia programações de música e literatura para bebês no Harlem.

Estava apaixonada pela Harlem4Kids. Quando chegamos a Nova York, nosso filho tinha 2 meses, e uma vizinha sugeriu que Kofi e eu fôssemos ao programa de sábado para que eu pudesse conhecer outras mães. As amizades que fiz lá se tornaram laços duradouros, e a comunidade da Harlem4Kids ainda é parte importante do meu sistema de apoio. O grupo me proporcionou conselhos e estratégias, e toda semana o Kofi tinha uma experiência divertida e estimulante na contação de histórias.

Claro que fiquei lisonjeada com o convite para fazer parte do conselho. Minha experiência angariando fundos e administrando organizações sem fins lucrativos poderia ser útil para ajudar a organização a atingir seus objetivos. Mais importante do que isso: participar do conselho da Harlem4Kids permitiria que eu exercitasse duas das minhas maiores prioridades: promover mulheres e meninas e criar meus filhos para serem cidadãos do mundo conscientes. Como a maioria dos bebês era trazida para a contação de histórias pela mãe, apoiar a Harlem4Kids era uma boa maneira de ajudar as mulheres a construir as redes de contatos de que elas precisavam para prosperar. Além disso, eu já tinha decidido que o método de ensino com o qual criaria cidadãos do mundo conscientes seria pelo exemplo – queria que meu comportamento demonstrasse meus valores para meus filhos. Ao participar do conselho da Harlem4Kids, meu filho veria a mãe participando ativamente da comunidade, não só falando em fazê-lo.

Meus pais tinham me ensinado a importância de contribuir para nossa comunidade, mas até aquele momento eu não achava que estava contribuindo para o Harlem. Eu ia para o trabalho, frequentava eventos de trabalho à noite e cuidava da minha casa. Minha roda da vida girava rápido demais para que um engajamento significativo conseguisse entrar. Em Seattle e em Boston, participava ativamente nos comitês de ex-alunos da minha irmandade, Delta Sigma Theta, que tinha um histórico rico de serviço comunitário. Mas quando me tornei mãe e me mudei para Nova York, ficou quase impossível ir às reuniões de comitê de que antes eu participava religiosamente. Eu já me sentia culpada por não ser uma Delta participativa.

Por sorte, a composição e a cultura do conselho da Harlem4Kids derrubaram algumas das barreiras que dificultavam que eu me envolvesse na comunidade. Todos os membros do conselho eram mães que trabalhavam fora, com filhos pequenos que, ou estavam no programa, ou tinham participado dele anteriormente. Todas entendiam as demandas de equilibrar o trabalho e o lar e tentar participar de algum voluntariado. Como resultado, era fácil participar da programação do conselho. As reuniões aconteciam uma vez ao mês, aos domingos, na casa da presidente do conselho, perto da nossa casa. A ordem do dia era a única coisa formal da reunião. Todo o resto era informal – podíamos aparecer de calça de ioga e camiseta. Mas a melhor parte era que eu podia levar o Kofi se não tivesse com quem deixá-lo.

O conselho era quase perfeito, a não ser por um detalhe: domingo era o dia em que eu deixava tudo pronto para as refeições da semana. Como eu tinha um tempo limitado para cozinhar de segunda a sexta, a melhor maneira de garantir refeições saudáveis para minha família era planejá-las com antecedência. Eu fazia compras, deixava tudo cortado e preparava boa parte dos pratos, então dividia tudo em porções e arrumava na geladeira. Assim só precisávamos cozinhar um pouco de arroz ou brócolis cada noite. Eu não gostava de pedir comida, principalmente por achar caríssimo. Além disso, ao preparar minha própria refeição, eu conhecia os ingredientes e sabia que ficaria bom. Minha obsessão com pratos baratos e nutritivos fez com que eu já morasse em Nova York por três anos quando pedi comida pela primeira vez – algo em que a maioria dos nova-iorquinos não consegue acreditar. Pensar no impacto que as reuniões de conselho da Harlem4Kids teriam nesses domingos era o suficiente para que eu considerasse recusar o convite.

Por que, você pode estar se perguntando, eu não jogava essa tarefa no colo de Kojo? Ele já estava ajudando com tarefas como lavar a roupa ou analisar o orçamento do piso, mas programar e preparar refeições para uma semana inteira... Essa não era uma tarefa para a qual eu achava que ele estaria pronto. O maior obstáculo para que eu passasse essa bola para Kojo era que eu não o considerava capaz de fazer as coisas com antecedência. Injusto? Talvez. Mas o passado me corroborava. Não era incomum termos um evento de gala anotado em nosso calendário com meses de antecedência e Kojo esperar até a hora de se vestir para perguntar:

– Com que roupa eu vou?

Enquanto isso, eu tinha escolhido minha roupa uma semana antes e garantido que estivesse limpa e passada no armário!

Na minha cabeça, Kojo era ótimo para lidar com tarefas pequenas ou que precisavam ser feitas regularmente. Mas colocá-lo para planejar e preparar refeições para uma semana inteira era muito ousado. Como eu já tinha me convencido de que ele não daria conta, nem pensei em perguntar.

Alguns dias depois de ter sido convidada para participar do conselho, Kojo e eu tivemos um jantar de Dia dos Namorados atrasado – um evento do trabalho impediu que comemorássemos no dia certo. Não foi nada muito extravagante (ele ainda estava desempregado na época), mas desfrutamos de uma noite muito necessária. Esses jantares eram um momento raro para contarmos um para o outro os detalhes das nossas vidas e, naquela noite em especial, Kojo me atualizou quanto à procura por um emprego, e eu compartilhei os últimos acontecimentos no escritório. Quando a sobremesa chegou, contei sobre o convite para participar do conselho da Harlem4Kids. Kojo se mostrou surpreso por estar ouvindo sobre o convite pela primeira vez.

– Por que estava escondendo isso de mim? Que bom, querida. Fico orgulhoso.

Ele achou que eu tivesse aceitado. Expliquei rapidamente que havia recusado. Não dava para encaixar as reuniões do conselho no dia em que eu preparava as refeições.

Kojo ficou desorientado.

– Mas você ama a Harlem4Kids – disse. – Além disso, fazer parte desse conselho vai ser bom para o seu currículo. Você não pode dizer não. Eu posso preparar as refeições no domingo. Sem problemas.

Eu ri. Ele pareceu ofendido.

– O que foi? Você acha que não sou capaz?

– Bom, você teria que pensar com antecedência sobre o que vamos comer, comprar todos os ingredientes e deixá-los prontos para serem usados a cada noite. Precisa de muito, bem, planejamento.

Fiz essas observações com um ceticismo leve. Não imaginei que Kojo canalizaria seu machismo para assumir o desafio.

– Vamos fazer um trato – rebateu ele. – Você diz sim para o conselho da Harlem4Kids, e eu preparo as refeições nos domingos de reunião. *Prometo*.

Concordei com relutância, mas prevendo, calada, que seria um desastre. Eu tinha acabado de assumir mais responsabilidades – a reunião do conselho e o preparo das refeições – já que não imaginava que Kojo daria conta.

Três semanas depois, quando entrei no apartamento depois da minha primeira reunião do conselho, minhas expectativas inicialmente se confirmaram. Lá estava Kojo, sentado no lugar de sempre no sofá azul. A cozinha estava impecável, o que me fez imaginar que ele não tinha nem colocado o pé ali. Mas então fui tomada pelo aroma de gengibre, pimentão, alho e cebola refogados com tomates frescos. Corri até a geladeira e abri a porta.

Nada.

– Veja no freezer – disse Kojo com presunção na voz.

Eu sorri. Dentro do congelador estavam sete potes de plástico com ensopado de frango perfeitamente separado em porções e estocado.

– Então vamos comer a mesma coisa todas as noites?

– Sim! – confirmou ele com entusiasmo.

Eu não teria feito daquele jeito, mas ele excedeu minhas expectativas. Lembrei-me da resposta de Kojo quando contei sobre o convite para o conselho. Suas palavras me pareceram apropriadas para aquele momento também. Sentei ao lado dele no sofá azul e sussurrei em seu ouvido:

– Por que estava escondendo isso de mim? Que bom, querido. Fico orgulhosa.

Kojo manteve sua promessa naquele dia, e manteria sua promessa agora. De algum jeito, ele e o bebê fizeram um conluio para que Kojo tivesse tempo suficiente para voltar de Dubai. Ele chegou a Nova York um mês depois da posse de Obama e duas semanas antes do nascimento do nosso bebê, que foi em 4 de março de 2009. Nas duas gestações, pedi ao médico que não me contasse o sexo do bebê. Por mais difícil que fosse não saber, fiz isso para proteger as crianças da minha própria intromissão. Se eu soubesse o sexo, imediatamente começaria a planejar suas vidas antes mesmo que elas tivessem chance de dar o primeiro suspiro. Considerei a espera de nove meses meu primeiro sacrifício materno. Tendo dito isso, eu tinha a sensação de que seria mais um menino. Então, quando Kojo anunciou na sala de parto que era uma menina, entrei em pânico de novo.

– Mas eu não sei fazer trança embutida! – reclamei, antes mesmo de pôr os olhos nela.

Eu só conseguia imaginar minha mãe radiante de orgulho quando estranhos no supermercado elogiavam o cabelo das suas meninas. Então eu teria que aprender. O cabelo da nossa filha também seria lindo.

Seu primeiro nome seria Ekua, o nome ganês tradicional dado a meninas que nascem numa quarta-feira. Pedi a Kojo se poderíamos quebrar a tradição para que eu pudesse escolher o segundo nome.

Ele concordou num piscar de olhos.

Escolhi Amala, que significa *esperança*.

Capítulo 13

Cultive uma comunidade

Durante o ano em que Kojo estava em Dubai, houve um motivo além do Fluxo de Casa para meu bem-estar considerável: Toyia Taylor. Toyia foi a amiga da faculdade que me convidou para a festa fatídica de Halloween onde Kojo me notou pela primeira vez. Ela foi morar em Nova York anos antes de nós, e era madrinha do Kofi. Toyia era uma das várias pessoas nas nossas vidas que questionavam nossa decisão de viver em continentes separados, mas nos amava e nos ajudou quando precisamos. Toyia se fazia útil de um jeito único e incrível: apesar da própria vida atarefada como artista e educadora, ela deixou o apartamento alugado no Brooklin para morar com a gente enquanto Kojo estivesse fora. Ficou conosco durante um ano. Para dar espaço a Toyia, demos a ela o quarto do Kofi e ele passou a dormir no meu (Ekua juntou-se a nós quando chegou). Ficou um pouco apertado, mas a presença de Toyia se mostrou vital. Ela recebeu até a própria coluna do Fluxo de Casa: limpava as coisas com perfeição e era uma cozinheira de mão-cheia – e podia ficar com Kofi quando eu tinha que trabalhar até tarde ou viajar.

Toyia não foi a única pessoa que nos ajudou. Minha sogra extraordinária, Irene, vinha de Gana e passava semanas conosco, às vezes sem avisar com muita antecedência. E mais de uma vez os amigos de Kojo me levaram às compras com Kofi. Minha amiga e vizinha Michelle também me ajudou a organizar todas as roupas do Kofi quando esperávamos o novo bebê, e eu finalmente fiquei mais íntima do faz-tudo, Lionel. Até o proprietário do nosso apartamento, que vivia na Califórnia, me mantinha atualizada quanto às novidades do prédio e me ajudava a marcar reparos quando nem Lionel nem Kojo estavam disponíveis.

Sempre que alguém perguntava como eu conseguia cuidar do meu trabalho, de duas crianças e da nossa casa com Kojo em Dubai, eu dava crédito a esses indivíduos. A resposta usual seria:

– Isso é maravilhoso. Vocês têm muita sorte.

Mas o nível de ajuda que Kojo e eu recebíamos tinha menos a ver com sorte e mais com extrema necessidade, já que muitas das coisas que essas pessoas nos ajudavam a fazer – limpar, cuidar das crianças, cozinhar, fazer consertos na casa e compras – eram tarefas pelas quais mais adiante na nossa carreira esperávamos poder pagar. Mas naquela época ainda não estávamos num nível no qual pudéssemos contratar pessoas que assumissem essas responsabilidades, então a ajuda que recebíamos do nosso círculo não era só crucial, mas também muito reconhecida.

Não há como negar a verdade simples de que, para dois provedores com renda elevada, a roda da vida fica um pouco menos desgastante. Em 2013 e 2014, Laura Vanderkam pediu a mais de cem mães com renda de pelo menos seis dígitos que registrassem como passavam o tempo durante uma semana.[1] Contrariando a narrativa convencional, ela descobriu que mulheres bem-sucedidas são mais capazes de alcançar um equilíbrio entre a vida e o trabalho porque podem se dar ao luxo de terceirizar tarefas. Essas mulheres também desfrutam de um nível de autonomia em sua posição profissional que lhes permite ter uma agenda flexível quando necessário.

O desafio é que, para chegar a uma dessas posições, precisamos passar por um período intermediário, sem os privilégios que um salário maior e a autonomia no trabalho proporcionam. É aí que uma parceria total é essencial, mas ter uma comunidade que possa oferecer apoio para nosso sucesso também. É importante que casais entendam que cultivar uma comunidade de pessoas dispostas a segurar as pontas para nós exige ação direta da nossa parte: precisamos pedir ajuda e dar a conhecer nossas necessidades. Quando fizermos isso, talvez possamos descobrir que o apoio vem de fontes inesperadas.

Cecile e Rhonda me abordaram depois de uma palestra numa conferência de mulheres. Durante minha fala, citei Madeleine Albright, que certa vez disse: "Existe um lugar especial no inferno para mulheres que não ajudam outras mulheres." Cecile e Rhonda concordavam plenamente e correram até mim para contar sua história.

Elas vinham dizendo "Vamos almoçar juntas" havia seis meses desde que se conheceram na igreja. As duas eram mães solteiras de um filho pequeno e trabalhavam em tempo integral, e era difícil alinhar as agendas ocupadas. Quando finalmente conseguiram marcar, não acreditavam que tinham levado tanto tempo. Compartilhando suas histórias enquanto comiam saladas com frango, perceberam que tinham muito em comum, desde a capacidade de lembrar cada episódio de *Sex and the City* até o sonho de infância de ser estilista. Cecile agora era enfermeira, e Rhonda, gerente de um abrigo de transição. Ambas eram divorciadas. Nenhuma delas se arrependia da decisão de desistir de um casamento problemático, mas lamentavam os desafios de criar os filhos sozinhas. Naquele primeiro almoço, Cecile estava especialmente estressada. Ela não queria tirar o filho de 12 anos, Malik, da casa onde ele cresceu, mas sem a renda do ex-marido estava difícil pagar a hipoteca com o salário de enfermeira. Enquanto isso, Rhonda estava pensando em sair do apartamento onde morava para encontrar um mais perto da escola do filho de 11 anos, Justin. Queria que ele pudesse ir andando até a escola sem que ela precisasse contratar alguém.

– Onde o Justin estuda? – perguntou Cecile.

– Na Hamilton.

Cecile ficou boquiaberta.

– Fica a sete quadras da minha casa.

Para duas mulheres de fé, não era uma coincidência. Aquele almoço dois anos antes fundamentou a amizade e foi o início de uma parceria total. Rhonda e Justin foram morar na casa de quatro quartos com Cecile e Malik, e a situação funcionou tão bem que elas consideraram dar início a um movimento de mães solteiras que moram juntas. As duas unidades familiares levam vidas separadas, mas as mulheres compartilham recursos como despesa de moradia, cozinhar e cuidar das crianças, e todos prosperam. Tanto que sempre que Cecile ou Rhonda tem um encontro, a outra repreende, brincando:

– Divirta-se, mas nada de enlouquecer e se casar com ele!

Como Cecile e Rhonda demonstram, nem toda parceria total é entre um casal, e uma comunidade pode ser criada de maneiras não convencionais. Principalmente para mulheres solteiras, ter pessoas que podem ajudar a carregar o peso é crucial para diminuir a velocidade da roda da vida. De fato, um dos maiores benefícios de deixar a peteca cair é a comunidade de apoio que inevitavelmente construímos ao fazê-lo. Uma comunidade é um círculo íntimo de pessoas que se voluntariam ou são recrutadas para apoiar o sucesso de uma família. Sua contribuição pode ser vital a ponto de eles terem a própria coluna no Fluxo de Casa da família, e às vezes até o próprio quarto na sua casa. Para minha família, a comunidade se tornou indispensável, porque, mesmo com o casal contribuindo para o funcionamento da casa, é impossível darmos conta de cada detalhe que demanda nossa atenção.

Nossa comunidade inclui quatro grupos de pessoas:

O primeiro grupo é o de *Membros da família* – pessoas que estão tão envolvidas em nosso sucesso que não achamos que estamos nos impondo quando pedimos sua ajuda. Temos certeza de que sua motivação é o amor que têm por nós, e reconhecemos e retribuímos esse amor. Que fique claro: nem todos os membros de nossa família biológica se enquadram nessa categoria. Além disso, nem todos que consideramos família são nossos parentes biológicos. Nossa família inclui minhas amigas da irmandade, os padrinhos dos nossos filhos e membros da Igreja que ajudaram na minha criação. Alguns podem se referir a essas pessoas como amigos próximos ou amigos da família, mas nós pensamos neles simplesmente como família. Alguns vivem perto o suficiente de suas famílias de origem para que eles se tornem um recurso incrível. Mas, considerando que em 2013 apenas 29%[2] dos casais priorizavam viver perto de seus pais e outros familiares próximos, redefinir a família de um jeito que funcione para nós é essencial.

O segundo grupo de membros da comunidade é o dos *Vizinhos*. Se o casal vive no local onde cresceu, ou pelo menos onde um deles cresceu, esse grupo pode já estar pronto. Muitos de nós moramos longe de onde crescemos, no entanto, o que significa que esses membros da comunidade podem precisar de certo recrutamento para que entendam seu papel. Eu tive que fazer isso com um de nossos vizinhos quando Kofi tinha 6 anos. O vizinho corrigiu Kofi por chamá-lo de "sr. Harding", dizendo que ele poderia simplesmente chamá-lo pelo primeiro nome. Kojo e eu gostávamos muito daquele homem e sentíamos que ele queria o melhor para nossa família. Então bati em sua porta algumas horas mais tarde. Depois de cumprimentá-lo e de agradecer-lhe por ser tão bom vizinho, eu disse que ele poderia ajudar nossa família.

– O senhor pode, por favor, insistir que Kofi o chame de "sr. Harding"? – pedi. – Seria um sinal para ele de que o senhor é alguém em quem ele pode confiar. Eu nem sempre estarei aqui, nem meu marido. Precisamos saber que outras pessoas estão cuidando dele. E ele também precisa saber que o senhor está cuidando dele. Chamá-lo de sr. Harding faz com que ele lembre que o senhor é alguém que ele precisa ouvir e respeitar, caso o senhor precise corrigi-lo ou incentivá-lo de alguma forma. O senhor está disposto a nos ajudar com isso?

O sr. Harding imediatamente concordou e disse que se sentia lisonjeado em assumir esse papel. Ele sempre foi um vizinho amigável, mas, depois dessa conversa, passou a oferecer uma mãozinha sempre que podia. Certa vez, levei as bicicletas das crianças para fora e descobri já na calçada que os pneus estavam murchos. Eu não conseguiria carregar as duas bicicletas até a oficina e segurar a mão das crianças ao mesmo tempo, então disse a elas que teriam que andar outro dia. Elas estavam dando um piti quando o sr. Harding apareceu para nos salvar, carregando as duas bicicletas até a oficina para que pudéssemos encher os pneus. Agradeci por ele ser um membro tão importante da nossa comunidade.

O terceiro grupo da nossa comunidade é composto de *Mães trabalhadoras não remuneradas*. Conhecidas como donas de casa, na verdade essas mulheres quase não ficam em casa. Passam muito tempo fora, levando as crianças para cima e para baixo, e trabalham tanto quanto as mulheres que trabalham profissionalmente – apenas não são remuneradas por seus esforços. A guerra entre esses dois tipos de mães já era, porque todas precisamos umas das outras. É para essas mães que podemos enviar mensagens de texto por debaixo da mesa quando a reunião se alonga para pedir que peguem nossos filhos na escola quando forem pegar os seus. Elas nos dão dicas sobre os professores da escola e são cruciais durante emergências médicas, pois ficam com seu filho gripado naquela manhã em que você tem uma apresentação que não pode cancelar.

Mães trabalhadoras não remuneradas também parecem saber muito sobre o desenvolvimento infantil. Imagino que elas não tenham mais tempo para ler livros do que as mães trabalhadoras profissionais, então deve ser porque elas passam mais tempo com os filhos do que nós. De qualquer maneira, elas são um recurso valioso. Segue uma conversa recente que tive com uma delas depois de passar três dias sem ver meus filhos porque estava lidando com compromissos do trabalho e com o prazo deste livro:

Domingo às 7h46, <Cheryl> escreveu:

ontem foi um dia ótimo com as crianças!
nadamos
fizemos atividades artísticas
brincamos
apreciamos obras de arte
fizemos corrida de revezamento com outras crianças no parque...
voltamos para andar de patins pela casa... com patins antigos...
comemos tiras de frango, fritas e assistimos a um filme.
amo como ekua parece à vontade aqui... ela brinca com todos e se sente em casa
amo tanto seus filhos... são como nossa família – foi uma alegria para todos nós recebê-los.
lucy atacou kofi e disse que o ama!

Domingo às 9h38, <Tiffany> escreveu:

Chorei ao ler essa mensagem. Fiquei acordada até as três da manhã trabalhando num projeto ontem à noite. Isso depois de ter passado 48 horas em Baltimore numa conferência. No trem escrevi enlouquecida um roteiro para uma nova série de vídeos de desenvolvimento profissional que a Levo está produzindo. Filmamos amanhã. E depois de ter ficado muito feliz por terminar a primeira versão do livro, uma das minhas leitoras escreveu dizendo que uma seção inteira não funciona. Preciso reescrever três capítulos antes de entregar à editora e isso não estava previsto no meu cronograma. Dizer que estou estressada seria eufemismo. Na maior parte do tempo me considero uma companheira, mãe e cidadã incrível. Mas ontem a culpa começou a se instalar na minha consciência, principalmente porque não falei com as crianças. Li seu e-mail e me senti explodindo de agradecimento. Estava imaginando as crianças de coração partido por eu estar nessa correria quando, na verdade, eles estavam se divertindo muito! E em ótimas mãos. OBRIGADA.

Domingo, às 9h48, <Cheryl> escreveu:

você é um fenômeno... amo ser parceira de mães que são um fenômeno... como você, susie, amy...
não sei se sou um exemplo a se seguir, mas vocês são...
e meus filhos ficam muuuito mais felizes com os amigos por perto.
precisamos mesmo ser uma comunidade, como kojo diria... e precisamos da sua família nela
tenho certeza de que eles te amam, mas não pense que estão sofrendo!

As mães trabalhadoras não remuneradas da minha comunidade me ajudaram a evitar inúmeras crises, e eu jamais vou poder retribuir à altura. Mas faço o que posso para apoiar seu envolvimento cívico, já que elas costumam estar em conselhos de associações sem fins lucrativos, e com frequência fazemos festas do pijama para que elas tenham um descanso. Uma delas me contou recentemente que estava procurando por uma oportunidade para voltar ao mercado de trabalho. Perguntou se eu conhecia alguém da área de marketing com quem ela pudesse conversar. Fez a pergunta como se estivesse me pedindo um favor enorme:

– Você está brincando? – respondi. – É claro!

Tudo o que essas mulheres fazem por mim me permite avançar em minha carreira e manter minha rede de contatos atualizada. Essa rede também é delas. Enviei vários e-mails em seu nome naquele dia mesmo.

O quarto grupo da nossa comunidade é o das *Babás*. São os únicos membros remunerados. Kojo e eu logo descobrimos que é melhor ter várias babás na lista e escolher de um grupo diverso, porque costumamos precisar de uma babá de última hora. Estudantes universitárias são ótimas, mas tivemos mais sucesso com atrizes e musicistas que cuidam de crianças como um trabalho extra. Uma delas estava entre um show e outro na Broadway e tinha acabado de terminar uma temporada como Mary Poppins. Ela ensinou todas as músicas a Kofi e Ekua. Foi mágico. Hoje existem plataformas on-line para aqueles que não têm um estoque acessível de Mary Poppins a quem recorrer. Também já usamos essas soluções para encontrar babás. Com o passar dos anos, desenvolvemos algumas regras fundamentais de trabalho com as babás para garantir que sejam membros ativos de nossa comunidade:

1. Sempre que pagamos às babás, incluímos um bilhete de agradecimento escrito à mão que as reconhece como membros da nossa comunidade. Podem ser duas linhas. Sério.
2. Garantimos que nossas babás voltem para casa com segurança. Pagamos a tarifa do trem ou o táxi e, se estiver muito tarde, usamos o Uber para chamar um carro para elas ou as levamos para casa nós mesmos. Se voltam a pé, pedimos que mandem uma mensagem quando chegarem em casa para que saibamos que chegaram em segurança.
3. Damos prioridade. Se elas nos indicarem outra babá, temos o cuidado de oferecer trabalhos futuros primeiro a elas.

4. Nós as alimentamos. Avisamos que podem comer qualquer coisa que tenhamos na cozinha. E se seus hábitos alimentares são diferentes dos nossos, pedimos comida de um restaurante que atenda às suas necessidades.
5. Investimos em sua jornada de liderança acima de qualquer coisa. Isso significa que, se soubermos de uma vaga que esteja de acordo com suas paixões (lembre-se, o trabalho de babá é um extra para elas), indicamos. Perdemos algumas babás muito boas com isso, mas elas seguem membros leais da nossa comunidade por causa do nosso investimento.

O quinto grupo que deve fazer parte de qualquer comunidade é o de *Especialistas* – amigos e colegas com conhecimentos que permitem pegar atalhos para resolver problemas de gerenciamento do lar com mais facilidade. Por exemplo, é útil ter um membro da comunidade que seja mecânico ou tenha muito conhecimento sobre carros. Também é bom manter um relacionamento próximo com um pediatra e com outros médicos, um advogado e um agente de viagens – mas não como cliente. Esses especialistas podem ser pais da escola dos nossos filhos, pessoas que conhecemos em eventos sociais ou de trabalho, indicações de amigos ou antigos colegas de faculdade com quem mantivemos contato. Durante muito tempo, Kojo e eu não pudemos pagar pelos serviços dos especialistas da nossa comunidade e, como não éramos seus clientes, tomávamos o cuidado de não tomar muito seu tempo. A principal pergunta a fazer a nossos especialistas é "O que você faria se...?" ou "Se você estivesse atrás de X, qual seria a maneira mais rápida de conseguir?". A ideia fundamental é que nossos especialistas conhecem suas áreas muito melhor do que nós, então o caminho mais rápido para o sucesso nessas áreas é fazer o que eles fariam. Minha irmã um dia me disse:

– Tiffany, você é tão chata. Você nunca quer aprender as coisas sozinha.

Minha resposta? Por que perder tempo tentando aprender alguma coisa desde o início quando outras pessoas podem compartilhar seu conhecimento comigo?

É importante ressaltar que especialistas nem sempre precisam ser profissionais: alguns têm especialidade em questões pessoais. Por exemplo, dois de nossos especialistas mais preciosos são um casal que está junto há quase cinquenta anos. Temos muito respeito por eles como indivíduos e como uma parceria, e eles nos dão conselhos valiosos de relacionamento.

Como profissionais ocupados que somos, Kojo e eu contamos com frequência com a graça e benevolência da nossa comunidade. Uma semana, por exemplo, não pudemos evitar viagens simultâneas. Eu ia falar na conferência inaugural da MAKERS na Califórnia, e Kojo tinha que ir para Lagos. Tentamos garantir que um de nós esteja em casa com as crianças todas as noites, mas, naquela ocasião, a confluência das viagens era inevitável. No último dia da conferência, uma tempestade de neve atingiu Nova York, e os voos foram todos cancelados. Era meu pior pesadelo. Tínhamos planejado as viagens com cuidado para que nossos filhos ficassem só uma noite sem nenhum de nós dois. Eu tinha combinado com a babá de sempre que passasse a noite com as crianças e as levasse para a escola na manhã seguinte, mas ela tinha outro trabalho marcado para assim que fizesse isso e, tecnicamente, não havia quem pudesse buscar meus filhos se algum deles se machucasse ou ficasse doente no decorrer do dia. Eu sabia, é claro, que podia contar com alguma das mães trabalhadoras não remuneradas da minha rede, mas rezei para que não precisasse, confiante de que estaria em casa a tempo de pegá-los na escola.

Minha ansiedade disparou assim que fiquei sabendo da tempestade de neve, e imediatamente mandei um e-mail para os membros da comunidade a quem eu tinha avisado de que não estaríamos na cidade, para o caso de uma emergência desse tipo.

Todos responderam ao mesmo tempo dizendo que Kofi e Ekua podiam ficar com eles. No fim, Cheryl, uma das mães trabalhadoras não remuneradas, pegou meus filhos na escola e os levou para sua casa para uma festa do pijama improvisada com os filhos dela. Meus filhos estavam em ótimas mãos. Preciso confessar que, anteriormente, a mãe com SCL dentro de mim ficaria obcecada com a aparência do cabelo enrolado da minha filha no dia seguinte na escola, porque uma mãe branca não saberia arrumá-lo; ou com o fato de que meu filho perderia a aula particular depois da aula, porque seria muito trabalho para minha amiga levá-lo, com todas as crianças de que agora precisava cuidar; porque meus filhos não poderiam usar suas próprias roupas; e, é claro, eu não teria confiança de que a lição de casa dos meus filhos seria feita – mas essa era eu *antes*.

Nesse momento, em vez de passar o resto da viagem obcecada com detalhes que não podia controlar, eu podia aproveitar o lado positivo daquela circunstância incomum: eu tinha 24 horas sem nada para fazer e ninguém de quem cuidar, e estava presa num resort cinco estrelas. Antes de entrar em contato com minha comunidade, estava tão estressada com o atraso dos voos e me culpando por ser uma mãe tão irresponsável que nem tinha levantado a cabeça para perceber a vista surpreendente. O oceano era espetacular. Marquei uma massagem e depois passei quatro horas no spa, sonhando acordada. Lembrei da minha infância, quando era capaz de passar a tarde inteira num cobertor da Moranguinho no quintal de casa, escrevendo um poema, interrompida apenas pela minha mãe me chamando para jantar. Depois do tempo no spa, passei a noite sentada na frente de uma lareira, rindo com minha querida amiga Jennifer enquanto bebíamos uma garrafa de vinho e comíamos inúmeros pratos deliciosos.

Na manhã seguinte, dei uma corrida revigorante na praia. As ondas brincavam comigo. De tempos em tempos, o oceano Pacífico vinha me cumprimentar, então se afastava alegre. Respirei fundo. Soltei o ar. Tudo estava claro. Depois da corrida, fiz ioga com um amanhecer magnífico como pano de fundo. Voltei a Nova York uma esposa e mãe melhor, ciente de outro nível de reconhecimento quanto ao que significava deixar a peteca cair.

Parte Quatro

Parceria total

Capítulo 14

O feito de uma pessoa é o perfeito de outra

Eu odeio a torneira da minha cozinha. Ela parece ser dos anos 1970, e não de um jeito retrô bacana. Mas, ao mesmo tempo, também amo aquela torneira horrorosa. Ela me faz lembrar todos os dias do quanto evoluí e do quanto ganhei ao deixar minha SCL ir pelo ralo.

Explico.

Certa manhã, quando estava embalando o almoço de todos com pressa, o que quase esqueci de fazer porque fiquei acordada até as duas da madrugada me preparando para uma reunião importante (para a qual estava ficando atrasada), percebi que a torneira estava vazando. Eu sabia que não poderia dar um jeito naquilo por pelo menos duas semanas, então, quando terminei o que estava fazendo, enviei uma mensagem a Kojo: *Torneira da cozinha vazando. Por favor, conserte.*

Nem considerei o fato de ele estar em Dubai. Nós tínhamos criado o Fluxo de Casa, então eu sabia que ele daria um jeito. E ele deu. Quando cheguei em casa naquela noite, havia uma torneira nova e lamentavelmente antiquada olhando para mim. Credo. Eu tinha imaginado algo elegante e polido – algo que Gwyneth Paltrow aprovaria. Imediatamente comecei a reorganizar minha agenda para conseguir um tempo para trocar a torneira no dia seguinte.

Então, a sanidade prevaleceu. Eu havia mandado mensagem para Kojo justamente porque já tinha muitas coisas para fazer. E havia um X na coluna dele ao lado de *Diretor de Manutenção*. Eu tinha muita sorte de ter um marido que, mesmo do outro lado do Atlântico, tinha dado um jeito de consertar uma torneira vazando em menos de doze horas em resposta a um pedido de sete palavras. Uma torneira feia era um preço baixo a pagar por uma qualidade de vida infinitamente melhor.

Em toda casa, há torneiras vazando – reais e metafóricas. As mulheres precisam confiar que outras pessoas podem resolver os problemas, mesmo que elas façam isso de um jeito diferente do nosso. É hora de dar uma de Princesa Elsa, do *Frozen*, e simplesmente comemorar a liberdade. Se conseguirmos fazer isso, vamos descobrir o tipo de inovação que pode transformar nossas vidas no lar para sempre.

A compreensão que alcancei ao delegar a tarefa de consertar a torneira foi importante porque, durante muito tempo, a maior parte do aprendizado sobre como gerenciar nosso lar envolveu a transferência do *meu* conhecimento para Kojo. Raramente acontecia o contrário. Assim como o local de trabalho é um ambiente de dominância masculina, nosso lar era um ambiente de dominância feminina, situação agravada pela minha SCL. E sem uma equipe de recursos humanos para chamar atenção para essa injustiça, a experiência de Kojo costumava ser pior do que receber um ultimato. Ele tinha que fazer as coisas, e do *meu jeito*. Mas, quando aprendi a confiar mais em sua ajuda – e a realmente deixar que ele fizesse as coisas do jeito dele –, os benefícios foram muitos e diversos. Por exemplo, Kojo conseguir que a lavanderia entregasse nossas roupas. Durante dois anos, corri para conseguir buscar as roupas na lavanderia. Logo da primeira vez, Kojo descobriu que eles podiam fazer a entrega de acordo com um cronograma que funcionasse para a nossa família. Eu nunca nem tinha pensado em perguntar! Sempre que eu aprendia uma coisa nova com Kojo que alterava meu comportamento em casa, nosso *status quo* era abalado. Cada uma dessas rupturas serviu como lembrete de que a diversidade, quando potencializada para resolver problemas de novas maneiras, é uma coisa magnífica.

Eu me deparei com outro exemplo da inovação de Kojo em casa quando, pela primeira vez, ele teve que ir atrás de uma babá. Eu estava voltando de uma viagem a trabalho, o avião taxiando na pista, quando ele ligou pedindo que eu enviasse a lista de nome e telefone de todas as nossas babás. Como nós dois viajávamos muito, eu tinha reunido um rol interessante de babás para quando precisássemos de alguém que ficasse com as crianças à noite e nos fins de semana. Fiquei curiosa para saber por que Kojo precisava tanto de uma babá de repente, já que essa tarefa costumava ser minha. Ele explicou que um cliente havia chegado à cidade inesperadamente e que ele precisava que eu o acompanhasse a um jantar naquela noite. Como tinha acabado de chegar a Nova York, não fiquei muito animada com a ideia de ter que colocar um vestido preto apertado e sorrir para ajudá-lo a fechar um negócio. Kojo sabia que eu preferia ficar em casa com as crianças, de quem estava longe havia dois dias. Sua estratégia foi aliviar o pedido ao se oferecer para conseguir uma babá.

– Isso vai ser impossível tão em cima da hora – disse a ele com convicção enquanto pegava a bagagem de mão do compartimento superior da cabine.

Quando recebia convites de última hora para eventos de trabalho noturnos, eu costumava declinar porque sabia que precisava pelo menos de um dia inteiro para conseguir uma babá, e não haveria tempo suficiente. Mas trinta minutos depois que desliguei o telefone, Kojo me mandou uma mensagem com o nome da babá que cuidaria dos nossos filhos naquela noite.

Com o tempo, Kojo aprendeu que era mais fácil conseguir um sim meu para eventos à noite se ele se oferecesse para conseguir uma babá. E, com o tempo, percebi que o fato de ele conseguir uma babá em trinta minutos não podia ser sorte. Um dia, finalmente perguntei como ele sempre conseguia uma babá tão rápido. Eu não entendia como ele podia cumprir em menos de uma hora uma tarefa que costumava levar quase dois dias. Meu método para conseguir uma babá era mandar um e-mail ou mensagem de texto com dias de antecedência para a pessoa que eu achava que seria a melhor opção levando em consideração seu cronograma de aulas ou trabalho e seu lugar no nosso rodízio de babás. Então esperava uma resposta. Se a primeira babá estivesse disponível, eu a contratava. Se não estivesse, eu passava para a próxima babá da lista. Na minha cabeça, esse era o jeito mais justo e cuidadoso de contratar as babás.

Quando Kojo descreveu a *sua* estratégia, fiquei sem palavras. Sempre que precisava de uma babá, ele escrevia uma mensagem e mandava para todas as babás simultânea e abertamente. Assim todas as babás viam que outras dez babás tinham recebido a mesma mensagem. Quem quisesse o trabalho tinha que responder rápido, porque Kojo simplesmente fechava com a primeira pessoa disponível. No início, achei o método de Kojo grosseiro, tanto que, ao encontrar uma das nossas babás no banco, pedi desculpa a ela. Sua resposta me surpreendeu. Ela *gostava* do fato de Kojo mandar mensagem para todas, porque, se soubesse que não poderia aceitar, não se sentia mal por recusar nem precisava perder tempo respondendo. Logo passei a reconhecer a eficiência desse método também. Ele não só me permitiria aproveitar oportunidades de ampliar minha rede de contatos que anteriormente eu recusaria, mas também reduziria o tempo que aquela tarefa – "Conseguir uma babá" – ficava na minha lista de tarefas. E o melhor de tudo: agora eu podia deixar a peteca cair, porque meu marido era claramente melhor do que eu nessa tarefa. Kojo e eu estávamos nos equiparando nas tarefas domésticas. E nosso lar estava se tornando um lugar que se beneficiava com a diversidade de perspectivas.

Mesmo levando em consideração a necessidade de mais mulheres em posição de liderança, muitos locais de trabalho estão anos-luz à frente dos lares no que diz respeito a potencializar a diversidade. Essas empresas já entendem que a diversidade de experiências, origens e habilidades dos funcionários pode levar uma organização aos melhores resultados possíveis. Um estudo de 2011 da *Forbes Insights* detalhou a importância de uma força de trabalho diversificada e inclusiva para a inovação e a criatividade,[1] e um artigo do periódico *McKinsey Quarterly* traça uma conexão clara entre a diversidade do quadro de diretores de uma empresa e seu desempenho financeiro, revelando que "para empresas que estão entre as 25% mais diversas, o retorno médio sobre o capital é 53% maior, em média, do que para as que estão entre as 25% menos diversas".[2] Outro estudo conduzido por pesquisadores da Universidade de Michigan disponibiliza provas quantitativas de que uma equipe heterogênea resulta num conjunto mais diversificado de solucionadores de problemas, o que pode oferecer contribuições estratégicas únicas.[3] Oitenta por cento dos participantes do estudo revelaram ter instituído programas de gênero e diversidade em seus processos de seleção e iniciativas de recursos humanos.[4] Claramente, cada vez mais empresas concordam que a diversidade é importante.

Barbara Annis, fundadora e CEO do Gender Intelligence Group, dedicou uma vida inteira de trabalho a promover os benefícios da diversidade de gênero no ambiente de trabalho. Durante mais de trinta anos, Annis ajudou empresas a identificar e eliminar "pontos cegos" de gênero, que ela define como "hipóteses incorretas mantidas por homens e mulheres que causam 'acidentes' de comunicação e interpretação e ajudam a manter o *status quo* nas relações de gênero das empresas".[5] Annis defende que há quatro pontos cegos principais que caracterizam o modo como homens e mulheres se envolvem no trabalho:

1. A crença de que o conceito de igualdade significa semelhança, o que "nos leva a suposições desinformadas que podem estar completamente equivocadas quanto às intenções e motivações que estão por trás do comportamento dos outros".
2. A organização masculina, o modelo de negócio que está em vigor desde a Revolução Industrial, projetado para acomodar qualidades masculinas como "rapidez, eficiência e hierarquia clara" em nível organizacional.
3. Moldar mulheres para que pensem e ajam como homens, o que "perpetua a crença de que a contribuição e o estilo das mulheres são inferiores aos dos homens".
4. Supor que os comportamentos desagradáveis dos homens (como levar clientes a estabelecimentos masculinos) são intencionais quando a maioria dos homens está "só fazendo o que parece ser o certo para a empresa, sem pensar sobre os efeitos que suas ações podem ter sobre as colegas mulheres".[6]

Annis acredita que líderes no local de trabalho podem romper com o *status quo* e otimizar a sinergia e a produtividade ao reconhecer esses pontos cegos. Agora sei que isso também é verdade no gerenciamento do lar.

Vamos começar com o primeiro ponto cego, que diz que o conceito de igualdade não significa semelhança – como em *Quando for a vez dele de vestir a criança, ele deve fazer isso exatamente como eu faço.* Esse ponto cego também leva a suposições quanto às intenções do comportamento de nosso companheiro. *Ele claramente não se importa com a aparência do nosso filho.* Esse ponto cego foi o que me levou a gritar com Kojo por não entender por que ele estava sentado no sofá azul assistindo a um jogo de basquete enquanto nosso filho gritava. Hoje eu entendo que Kojo estava despreocupado porque sabia que nosso filho não estava correndo nenhum perigo e que estava sendo bem cuidado por Lucinda, membro amado e de confiança da nossa comunidade. O jeito de Kojo de lidar com a situação era diferente do meu.

Essa interpretação equivocada da igualdade no lar aumenta a quantidade de trabalho que as mulheres assumem, já que estamos sempre tentando consertar o trabalho dos nossos companheiros para que fique igual ao nosso. Um estudo do Reino Unido revelou que mulheres passam três horas por semana refazendo tarefas que acham que os homens desempenharam "mal".[7] Teríamos mais tempo se aceitássemos a tarefa como completa, ainda que não tenha sido feita da maneira como nós a faríamos.

Agora vamos ao segundo ponto cego de Annis, sobre a organização projetada para o homem, em vigor desde a Revolução Industrial. Durante aproximadamente a mesma quantidade de tempo, o gerenciamento do lar é uma área projetada para a mulher, levando em consideração mulheres que conseguem fazer várias coisas ao mesmo tempo. De fato, muitos homens têm dificuldade de estabelecer uma conexão com a estrutura complexa de tarefas, acontecimentos, relacionamentos e práticas que envolvem uma casa bem administrada. É por isso que, quando mulheres se ausentam por mais de 24 horas, costumam sentir necessidade de deixar instruções detalhadas para as tarefas a serem feitas na sua ausência.

Um motivo pelo qual o lar segue uma organização projetada para mulheres é o fato de mulheres receberem informações privilegiadas sobre as questões da gestão. Porque as partes externas, incluindo prestadores de cuidados infantis e de saúde, escolas e equipes de atividades extracurriculares, costumam comunicar as coisas à "mulher da casa", mesmo quando o homem aparece como contato principal. Os sociólogos chamam o controle desse tipo de informação pelas mulheres de "vigilância maternal".[8] Durante a maior parte do meu casamento, eu fui a encarregada da vigilância.

Tive um despertar repentino e delicioso um dia quando uma das novas babás rompeu com a minha vigilância ao escrever diretamente para Kojo. Sempre que mandava uma mensagem, ela incluía nós dois. Eu deixava uma lista de compras, e ela mandava mensagem do mercado: "Que tipo de maçã?"; eu pedia a ela que comprasse um presente de aniversário, e ela escrevia "Quanto posso gastar?". Eu não pedi a ela que escrevesse para nós dois, e no início aquilo me deixava louca. Achava que não havia necessidade de incluir Kojo, já que eu era obviamente a única que sabia as respostas para aquelas perguntas. Mas então uma coisa maravilhosa começou a acontecer – algo que eu não tinha previsto. Eu terminava uma reunião ou uma apresentação e descobria uma longa troca de mensagens no meu celular entre a babá e Kojo. Às vezes ele não respondia o que eu queria (eu precisava de maçãs verdes, não de vermelhas), mas, depois de algumas semanas, comecei a reconhecer que o mundo não acabava por causa das maçãs vermelhas. E mais ainda, percebi o quanto era estressante a sensação de que *eu* precisava estar sempre de plantão para a babá no trabalho. Meu foco durante as reuniões costumava ficar dividido entre a discussão em volta da mesa e as mensagens que pulavam na tela do meu celular. Mas passei a ver que Kojo também podia responder àquelas perguntas. Minha ansiedade se dissipou, e minha presença no trabalho melhorou. A organização e os sistemas de gerenciamento do lar projetados para a mulher nos deixam com mais trabalho e impedem que os homens se tornem parceiros totais.

Ponto cego número três: "Moldar mulheres para que pensem e ajam como homens." Há tempos sabemos que, quando as mulheres imitam o comportamento dos homens no escritório, isso não potencializa a contribuição dos gêneros.[9] Ainda assim, conheço muitas mulheres que estão tentando moldar os homens para que pensem e ajam como mulheres no lar. É claro que podemos aprender um com o outro e adotar alguns comportamentos úteis, mas inibimos a criatividade para a solução de problemas dos homens ao insistir que eles adotem a mesma abordagem que nós adotamos.

De todas as minhas estratégias frustradas para incentivar Kojo a fazer mais, a que mais me envergonha é a dos adesivos. Por isso fiquei tão impressionada com as de Felicia, a educadora que administrava um lar metódico. Minha teoria de gerenciamento do lar era baseada na ideia principal de que as coisas não devem se acumular. Na minha cabeça, quanto mais tempo demorasse para cuidar de algo, mais trabalho eu teria. Mas Kojo não via as coisas assim. Ele achava que, cuidando da tarefa na hora ou depois, continuava se tratando, cumulativamente, da mesma quantidade de trabalho. Então não tinha nenhuma pressa em resolver. Apesar de sua abordagem lógica, tentava persuadi-lo a adotar o *meu* cronograma. Eu fazia uma lista de algumas coisas que queria que ele fizesse, como tirar o lixo ou trocar a caixa de cereal que foi comprada por engano. Então pendurava a lista na geladeira e colocava uma carinha feliz em todas as tarefas que ele concluía no dia em que *eu* teria concluído. Um dia, percebi o ridículo desse exercício quando Kojo disse:

– Eu fico ganhando esses adesivos e nem sei por quê.

Expliquei que ele ganhava um adesivo quando a tarefa era concluída "no prazo".

– Mas você nunca estabeleceu um prazo para uma tarefa, então como eu vou saber qual é esse prazo?

Kojo achou o experimento paternalista, e eu soube que não estava cumprindo seu propósito quando, uma tarde, me peguei escrevendo na minha lista de afazeres "Comprar mais adesivos". É claro que os adesivos foram abandonados depois de três semanas.

Finalmente, chegamos ao último ponto cego: supor que os comportamentos desagradáveis dos homens são intencionais. Em casa também é importante entender que as mulheres não estão brigando com os maridos porque é divertido. Assim como o homem que tem um comportamento desagradável não está mal-intencionado, mas só fazendo "o que parece ser o certo para a empresa", a mulher que repete a mesma frase todas as manhãs, a cada vez um pouco mais enérgica, está só tentando garantir que todos estejam no lugar certo na hora certa com a mochila certa. Geralmente, é o estresse da correria matinal em nossa voz, não um desejo intencional de encher o saco da família.

No geral, Kojo exibe menos estresse do que eu porque, ao contrário de mim, ele consegue compartimentar a maior parte dos problemas, mantendo-os simples e separados. Só descobri isso porque a distância física nos obrigou a nos comunicar com menos espontaneidade. Com Kojo em Dubai, nossa principal forma de comunicação era pelo Skype, e precisávamos programar ligações regulares com cuidado. Como nosso tempo era limitado, fazíamos listas para garantir que nada nos fugisse. Os itens da lista de Kojo eram sempre diretos. Discutíamos sua lista rapidamente. Mas, com frequência, os meus itens aparentemente "pequenos" levavam a questões maiores, muito complicadas para serem tratadas numa ligação. Por exemplo, eu escrevia "fraldas" para sugerir a Kojo que elas fossem entregues direto na creche, o que me levava a expressar minha preocupação com o fato de Kofi ainda estar usando fraldas. Ou seja, o que começava com um comentário rápido sobre comprar fraldas virava uma discussão muito maior sobre o desenvolvimento do nosso filho.

– Você acha que precisamos começar a treiná-lo para fazer no peniquinho? Outras crianças da turma do Kofi não usam mais fraldas. Que método você acha que devemos usar? Soube de um em que a gente deixa a criança ficar peladinha da cintura para baixo em casa. Parece meio exagerado… e talvez sujo!

Então isso me lançaria numa discussão com Kojo sobre nossos estilos diferentes de criar o Kofi. Finalmente, Kojo interromperia a discussão para dizer algo como:

– Querida, achei que estávamos falando sobre fraldas.

Ele pensa em itens; eu penso em parágrafos.

O pastor e comediante Mark Gungor usa uma metáfora engraçada para abordar as diferenças de pensamento entre homens e mulheres num vídeo.[10] Ele descreve o cérebro masculino dividido em várias caixas. Por exemplo, uma caixa é para o carro, outra para o trabalho, uma é para as crianças... e a de que eles mais gostam: a caixa do nada. A regra não oficial do cérebro masculino é que as caixas não devem encostar uma na outra.

Mulheres, por outro lado, têm cérebros cheios de fios conectados. Essa conectividade pode ser uma benção. Como mulheres podem considerar pontos de vistas divergentes ao mesmo tempo, seu modo "conectado" de pensar permite que intuam e cuidem de emoções dos outros enquanto mantêm objetivos mais concretos em mente, como inspirar equipes a alcançar um propósito compartilhado diante da incerteza.[11] Essa conectividade também pode ser uma maldição, no entanto, principalmente quando é necessário separar uma preocupação da outra – ou falar sobre tarefas básicas da casa durante uma conversa pelo Skype tarde da noite.

Para mim, ter um cérebro cheio de fios conectados significa que tenho dificuldade em separar meu valor como ser humano do meu desempenho. Por mais que eu tenha tentado largar minha SCL, uma pequena parte de mim ainda acredita que meu valor como mãe depende de como está o cabelo dos meus filhos. Até hoje, se o cabelo da minha filha não está bem trançado ou se faz tempo que o do meu filho não é cortado, me sinto como se fosse ser demitida do papel de mãe. Mas, pela minha sanidade, tento manter as duas ideias em caixas separadas. O fato de Kojo conseguir fazer isso significa que ele sente menos pressão; ele jamais pensaria que é um péssimo pai porque faz tempo que o filho não corta o cabelo.

O "cérebro em caixas" dos homens também explica o fato de que eles anseiam por prazer em momentos em que a mente das mulheres está ocupada demais para sequer pensar nisso. Minhas amigas costumam falar coisas como:

– Como ele podia estar pensando em sexo com a casa naquele estado?

As mulheres enxergam a relação imediata entre o sexo e as tarefas do lar. O fio é mais ou menos assim:

As tarefas que precisam ser feitas hoje, que envolvem, entre outras coisas, esvaziar o armário do quarto para que os caras da manutenção possam instalar as prateleiras novas amanhã, vão levar três horas. Já estou exausta e fazer meu corpo entrar no clima para fazer sexo vai ocupar ainda mais o meu tempo. Eu precisaria sentar um pouco (com uma taça de vinho) e tomar um banho, porque na pressa de chegar à primeira reunião hoje de manhã não depilei as pernas. A não ser que ele me ajude a esvaziar o armário (até parece!), toda essa preparação para o sexo, e o ato em si, vai demandar duas horas a mais, pelo menos. Estou exausta só de pensar nisso. Já são oito horas da noite, e as crianças ainda nem estão na cama, e não posso cancelar com o cara da manutenção – levei semanas para conseguir esse horário. Ele não pode esperar, meu marido pode.

Enquanto isso, o homem está pronto para ir para a cama porque realmente não vê relação nenhuma entre as tarefas da casa e o sexo. Sexo e tarefas da casa são duas caixas que nem se tocam.

Entender essas diferenças e ter ciência de nossos pontos cegos pode aliviar a tensão e transformar possíveis situações de embate em momentos de conexão. Em vez de simplesmente revirar os olhos para os avanços de nossos companheiros e presumir que seu desejo significa que eles não se importam com como estamos nos sentindo, podemos compartilhar o motivo pelo qual não conseguimos entrar no clima. Podemos até tentar delegar com alegria renegociando a noite para abrir espaço para uma atividade que aprofundaria nossos laços.

A religação dos fios seria mais ou menos assim:

– Querido, quero propor uma coisa. Vou tomar um banho quente demorado. Enquanto eu faço isso, seria ótimo se você esvaziasse o armário. O cara da manutenção vai instalar as prateleiras novas amanhã de manhã, e estou um pouco estressada com tudo que precisa ser feito até lá. Quando eu sair do banho, se o armário do nosso quarto estiver vazio, prometo, sou toda sua.

A maioria dos homens coloca "armário vazio" e "sexo" na mesma caixa e começa a trabalhar.

Com frequência, o cérebro superconectado das mulheres impede que elas acessem soluções simples porque isso envolve pedir ao marido que faça mais em casa. Era o caso da Jackie, uma mulher que conheci por meio da Mocha Moms, um grupo de apoio nacional para mães de cor. Quando conversamos no fim de sua primeira licença-maternidade, senti o estresse em sua voz. Durante as últimas quatro semanas, Jackie vinha visitando creches e, a seis dias de ter que voltar ao escritório, ainda não tinha tomado uma decisão final quanto ao plano que seguiria. Nenhum dos lugares que visitou parecia ser o certo para sua linda garotinha, Olivia.

Enquanto isso, a empresa onde seu marido trabalhava (uma empresa de infraestrutura pública local) tinha acabado de implementar uma nova política que oferecia doze semanas de licença-paternidade. Henry não perderia o emprego se ficasse em casa para cuidar do bebê, mas a licença não era remunerada. Felizmente, Henry tinha quase quatro semanas de férias não tiradas que poderiam ser aplicadas à licença-paternidade para que, teoricamente, o primeiro mês em casa fosse remunerado. Apesar de tudo isso, Jackie me disse que Henry ficaria em casa com a filha só como último recurso. Sua preferência era encontrar uma creche adequada. A segunda opção seria perguntar ao chefe se ela poderia tirar mais duas semanas de licença. O marido ficar em casa cuidando do bebê era o plano reserva.

Esse raciocínio não fazia sentido para mim. Perguntei a Jackie por que ela colocaria em risco o relacionamento com o chefe e a carreira, se Henry tinha a opção de tirar a licença de quatro semanas remuneradas. Ela explicou que, como eles dependiam mais do salário de Henry, essa licença era um risco financeiro maior do que ela estender a sua licença. Jackie também acreditava que, como as licenças-paternidade são raras, tirar uma prejudicaria a reputação de Henry com seus superiores.

Mas meu questionamento revelou outro motivo para sua relutância em deixar que Henry assumisse os cuidados com Olivia: Jackie não achava que Henry faria um bom trabalho.

– Henry já trocou fraldas e sabe alimentar Olivia – disse ela –, mas ainda não sabe nada sobre a frequência das duas coisas. Ela vai acabar ficando assada. E ele nunca a alimenta ou a faz dormir na hora certa. Ele não conhece a rotina dela.

Senti muita empatia por Jackie e pensei nas minhas "Dez dicas para viajar com Kofi". Mas agora eu via com mais clareza as ramificações não intencionais de expectativas tão baixas. Nossas suposições de que os homens não são capazes de cuidar dos filhos negam a eles os benefícios de participar em casa – benefícios para eles, para nossos filhos e para nós. A primeira opção de Jackie, de estender a própria licença em vez de deixar que Henry tirasse a dele, o privaria da chance de criar laços com a filha. Também podia comprometer a carreira dela. É um cenário no qual todos perdem, porque estudos mostram que homens que têm essa oportunidade logo no início se tornam pais mais participativos no futuro.[12]

Expectativas baixas também levam muitas mulheres a considerar a carreira do marido mais importante que a sua, colocando o futuro financeiro da família inteiramente na mão do marido. Pamela Stone, autora de *Opting Out? Why Women Really Quit Careers and Head Home* [Pedindo pra sair? Por que as mulheres deixam suas carreiras e vão para casa], explora a lógica por trás da escolha das mulheres de renunciar à carreira para cuidar do lar, mesmo quando têm maridos que apoiam sua vida profissional. Stone descreve mulheres como "coconspiradoras em privilegiar a carreira de seus maridos". De acordo com Stone, as mulheres costumam valorizar mais a carreira do marido

> por razões que refletem cultura, valores, dinheiro e, acima de tudo, tempo. O fato de a carreira dos homens vir em primeiro lugar era o "motivo" oculto, não dito, pelo qual as mulheres desistiam das suas, mas a carreira dos homens sempre vem em primeiro lugar; ela vem em primeiro lugar em casais nos quais as mulheres continuam trabalhando.[13]

Mesmo quando a participação dos homens no lar é a solução mais prática, costumamos negar a eles a oportunidade de cuidar dos filhos porque os relegamos a provedores. Pior, fazemos isso sem perguntar a eles como se sentem a respeito. Jackie nunca chegou a discutir com Henry se ele queria tirar licença-paternidade para ficar com a Olivia. Quando ela finalmente abordou o assunto, ele agarrou a oportunidade! Jackie ficou positivamente surpresa, mas ainda alimentava preocupações. Aos olhos dela, o desejo dele não significava competência, e ela desconfiava de seus motivos. Mais de uma vez, ao chegar em casa e encontrar Olivia e a mulher dormindo, Henry comentou como gostaria de poder ficar em casa e dormir com a bebê. Jackie se perguntava: *Ele acha que tirar licença-paternidade vai ser um descanso?*

Garanti a Jackie que mesmo que Henry cultivasse essa ideia, ele daria conta. Talvez não como ela, mas Olivia ficaria bem. Compartilhei com ela o momento crucial do meu casamento, quando de repente enxerguei que o meu jeito não era o único jeito, e às vezes nem mesmo o melhor jeito. Acordei certa manhã e encontrei Kofi dormindo na cadeirinha, para a qual ele já estava muito grande.

O que era ainda mais confuso: havia sacos de lixo em volta da cadeirinha, e Kofi tinha outro saco amarrado no pescoço, como se fosse um babador de plástico gigante. Tirando a fralda, meu filho estava pelado. Quando Kojo, que estava trabalhando no laptop ali por perto, viu a expressão de horror em meu rosto, explicou que Kofi tinha vomitado a noite toda e que a estratégia do saco e da cadeirinha evitava que ele tivesse que ficar lavando lençóis e roupas sem parar. Não era uma solução com a qual eu sonharia nem em um milhão de anos, mas, eu tinha que admitir, era brilhante.

Existe uma expressão comum em língua inglesa: "Feito é melhor do que perfeito". A ideia é ajudar aqueles de nós que têm SCL a ficar mais à vontade com coisas que não foram feitas exatamente do jeito certo. Somos incentivados a aceitar a simples realização, partindo do princípio de que podemos fazer mais coisas ao comprometer a qualidade. O que eu aprendi depois de deixar algumas petecas caírem e ver meu marido pegá-las do chão é que qualidade é um conceito relativo; o "feito" de uma pessoa pode ser o "perfeito" de outra. É claro que, quando Kojo voltou de Dubai, a primeira coisa que ele reparou ao entrar no apartamento foi a adorável monstruosidade na cozinha:

– Bela torneira, hein?

Capítulo 15

Agradeça

Enquanto elaborava estratégias para alcançar uma parceria total forte no meu casamento, eu costumava me lembrar muito das afirmações da minha mãe. Quando eu era menina, ela olhava nos meus olhos e dizia: "Tiffany, você é tão inteligente. Você é tão bonita. Você é tão amada."

Ela dizia isso com tanta frequência que, ao chegar à adolescência, eu já achava irritante. Não sabia disso na época, mas sua mensagem se tornou parte da minha consciência; sempre que passava por momentos de dificuldade ou dúvida, eu ouvia as palavras da minha mãe na cabeça e sentia uma confiança renovada. Uma vez, no meio de uma discussão acalorada, minha mãe disse que não me amava. Eu me recusei a acreditar nela.

– Isso não é verdade – respondi. – Você só está chateada.

Seu amor por mim era inegável. Depois de anos de reforço positivo, eu confiava nele inquestionavelmente. As palavras de afirmação da minha mãe foram o melhor presente que ela me deu.

Uma afirmação é a declaração de que algo positivo existe e é verdadeiro, e tem o poder de inspirar o bem. Por outro lado, a falta de afirmação tem o poder de causar danos: pesquisas mostram que a ausência de afirmação na vida de uma pessoa pode resultar em transtorno de privação emocional, caracterizado pela incapacidade de lidar com críticas, desenvolver relacionamentos saudáveis ou se sentir merecedor.[1] O poder da afirmação está em sua capacidade de mudar o comportamento humano futuro, muito depois de as palavras de afirmação serem ditas. Acreditando em nós mesmos ou não, somos muito influenciados por pessoas que acreditam em nós. Como qualquer filme sobre um professor numa área carente que muda uma escola problemática demonstra, grandes líderes entendem a relação entre as características de seu povo e o desempenho de seu povo. Líderes bem-sucedidos usam a afirmação para motivar os outros, alcançando resultados fenomenais com frequência.

Às vezes a afirmação pode parecer dura. Nem sempre ela é transmitida com gentileza e nem sempre a sensação é boa na hora, principalmente quando alguém está nos incentivando a superar as expectativas que temos em relação a nós mesmos. Mas só pessoas que realmente acreditam em nós podem exigir muito e nos motivar a conseguir. A falecida técnica do time de basquete feminino da Universidade do Tennessee, Pat Summitt, famosa por ter acumulado o maior número de vitórias da NCAA (inclusive maior do que o da divisão masculina), era um exemplo lendário do poder da liderança afirmativa. O sucesso de Summitt era decorrente de uma liderança com foco no objetivo e do compromisso em permitir que suas jogadoras errassem e aprendessem com o erro. No entanto, seu estilo nem sempre era de fácil aceitação para suas jogadoras. Como a ex-armadora da Universidade do Tennessee Michelle Marciniak disse de sua técnica: "Pat é uma campeã – pensa como uma campeã e me treinou com paixão infinita e determinação. Para ela não importava se eu gostava dela ou concordava com ela. Pat queria resultados." Embora as afirmações da técnica Summitt não fossem transmitidas de maneira calorosa, suas jogadoras *acreditavam* que eram capazes de vencer campeonatos porque ela dizia que eram.

Na vida, seria muito útil termos um treinador que reafirmasse nosso potencial. Eu, particularmente, fui abençoada com Marie Wilson, figura de destaque no movimento das mulheres, como minha mentora e madrinha. O apoio inabalável de Marie me motivou a dar o meu melhor por ela e pela organização – mesmo em momento de dificuldade. Mais de uma vez, duvidei de mim mesma ou cometi um erro e fiquei preocupada achando que ela iria me demitir. O maior incidente foi quando arruinei a oportunidade de a White House Project receber um patrocínio significativo da gigante dos transportes UPS. Tínhamos passado meses cultivando o relacionamento com a UPS e recebido uma confirmação verbal do patrocínio da empresa. Só precisávamos enviar uma proposta formal, que minha equipe escreveu em tempo recorde. Enviamos a proposta com toda a urgência, para cumprir o prazo, mas, no dia seguinte, nosso contato não se pronunciou. Após várias tentativas de confirmar que a UPS tinha recebido a proposta, nosso contato finalmente atendeu minha ligação para explicar que, sim, nossa proposta havia sido entregue – pela FedEx. Não preciso explicar mais nada.

O mais difícil para mim foi ligar para Marie para dizer que eu tinha estragado tudo. Eu odiava decepcioná-la e, no fim daquela semana, quando a acompanhei a um evento, ainda estava me sentindo péssima. Como sempre, durante o discurso, Marie agradeceu aos membros de sua equipe que estavam lá. Nunca vou esquecer do que ela me chamou naquela noite: uma estrela. Eu tinha cometido um erro enorme, mas isso não abalou a fé que ela tinha em mim. Sua confiança em minhas capacidades, principalmente diante de um fracasso, me deu autoridade para seguir adiante com confiança sem me deixar definir por um erro.

Um dos maiores benefícios da afirmação – em momentos bons ou ruins – é que ela simplesmente diz ao indivíduo "Eu vejo você e reconheço seu valor". Receber esse tipo de afirmação é motivador e faz a pessoa se sentir mais capaz. Como uma mulher negra tentando subir na carreira, sei o que é se sentir invisível no ambiente de trabalho. De acordo com um estudo de 2015 do Center for Talent Innovation, o avanço das mulheres negras em especial é limitado pelo fato de que nossas contribuições não costumam ser reconhecidas.[2] Ser reconhecido é, por si só, um grande motivador.

Hoje não quero só seguir o exemplo de liderança afirmativa de Marie Wilson quando gerencio equipes, mas também tento ser consciente de seu poder quando trabalho com meu parceiro total em casa.

No documentário *American Promise* [Promessa americana], de 2013, Joe Brewster é um parceiro total e pai dedicado ao sucesso do filho adolescente, Idris. Infelizmente, a tentativa de uma liderança afirmativa de Joe é prejudicada pelo reforço negativo distribuído por ele, ainda que bem-intencionado.

– Você é preguiçoso! – diz ele para Idris, tentando motivar o adolescente, cujo desempenho escolar só faz declinar.

Em vez da liderança afirmativa, Idris experimenta o reforço negativo, que acontece quando sentimos que nossas contribuições são ignoradas ou quando nossos comportamentos ou qualidades são rotulados como negativos. Quando alguém diz a uma garota que tem uma opinião forte e grande capacidade de liderança que ela é "mandona" – como se ela estivesse fazendo algo errado ao organizar equipes no parquinho ou atribuir papéis para uma peça de brincadeira –, arriscamos exercer um reforço negativo sobre ela. Em 2014, o movimento Faça Acontecer, dedicado a incentivar mulheres a seguir suas ambições, e as Escoteiras dos EUA lançaram a campanha Ban Bossy [Banindo a mandona], com o objetivo de apoiar meninas a serem fortes e confiantes. Minha mãe abordava essa questão de um jeito diferente. Quando eu chegava em casa chorando porque alguém tinha me dito que eu precisava parar de ser tão "mandona", ela ria com prazer.

– Ah, mas eu *amo* o fato de você ser mandona, querida. Continue assim!

Ressignificando ou banindo o insulto "mandona", é crucial combatermos as mensagens negativas que costumam ser transmitidas às meninas com tanta frequência.

Apesar de ter recebido muitas palavras de afirmação em casa, aprendi bem cedo que, mesmo que o menino da casa ao lado e eu exibíssemos exatamente as mesmas qualidades de liderança, as pessoas à nossa volta podiam interpretar nosso comportamento de forma diferente. Fora da minha casa, o *meu* comportamento costumava ser alvo de reforço negativo, como quando eu estava na quinta série e a professora da escola dominical chamou a minha atenção por eu ter me oferecido para fazer a oração numa turma que incluía meninos. Como era filha de um pastor, eu orava muito bem, mas estavam me dizendo que, quando havia meninos presentes, eu tinha que deixar que eles tomassem a frente. Como Jessica Bennett ilustra tão claramente no livro *Feminist Fight Club* [Clube da luta feminista], a maioria das meninas cresce e vivencia exatamente o mesmo fenômeno no ambiente de trabalho.[3]

Quando nosso comportamento recebe mais reforço negativo do que afirmativo, nos sentimos fracas e desvalorizadas. Já ouvi mulheres dizerem que se sentem assim quando, por exemplo, oferecem um ponto de vista durante uma reunião, mas ninguém reconhece que aquela ideia é ótima antes que um homem a repita. Eis o que acontece em seguida: as mulheres se tornam menos propensas a dar sua opinião, e as empresas são privadas de contribuições que podem ser valiosas. Ser ignorada ou receber reforço negativo pode fazer com que as mulheres se sintam menos à vontade para se afirmar no trabalho, seja perguntando sobre uma promoção ou buscando um mentor profissional.[4] Também pode fazer com que as mulheres guardem para si suas ideias e opiniões por medo de serem consideradas muito impetuosas ou falantes.

Até Supermulheres que ocupam cargos políticos, um trabalho que exige falar bastante, sabem que falar pode ser a criptonita das mulheres. Um estudo conduzido por Victoria Brescoll, da Universidade de Yale, em 2012, examinou a relação entre gênero, poder e volubilidade com base em observações do Senado dos Estados Unidos. Brescoll descobriu que homens com poder falam mais nas sessões, enquanto mulheres com poder falam menos – mas não porque tenham menos a dizer. A preocupação das mulheres é que falar bastante pode resultar em consequências negativas. As descobertas de Brescoll sugerem que, seja no Senado ou em quadros executivos,

> a preocupação das mulheres em cargos de poder quanto a causar uma reação negativa por falarem muito se justifica: *uma* CEO que falava muito mais do que os outros foi classificada como menos competente e menos adequada para liderança do que *um* CEO que falava tanto quanto ela.[5]

O reforço negativo tem impacto em nosso desempenho e, com o tempo, pode minar nossa autoconfiança.

Embora eu tenha a sorte incrível de poder contar com defensoras como minha mãe e Marie Wilson, ainda preciso me fazer lembrar ativamente, como a maioria das mulheres, de que eu tenho valor. Todas precisamos ser nossas próprias defensoras. Ajudei muitas mulheres a criar frases de autoafirmação que reforçassem verdades positivas sobre si mesmas, como "Eu sou criativa" e "Tudo de que preciso para ser bem-sucedida está ao meu alcance". Algumas mulheres escrevem suas frases em cartões e espalham pela casa. Outras imprimem e cortam como frases de biscoito da sorte e enfiam na bolsa, em bolsos e gavetas para serem surpreendidas por elas mais tarde. Uma das minhas amigas, Chrissy Greer, costuma mudar senhas de acesso transformando-as em acrônimos de frases de afirmação. Depois de um dos meus cafés com Chrissy, durante o qual expressei minha ansiedade a respeito de escrever este livro, ela me incentivou a mudar todas as minhas senhas de acesso para "IAAPW" (sigla, em inglês, para eu sou uma escritora fenomenal). (Por razões de segurança, já mudei todas de novo.)

Essas autoafirmações dão às mulheres a permissão de que às vezes precisamos para priorizarmos nosso próprio sucesso. Uma coisa é deixar a peteca cair porque a roda da vida está nos deixando tontas; outra é deixar a peteca cair porque sabemos que merecemos uma boa noite de sono, um corpo em forma e saudável e tempo para pensar e criar. Quando recebemos reforço negativo, deixamos de considerar nosso potencial e não aspiramos a progredir em nossa liderança. Tentar aquela próxima promoção parece ser trabalho demais. A ambição parece assustadora. Mas quando recebemos afirmação positiva de nós mesmas e dos outros, sentimos que somos *merecedoras* do apoio necessário para que avancemos. Quando reconhecemos nosso valor, não hesitamos em pedir ajuda dos outros; somos capazes de reconhecer os benefícios da colaboração, não só para nós mesmas, mas também para a outra pessoa, para nossa empresa, nossas famílias e o mundo como um todo. Acreditamos que valemos o investimento.

Assim como mulheres que recebem afirmação positiva são mais propensas a alcançar níveis mais altos de liderança no trabalho, homens que recebem afirmação positiva podem alcançar níveis mais altos de liderança doméstica. Quando contei a uma amiga sobre este livro, ela insistiu que eu entrevistasse um homem considerado por ela um fenômeno no lar. Karim sempre quis ser um pai envolvido no desenvolvimento dos filhos. Criado pela mãe e pela avó, ele tinha o desejo de conhecer o pai, que morreu antes que a raiva de Karim em relação à sua ausência diminuísse o suficiente para que ele decidisse procurá-lo. O maior medo de Karim era que seus filhos pequenos crescessem sentindo que não tinham o apoio que ele desejava ter tido do pai.

No início, Karim e a esposa, Lisa, tinham um acordo tradicional. Ela era a principal cuidadora do lar enquanto ele se dedicava à carreira médica. Quando o filho mais novo completou 2 anos, eles decidiram que Lisa voltaria a trabalhar fora. Conheci o casal menos de um ano depois de Lisa ter começado o emprego novo, quando ela e Karim estavam superando a transição tensa da volta dela ao mercado de trabalho.

O emprego da Lisa costumava demandar sua presença em eventos noturnos. No início, Karim não estava acostumado a alterar sua agenda para acomodar a da esposa. O gasto com alimentação foi às alturas, pois eles passaram a pedir comida à noite quando nenhum dos dois tinha tempo de preparar o jantar. Além disso, todas as tarefas que Lisa costumava fazer durante o dia, como lavar as roupas e fazer compras, passaram a se acumular, tornando o fim de semana da família agitado. Karim admirava a esposa por querer ser bem-sucedida. Ele entendia que isso significava que precisava fazer mais em casa para que Lisa pudesse dedicar o tempo e a energia necessários à carreira, mas, no início, ele ficou sobrecarregado. Com o passar dos meses, no entanto, foi se tornando um verdadeiro parceiro para Lisa. Eles conseguiam negociar as tarefas do lar quase uniformemente, e Karim estava animado por passar mais tempo com os filhos. Qual foi o incentivo principal para que Karim fizesse mais em casa?

O fato de Lisa ficar grata por isso.

Como agora passava mais tempo com os meninos, Karim descobriu um segredo para modificar o comportamento deles – elogiar o que era bom com mais frequência do que reprimia o que era mau. Às vezes Karim suspeitava que Lisa estava usando a mesma estratégia com ele, e teve que admitir que a sensação era boa. Karim falava com carinho sobre as mensagens verbais e escritas que Lisa costumava transmitir para ele. Como ele tinha percebido a tática, costumava achar os comentários dela engraçados pelo esforço enorme que ela fazia para encontrar algo positivo a dizer. Certa noite, Lisa chegou em casa e viu que o filho mais novo tinha jogado o jantar no chão.

– Uau, obrigada, querido – disse Lisa a Karim sem desdém. – Acho maravilhoso você cultivar o potencial artístico do Noah com a comida!

Karim me disse que quanto mais Lisa afirmava seus esforços e expressava agradecimento por suas contribuições, e não decepção por ele não fazer as coisas exatamente como ela faria, mais ele se sentia valorizado e confiante com o papel que estava assumindo em casa.

O sucesso de Karim faz sentido quando consideramos as últimas pesquisas sobre os efeitos das emoções positivas. Barbara Fredrickson é psicóloga social e a principal pesquisadora do Laboratório de Emoções Positivas e Psicofisiologia da Universidade da Carolina do Norte em Chapel Hill. De acordo com Fredrickson, receber palavras de afirmação suscita emoções positivas, que por sua vez ampliam a percepção e aumentam a criatividade, a resiliência e a fé nas possibilidades.[6] A percepção aumentada de Karim foi o pré-requisito para a descoberta de novas habilidades e conhecimentos.

Infelizmente, o uso deliberado e consistente do agradecimento que Lisa usou para motivar Karim e fortalecer a parceria total entre os dois não é a norma na maioria dos lares. Muitos casais nunca percebem o quanto a falta de dizerem um ao outro obrigado pode minar seu relacionamento. Buscar ajuda especializada pode ajudar, mas, de acordo com o livro *The Science of Clinical Psychology* [A ciência da psicologia clínica], os casais passam em média seis anos infelizes juntos antes de marcar a primeira consulta. A essa altura, o psicólogo entra em cena

> menos como um médico de emergência que é chamado para examinar uma fratura que aconteceu há poucas horas e mais como um clínico geral que deve tratar um paciente que quebrou a perna há meses e ficou mancando por aí, [tendo que] tratar não só o osso quebrado mas também o inchaço e a contusão, o quadril e o pé doloridos e a infecção causada.[7]

Os casais podem evitar essa disfunção adotando comportamentos saudáveis logo no início do relacionamento. Para mim e para Kojo, isso significou esclarecer o que mais importava para cada um de nós, otimizar o uso dos nossos talentos, criar o Fluxo de Casa e reservar um tempo para conversar sobre nossos desafios e objetivos. Todos esses hábitos garantiram que estivéssemos alinhados. Mas talvez a ação mais significativa para reforçar nossa parceria total tenha sido agradecer um ao outro com frequência como forma de garantir que ambos recebessem palavras de afirmação. Um bônus incrível disso é o fato de que agradecer também tem um efeito positivo na saúde e no humor: estudos demonstram que os benefícios físicos e psicossociais são profundos. Numa pesquisa, os participantes que se sentiam gratos eram mais propensos a oferecer apoio emocional a outras pessoas, se exercitar mais e ter uma qualidade de sono mais elevada.[8] Em resumo, quando adotamos ativamente uma atitude de agradecimentos, todos saem ganhando.

Agradecer é uma forma especialmente poderosa de afirmação porque suscita sentimentos de valorização[9] – e todos querem se sentir valorizados. No entanto, agradecer exige intencionalidade, porque, como prática, não é incentivada por nossa cultura, que tem uma propensão automática para a insatisfação. Sempre queremos uma casa maior, um corpo mais em forma, um carro mais rápido. Sempre achamos que podemos ser melhores, mais rápidos, mais inteligentes, mais ricos. Em contraste, agradecer – o ato de demonstrar apreço por uma coisa, uma pessoa ou um ato *como eles são* – reforça a ideia de que o que temos atualmente, a pessoa que somos e o que somos capazes de fazer é o suficiente. Assim, agradecer lubrifica as engrenagens da nossa parceria total, motivando nossos companheiros a pegarem as petecas que deixamos cair e dominarem as tarefas necessárias para permitir que floresçamos.

Em fante, língua nativa de Kojo, a palavra equivalente a "obrigado" é *madasi*, e é a palavra mais importante de se conhecer. Agradecer é um dos pilares da cultura ganesa. Kojo e eu sempre agradecemos um ao outro. Ele fez isso quando eu disse que o amava pela primeira vez. Nunca vou me esquecer daquele momento. Foi apenas dois meses depois daquele primeiro encontro no Red Robin. Ele ainda se referia a mim como sua amiga, e eu pensava nele como namorado. Era meu aniversário, e ele tinha acabado de me dar um presente – um colar de Gana. A simplicidade daquele gesto era um contraste marcante com o aniversário anterior, quando meu ex-namorado me levou para jantar num lugar caro, mandou rosas e balões e filmou uma serenata em que cantava "Roni", do Bobby Brown. Uma semana depois, descobri que ele estava me traindo. O que eu mais gostava em Kojo era que suas palavras e suas ações estavam em sintonia. Embora eu me considerasse sua namorada, o colar era exatamente o presente que um homem daria a uma mulher a quem chamasse de amiga. Fiquei encantada com a integridade dele. O "eu te amo" saiu da minha boca enquanto ele fechava o colar ao redor do meu pescoço. Ele agradeceu inesperadamente.

– Obrigado por me amar – disse ele.

Foi quando decidi: *Ele vai ser meu marido.*

No início do nosso casamento, eu fazia questão de afirmar o valor de Kojo como provedor e protetor. Chamava-o de "meu leão" e agradecia com frequência por ele cuidar de mim – embora nós dois soubéssemos que eu era perfeitamente capaz de cuidar de mim mesma. Mas depois que nossos dois filhos nasceram, a roda da vida do trabalho e da casa ficou tão frenética que as afirmações que acenderam nosso amor naquele dormitório universitário se tornaram uma recordação antiga. A SCL e o ressentimento furtivo quase sufocaram os sentimentos de apreciação que um dia foram tão consistentes. Minha prática de agradecer precisava ser reiniciada.

Depois do nascimento de nossa filha, fiquei impressionada com a disponibilidade de Kojo para me apoiar de formas que eu nunca tinha imaginado e com frequência passavam despercebidas. Fiquei impressionada com sua capacidade de acompanhar nosso horário, apesar de estar nove horas à nossa frente em Dubai. Numa manhã fria, acordei e vi que estava nevando lá fora e estávamos sem água. Liguei para ele em pânico. Ele calmamente me instruiu a encher uma panela grande com neve e aquecê-la no fogão. Quando a água começou a ferver, Kojo já tinha ligado para várias pessoas e descoberto que a água voltaria até o meio-dia.

– Você não é *mesmo* de um país em desenvolvimento – brincou ele quando finalmente me acalmei.

Em outra ocasião, quando Kofi ficou tão doente que eu não podia nem sair de casa, Kojo conseguiu a ajuda de um vizinho que tocou nossa campainha com remédios em menos de uma hora. Quando jantávamos às sete da noite, Kojo se juntava a nós na mesa por Skype, ainda que no horário dele fosse quatro da manhã. Eu podia mandar uma mensagem a qualquer hora do dia ou da noite, e a resposta chegaria em menos de uma hora.

Além de sua criatividade e prontidão, eu reconhecia o sacrifício de Kojo. Por mais difícil que fosse, para as crianças e para mim, ficar sem ele, ele também sentia nossa falta. Muitas noites, Kojo ficava acordado até que eu chegasse em casa e, depois de conversarmos um pouco, pedia que eu levasse o laptop até o quarto para que ele pudesse ver nossos filhos dormindo. Às vezes, eu voltava para o quarto depois de ter arrumado a cozinha e lavado uma maquinada de roupas e encontrava Kojo dormindo na tela do meu laptop.

Sabendo que seu despertador tocaria em menos de uma hora, eu fechava o laptop e deitava, me sentindo abençoada por ter sete horas de sono pela frente.

Embora eu me preocupasse por Kojo ficar sem dormir, também me sentia grata, pois seu apoio em casa me permitia avançar de novas maneiras. Era de se esperar que, com meu marido do outro lado do mundo, eu tivesse menos tempo e sentisse mais pressão, mas na realidade aconteceu exatamente o contrário. É verdade que uma segurança financeira maior me deixava mais calma – mas havia três outros motivos pelos quais eu me sentia mais relaxada.

Primeiro, a distância geográfica exigia que confirmássemos regularmente um com o outro o status de nossas tarefas ou quaisquer outros detalhes mapeados no Fluxo da Casa. Além de conversarmos todas as noites por Skype, instituímos reuniões semanais para nos atualizarmos quanto às coisas da casa. Eu tinha mais certeza do que nunca de que não estava cuidando de tudo sozinha. Kojo e eu éramos uma equipe.

O segundo motivo pelo qual me sentia mais relaxada era que passávamos menos tempo juntos fisicamente. É claro que eu sentia falta da presença de Kojo, mas meu segredinho é que sua ausência significava que, depois de colocar Kofi e Ekua para dormir e fazer algumas tarefas, eu tinha algumas horas toda noite para responder a e-mails, ligar para uma amiga e até colocar um DVD de ioga. Com Kojo em Dubai, descobri o que alguns casais já sabem: o tempo que passamos sozinhos pode ser tão valioso para o relacionamento quanto o tempo que passamos juntos.

O terceiro motivo pelo qual me sentia menos estressada era que o comprometimento inabalável de Kojo com nosso lar libertava minha energia mental. Eu não sentia a necessidade constante de conferir se Kojo estava cumprindo sua parte do combinado – porque ele estava.

Todos achavam que eu era incrível (e um pouco louca) por cuidar das coisas em Nova York enquanto Kojo estava do outro lado do oceano. Até Kojo estava ficando mais consciente do esforço necessário para manter nossa casa fluindo. Antes, ele achava que eu era como a Samantha, de *A feiticeira*, mexendo o nariz e fazendo as coisas acontecerem enquanto ele estava no escritório. Agora ele via que não havia mágica envolvida – só muito planejamento cuidadoso e trabalho. Embora recebesse elogios constantes dos outros – de "Você é a Supermulher" a "Não sei como você faz tudo" –, eu sabia que *não* fazia tudo. Mas raramente dizia toda a verdade: Kojo estava bem ao meu lado, como parceiro, tão envolvido quanto se estivesse lá em pessoa. Percebi, no entanto, que Kojo precisava saber que *eu* sabia a verdade, o quanto seu apoio significava para mim e para nossa família.

Determinei que seria mais proativa ao agradecer. Queria cumprir esse objetivo intencional e significativamente, então, durante uma das conversas por Skype, perguntei:

– Qual foi a vez que lhe agradeci por algo que foi mais significativa para você?

A segunda pergunta seria:

– Existe alguma *outra* maneira de eu demonstrar que estou grata que seria mais significativa?

Mas não chegamos a esse ponto.

Eu achava que sabia qual seria a resposta para a primeira pergunta: minhas cartas. No início do nosso casamento, antes dos filhos e de as demandas de nossas carreiras se tornarem tão extenuantes, eu tinha o hábito de escrever cartas para Kojo. Principalmente em ocasiões especiais, escrevia sobre o quanto ele era importante para mim e a diferença que fazia em minha vida. Herdei a prática do meu pai, que escrevia muitas cartas.

No mês em que saí de casa para ir para a faculdade, meu pai escreveu uma carta em que expressou seu orgulho e suas expectativas. A carta incluía versículos da Bíblia e lições de vida. Recebi várias dessas cartas durante a faculdade. Como aconteceu com as palavras de afirmação de minha mãe, não reconheci completamente seu valor na época, mas, em retrospecto, aquelas cartas foram uma fonte importante de confiança e sabedoria. Tanto que, em agosto de 1997, um mês depois de Kojo e eu nos casarmos, liguei para o meu pai para perguntar se ele tinha colocado minha carta no correio, pois fazia tempo que eu não recebia uma.

– Você não precisa mais disso – respondeu meu pai com naturalidade. – Kojo vai cuidar de você agora.

Meu pai tinha passado o bastão. Daquele dia em diante, adotei a tradição do meu pai de escrever cartas como minha.

Para mim, as cartas para Kojo eram a maneira mais significativa de agradecer, então eu não esperava que, em resposta à minha pergunta, ele diria:

– As fotos sensuais que você me manda quando está viajando.

Na verdade, fiquei horrorizada. *Significativa* não é um adjetivo que eu usaria para descrever as fotos com pouca roupa que eu mandava para o meu marido durante viagens de negócios. Aquilo era só brincadeira.

– Como fotos sensuais podem ser uma forma *significativa* de agradecer? – perguntei incrédula. – E as cartas em que despejo minha alma?

Houve uma pausa longa. Então:

– Ah, suas cartas também são ótimas, querida.

Eu sabia que ele estava dizendo aquilo só para eu não ficar chateada, como o ABS do carro que é ativado automaticamente para evitar um acidente mortal. Parei com a investigação por ali, mas essa conversa me deixou pensativa: talvez eu devesse agradecer a Kojo considerando o que é significativo para ele, não para mim. Estava claro que valorizávamos coisas diferentes. Eu amava palavras, e a maneira mais significativa de agradecer para mim seria uma carta. Mas, para Kojo, seria outra coisa. Então, para cumprir minha determinação, mandei mais fotos para o meu marido, o que ocupou bem menos meu tempo do que escrever cartas de amor ocuparia. Usando o poder da afirmação positiva, deleguei a Kojo com alegria. A peteca estava com ele agora. Agradecer garantiria que continuasse assim.

Capítulo 16

Não acredite no estereótipo

Numa noite quente de verão em 2011, convidei algumas amigas, todas mães que trabalham fora, para uma noite de drinques no meu apartamento. Assim que trocamos cumprimentos e abraços, mergulhamos na conversa, gratas pela chance de nos conectarmos longe dos maridos, das crianças e das obrigações do trabalho.

Algumas delas comentaram o quanto estavam animadas por terem uma noite livre, mas também o quanto estavam inseguras por terem deixado os filhos em casa com os maridos. Uma brincou que planejava beber o suficiente para não se importar com o fato de que o marido provavelmente estava dando McDonald's de jantar para os filhos. Outra disse que a intenção era relaxar completamente naquela noite, porque sabia que teria uma bagunça enorme esperando por ela na cozinha na manhã seguinte. Não pude deixar de notar que, embora todas agradecessem pelo fato de os companheiros terem assumido o cuidado dos filhos, elas também estavam prevendo que o desempenho deles não seria dos melhores.

Quanto a mim, só pude ser a anfitriã dessa reunião porque Kojo tinha levado Kofi e Ekua para passar o verão em Gana.

– Você é tão sortuda, Tiffany – comentou uma delas –, por ter um marido que pode cuidar de dois filhos por três meses!

Fiquei com vergonha de dizer que houve um tempo, quatro anos antes, em que eu não confiava que Kojo pudesse cuidar de um filho durante um voo.

Naquela noite, depois que minhas amigas se despediram e coloquei os copos vazios no lava-louças, me joguei no canto preferido de Kojo em nosso sofá azul. Tinha um pacote de tortilhas quase vazio por ali e, enquanto mordiscava os restos, um pensamento me ocorreu: *Eu devia ter falado a verdade.*

Ter um marido capaz de levar nossos filhos para passar o verão em Gana não tinha nada a ver com sorte e tudo a ver com praticidade – e muito progresso da minha parte. O custo de uma colônia de férias para duas crianças em Nova York era muito maior do que o de duas passagens de ida e volta para Gana. E, como Kojo precisava estar em Gana a trabalho, um de nós teria que cuidar sozinho das crianças de qualquer forma. Kojo tinha viajado tanto durante o ano escolar que, juntando tudo, eu tinha cuidado delas sozinha durante seis meses naquele ano. Então fazia todo o sentido que invertêssemos os papéis naquele verão. É claro que eu ficaria com saudade. Mas a separação valia a rica experiência cultural que Kofi e Ekua teriam na terra natal do pai. Ao levar os filhos para Gana, Kojo estava fazendo o que qualquer pai e companheiro sensato e dedicado fazia: estava compartilhando a carga.

Mas, como as expectativas da sociedade em relação aos homens são tão baixas, minhas amigas enalteceram Kojo como um herói, e classificaram os próprios maridos como incompetentes.

Reconheci a cadeia de pensamento porque um dia também pensei assim. Depois de quinze anos de casamento, no entanto, passei a ter pelo menos uma certeza: meu sucesso no trabalho e na vida estava diretamente relacionado às altas expectativas que eu tinha em relação ao meu marido. Quanto mais eu o considerava capaz de fazer as coisas em casa, mais energia eu podia redirecionar para fora dela, e menos tempo perdia me preocupando se as crianças estavam sendo bem cuidadas quando eu não estava lá. Minhas altas expectativas em relação a Kojo no lar também se provaram afirmativas. Quanto mais eu esperava dele, mais ele se tornava um parceiro incrível.

Então por que eu resisti a dar uma de Oprah com minhas amigas e cantar louvores ao meu marido? Em vez disso, como se estivesse confirmando as baixas expectativas que elas tinham em relação aos maridos, desdenhei do meu:

– Ah, por favor. Kojo tem bastante ajuda na casa da família em Gana. Ele não deve estar dando banho nas crianças e fazendo comida ou lavando suas roupas – comentei.

Por que, por mais que Kojo contribuísse em casa, eu hesitava em lhe dar o crédito merecido publicamente? Será que eu estava perpetuando um problema maior? Percebi que, se tivesse sido mais honesta com minhas amigas sobre minha própria situação, talvez tivéssemos uma conversa produtiva sobre como as mulheres podem superar o estereótipo do marido incapaz e criar verdadeiras parcerias totais.

No dia 23 de junho de 2014, Roger Trombley se sentou à mesa para uma refeição com mais quatro pessoas em Washington, D.C. Era um almoço perfeitamente comum – a não ser pelo fato de que uma daquelas pessoas era o presidente dos Estados Unidos.

Aos 38 anos de idade e com dois filhos, Roger, de Ann Arbor, Michigan, foi convidado para almoçar com o presidente Barack Obama como parte da Cúpula da Casa Branca Sobre Famílias Trabalhadoras. Roger é engenheiro de segurança da Ford Motor Company. Cria os filhos ao lado da mulher, Shimul Bhuva, também engenheira da Ford. Roger e Shimul têm horários flexíveis que permitem que os dois se envolvam intimamente nos cuidados do lar enquanto se dedicam a suas carreiras. Duas ou três vezes por semana, Roger e Shimul trabalham remotamente, o que permite que um deles esteja com os filhos o tempo todo. Nas histórias sobre o casal que saíram na imprensa na época do almoço, grande parte do crédito pela parceria total entre os dois foi dada à Ford, que permite que seus funcionários trabalhem em casa. Nesse sentido, empresas que oferecem acordos flexíveis permitem que funcionários homens e mulheres tenham vidas mais integradas. Os EUA precisam que mais empresas sigam esse exemplo.

Mas, quando conheci Roger e tivemos a oportunidade de conversar, fiquei impressionada com um aspecto específico de seu relacionamento: são as mensagens transmitidas por Shimul, não as mensagens transmitidas pela empresa, que motivam sua participação no lar. Ao contrário das minhas amigas, a esposa do Roger *acredita* que ele é capaz de fazer tudo o que a vida doméstica exige.

– Ela não me aliena – disse ele. – Ela permite que eu lidere e tome decisões e cometa meus próprios erros.

O resultado é que Roger desempenha seu papel no lar de forma confiante.

– Nada é tão complicado assim – refletiu ele. – A maioria dos homens só não tem experiência para saber o que fazer porque as mulheres fazem demais.[1]

Nossa cultura é muito dura com os homens no que diz respeito a nossas expectativas quanto à sua capacidade no lar. Enquanto as mulheres são vítimas do estereótipo da mãe e mulher perfeita cuja casa é impecável e cujos filhos são santos, os homens sofrem de um estereótipo igualmente prejudicial – o do pai inútil.

A publicidade é um dos maiores difusores desse estereótipo. Tome como exemplo este comercial da Lowe: num quarto de hotel, uma mulher liga para o marido e os três filhos pelo Skype, que estão em casa enquanto ela está numa viagem a trabalho. O marido, cercado pelos dois meninos e pela bebê num cadeirão, garante à mulher que tudo está sob controle. Todas as crianças concordam. No fundo, uma parede amarela limpinha. Depois de dizerem que se amam e se despedirem, a ligação termina e a câmera se afasta, disponibilizando ao espectador uma imagem panorâmica da cozinha em desordem completa, com comida respingada pelas paredes. A única exceção é o quadrado de parede amarela atrás do marido e dos filhos. A imagem sai de foco e uma voz entoa:

– Finalmente uma tinta lavável e que resiste a manchas.[2]

A ideia é que qualquer mãe que trabalha fora vai entender a piada. Ela ri das fraquezas desse marido porque é ela quem deixa listas de tarefas para o próprio marido quando viaja a trabalho. É ela quem sente pontadas de culpa e preocupação quando o avião decola, perguntando-se se o marido vai realmente dar às crianças o brócolis que ela deixou na geladeira. Ela liga várias vezes por dia, pois nunca está segura de que tudo está mesmo sob controle. Tudo isso porque, apesar do sorriso no Skype, a base da ansiedade penetrante dessa mulher é a crença de que seu companheiro é inútil.

Em *Throwaway Dads: The Myths and Barriers That Keep Men from Being The Fathers They Want to Be* [Pais descartáveis: os mitos e obstáculos que impedem que os homens sejam os pais que querem ser], Ross Parke e Armin Brott discutem o conceito de "enquadramento" – o ato de apresentar uma versão obscura da realidade para apelar a um público específico – ao explicar estereótipos masculinos negativos na mídia, principalmente na publicidade. "Num mundo onde as mulheres são responsáveis pela imensa maioria das decisões financeiras da família", Parke e Brott observam, "faz sentido que publicitários se preocupem mais em agradar o público feminino do que com a alienação do público masculino".[3] O problema aqui é o seguinte: embora possamos rir ao ver esses pais inúteis, o humor maquia uma realidade que não tem nada de engraçada. O riso não ajuda a corrigir a divisão de trabalho desigual cultural no lar, e, em última instância, as prejudicadas são as mulheres. As expectativas baixas em relação aos homens como maridos e pais, e a ideia de que nossos filhos e lares mal vão conseguir sobreviver à má gestão dos homens, tornam a vida das mulheres muito mais difícil do que deveria ser. A crença de que homens são incompetentes pesa na nossa psique, minando nossa energia e influenciando nossas escolhas. Preferimos fazer o trabalho do lar nós mesmas ou, se pudermos, contratar alguém mais competente que nossos maridos para fazer as tarefas. E quando conseguimos delegar, costumamos praticar a microgerência. Não surpreende que gastemos tanta energia nos preocupando com o que está acontecendo em nosso lar quando não estamos lá.

Esse envolvimento excessivo dificulta a luta das mulheres na busca por equilíbrio entre o trabalho e o lar. Mulheres que viajam a trabalho e não têm um parceiro engajado em casa sempre vão precisar planejar as coisas antecipadamente – os trajes perfeitamente combinados dos filhos passados e pendurados, um traje para cada dia que elas não vão estar em casa; a lasanha no congelador; a lista detalhando horários de levar a buscar os filhos no balcão da cozinha; as instruções sobre como supervisionar a lição de casa. De fato, pesquisas mostram que "muitas mães que trabalham fora procuram economizar tempo fazendo várias coisas ao mesmo tempo em casa e no trabalho. Para essas mulheres, isso maximiza o uso do tempo e serve como estratégia de gerenciamento que permite que lidem com o papel duplo que exercem como assalariadas e responsáveis pelo lar".[4] Mas estudos também mostram que fazer várias coisas ao mesmo tempo pode reduzir a produtividade em até 40%.[5] Nossas mentes podem estar analisando listas de tarefas durante reuniões, o que dificulta que mantenhamos o foco no que estamos fazendo. O resultado final: mais trabalho para mulheres tanto na esfera profissional quanto na doméstica.

* * *

– Como você consegue fazer o seu marido coordenar os compromissos das crianças?

Já me fizeram essa pergunta tantas vezes, e todas elas com tanta incredulidade, que fico tentada a responder: "Coloco uma arma na cabeça dele." Em vez disso, respondo com um sorriso e uma risada que esconde minha frustração.

Recentemente, estava deixando meu filho na escola quando uma mãe me fez essa exata pergunta. Eu estava de vestido, casaco e um salto de couro preto. Minha inquisidora estava com roupas de ginástica e um tênis neon. Nós duas estávamos apressadas quando ela me abordou para confirmar um combinado para depois da aula do qual, claramente, eu não tinha nem ideia.

Automaticamente, ela continuou com:

– Meu marido *jamais* cuidaria dos compromissos das crianças.

Eu me lembro de quando também pensava assim.

– Você já pediu isso a ele? – perguntei.

Ela revirou os olhos.

– Nem perco meu tempo. Aquele homem não saberia cuidar de um detalhe nem que sua vida dependesse disso.

– Em que ele trabalha?

– Direito tributário.

Eu ri de novo, mas, dessa vez, foi um riso autêntico.

– Mulher, como você conseguiu se casar com um tributarista que não dá conta de detalhes?

Ela riu também, e combinamos de almoçar juntas na semana seguinte. Prometi que compartilharia como consegui que meu marido investidor cuidasse dos compromissos das crianças.

Se realmente quisermos que os homens contribuam mais em casa, precisamos deixar de vê-los como incapazes, inúteis ou egoístas e passar a vê-los como agentes de mudança em nossas vidas, inteligentes, capazes e generosos. Quando fazemos isso, aumentamos a probabilidade de que eles correspondam como pais, maridos e seres humanos. Também impulsionamos nossas próprias possibilidades. Perpetuarmos o mito do pai inútil, por outro lado, sufoca o potencial de todos. Ao se recursarem a compreender a capacidade de desempenho dos homens no lar, as mulheres deixam de lhes dar poder como parceiros que podem nos ajudar a alcançar nossas aspirações profissionais. No fim, só prejudicamos a nós mesmas.

Entender a dinâmica psicológica que influencia nossas crenças sobre os limites da responsabilidade no lar pode nos ajudar a instigar a mudança. Na famosa palestra do TED "A psicologia do nosso eu futuro", o psicólogo Dan Gilbert observa que é mais fácil nos lembrarmos do passado do que imaginarmos o futuro. Isso influencia nosso processo de tomada de decisão, principalmente no que diz respeito ao tempo. Se, por exemplo, olharmos dez anos atrás e nos perguntarmos o quanto mudamos, a resposta será "Muito". Mas, se olharmos dez anos à frente e nos perguntarmos o quanto mudaremos, a resposta será "Muito pouco". O argumento de Gilbert é o de que temos uma tendência de considerar nosso eu do presente como estático, imaginando que o eu atual é mais permanente do que ele realmente é. Temos uma imaginação limitada em relação a quanto vamos evoluir, e temos a tendência de olhar para nossos companheiros com essas mesmas lentes.[6] Pensamos *Se meu marido não é bom em organizar as coisas hoje, não será amanhã.*

Hoje sei o quanto isso pode ser limitante. No entanto, quando sugiro a outras mulheres que o segredo para ser saudável, feliz e causar um impacto no mundo é esperar menos de nós mesmas em casa e mais dos nossos companheiros, essa ideia costuma ser recebida com cinismo e descrença. Elas podem achar a ideia ótima na teoria, mas, quando começamos a dar exemplos de tarefas do lar que seus companheiros poderiam assumir, todas costumam desacreditar que eles possam fazer o que elas fazem. Quando trabalho com essas mulheres como consultora corporativa ou até quando estou apenas dando conselhos como amiga, convido-as para um jogo.

– Feche os olhos – digo – e pense em três coisas que seu marido nunca fez em casa. Coisas que, se ele assumisse, facilitariam a *sua* vida um milhão de vezes. – Peço que o imagine fazendo essas coisas regularmente, sozinho, sem ser lembrado ou azucrinado.

– Que fantasia maravilhosa – respondem elas ao abrir os olhos.

Rimos. Eu me identifico com elas. Então peço que voltem a fechar os olhos.

– Desta vez, quero que imagine três coisas que seus filhos conseguem fazer agora que não conseguiam anos ou meses atrás: ler, andar, andar de bicicleta, se vestir.

Elas sempre sorriem, mas logo começam a explicar a diferença.

– Mas, Tiffany, nossos filhos estão se desenvolvendo rápido. Alcançar esses marcos faz parte de ser criança. Adultos são muito mais inflexíveis.

Entendo essa resposta. Às vezes respondo explicando que é fácil esquecer que todos são capazes de aprender a fazer coisas novas, mas que não há motivo para nossos maridos não poderem assumir novos papéis em casa e aprender como desempenhá-los de um modo que pareça certo para eles. Mas pensar no crescimento de nossos maridos e filhos não é o objetivo real do exercício. Durante essas visualizações, é mais importante pensar em como *nós reagimos* a esse desenvolvimento, não no desenvolvimento em si. Eu tenho uma memória vívida de quando estava tentando ensinar Kofi a comer com uma colher. Eu ficava empurrando purê de cenoura para dentro da sua boca, e ele ficava empurrando o purê para fora com a língua. Na época, o processo pareceu levar uma eternidade. Eu realmente me perguntava se meu filho iria comer com a colher algum dia; comer sozinho, então, nem se fala. No entanto, apesar do meu ceticismo, é claro que ele aprendeu a comer com a colher. Vivenciei o mesmo nível de frustração e dúvida a cada marco como esse. Ele vai chegar ao jardim de infância usando fraldas? Será que algum dia ele vai amarrar os próprios sapatos? Apesar da minha aparente descrença no processo de crescimento do Kofi, ele cresceu. Com nossa descrença no processo de crescimento de nossos maridos, eles provavelmente não vão crescer. *Essa* é a grande diferença.

As mulheres não querem sentir que estão sempre azucrinando ou adulando seus maridos – e eu entendo isso. Também não queremos tratá-los como crianças ao incentivá-los a assumir mais responsabilidades em casa. Aprendi que ajuda lembrar nosso companheiro que carregar um pouco mais da carga em casa é um jeito de capitalizar seus próprios investimentos. Talvez seu investimento seja sua palavra: ele prometeu "até que a morte nos separe", e não tem nenhuma intenção de renegar essa promessa. Talvez ele esteja investido em garantir que os filhos sejam felizes e saudáveis, e precisa que a mãe deles seja feliz e saudável também. Talvez seu investimento seja econômico: para aliviar a pressão de ser o provedor e pagar as contas, ele precisa da renda da mulher. Ou talvez ele esteja investido no potencial da mulher como ser humano. Talvez ele entenda que o sucesso dela é seu também, e vai fazer o possível para que isso seja possível.

Enxergar esses investimentos de nossos companheiros abre o caminho para que esperemos mais deles em casa, permitindo que redirecionemos nosso tempo e energia para fora de casa – como eu fiz quando entrei para o conselho da Harlem4Kids e Kojo assumiu o preparo das refeições da semana. Participar desse conselho segue como uma das experiências mais gratificantes da minha vida, mas eu quase perdi isso porque não acreditava que Kojo estivesse investido na minha satisfação – ou disposto e apto a fatiar e picar uma semana de comida. Em ambos os casos, minha ideia inicial estava incorreta.

* * *

Uma das coisas mais importantes para mim é o progresso de mulheres e meninas, e tenho dificuldade em dizer não para uma mulher que me pede conselhos ou apoio. Recebo muitos e-mails do tipo "Adoraria conversar com você" e digo sim para quase todos. Três vezes por semana, faço reuniões no período da manhã. Numa semana comum, conheço cinco pessoas. Como não tenho interesse em me ouvir falar sobre mim mesma repetidas vezes, desenvolvi a habilidade de fazer perguntas suficientes para que a outra pessoa fale mais do que eu. Ao longo de alguns anos, ouvi a história de quase mil mulheres diferentes. Como é de se esperar, nossas dificuldades em equilibrar trabalho e família são um tema recorrente, assim como as mensagens que transmitimos aos homens que fazem parte das nossas vidas. Existem três mensagens que ouço o tempo todo e que acredito que inibam a capacidade dos nossos companheiros de contribuir significativamente para o funcionamento do lar. Enquanto as mulheres não pararem de transmitir essas mensagens, conscientemente ou não, nunca vamos conseguir cultivar uma parceria total real. As três mensagens que precisamos aposentar são as seguintes:

1. *"Ele não dá conta dos detalhes."*

Talvez o motivo mais citado pelas mulheres para justificar por que não passam a responsabilidade pelo lar, ou pelo menos mais responsabilidade, aos companheiros seja o de que "muitas coisas passariam despercebidas". É verdade que há muitas coisas envolvidas em transportar as crianças, coordenar atividades extracurriculares e fazer listas de compras, e muitas mulheres simplesmente não acham que seus maridos dão conta dos pormenores. Essa suposição de que homens não são aptos a gerenciar detalhes tem alguma base biológica. O cérebro dos homens e o das mulheres estabelecem, de fato, conexões diferentes na adolescência, e estudos de mapeamento do cérebro indicam que mulheres tendem a ser mais fortes em tarefas que envolvem memória e intuição,[7] que são úteis quando é preciso fazer várias coisas ao mesmo tempo. Mas a habilidade de gerenciar detalhes não é a única necessária para garantir o funcionamento de uma casa, e homens têm outras habilidades com que contribuir.

No livro *Muita alegria, pouca diversão: o paradoxo da vida com filhos,* Jennifer Senior acompanha um casal, Angie e Clint, que dificilmente se veem porque têm horários de trabalho incompatíveis. O fato de que cada um deles é obrigado pelas circunstâncias a cuidar sozinho da casa cria a oportunidade perfeita para que Senior faça observações certeiras sobre os diferentes estilos de criação que aplicam. Enquanto Angie, como a maioria das mães, "está mais atenta a sutilezas emocionais da casa" e tende a se prender ao estresse "momento a momento", Clint se desgasta menos e é mais controlado, abordando a criação dos filhos sem perder de vista o todo. Assim, ele consegue cumprir determinadas tarefas com mais facilidade porque fica menos preso às minúcias da vida das crianças; sua atenção é menos "fragmentada".[8]

A tendência de Clint de ver o todo e não se prender às pequenas coisas não faz dele um pai melhor do que a esposa. Assim como a atenção de Angie aos detalhes não a faz superior a Clint. Quando os dois fazem o seu melhor, seus esforços se complementam, e a família como um todo se beneficia. Nossos maridos não precisam ser especialistas em gerenciar detalhes para serem nossos parceiros totais.

2. *"Ele nunca está em casa."*

A ausência é outra explicação que as mulheres costumam dar para justificar o fato de os maridos não serem mais ativos em casa. Essa também não é uma reclamação infundada. Em *Opting Out? Why Women Really Quit Careers and Head Home,* Pamela Stone observa:

> Um pouco mais de metade (60%) das mulheres mencionou o marido como uma das maiores influências em sua decisão de largar a carreira. [...] Para a maior parte dessas mulheres, os maridos eram, literalmente, ausentes. [...] Por nunca estarem em casa, os maridos tinham um efeito certamente maior sobre a decisão das mulheres de largar a carreira do que as demandas mais urgentes relacionadas aos filhos citadas com frequência.[9]

As mulheres tendem a aceitar o fato de os homens nunca estarem por perto, porque a identidade masculina é historicamente amarrada ao papel de provedor principal. Sua ausência no lar é justificada pelo fato de estarem no escritório para satisfazer essa expectativa sociocultural. Mas, na era digital, a reclamação "Ele nunca está em casa" não precisa mais isentar os homens de participar completamente da vida no lar. Mulheres que trabalham fora também se ausentam, mas isso não nos impede de enviar mensagens a babás, pedir que as compras sejam entregues e inscrever as crianças em acampamentos de verão entre uma reunião e outra. E a expectativa de que nossos maridos não conseguem se envolver na vida doméstica porque estão no trabalho não leva em consideração que a tecnologia pode laçá-los de onde quer que estejam. Meu próprio marido comprovou isso ao conseguir que a torneira da cozinha fosse trocada estando do outro lado do mundo.

3. *"Ele não sabe o que é melhor para nossos filhos."*

Esta terceira suposição pode ser a mais triste e a mais perturbadora, porque reforça a definição limitadora da sociedade a respeito da masculinidade – a do provedor determinado que só é capaz de liderar fora de casa. Essa definição estreita do que significa ser homem nega a nossos parceiros a oportunidade de expressar suas características paternas e desenvolver seus talentos de gerenciadores do lar. Nós contribuímos para esse problema quando insistimos que não podemos delegar tarefas a nossos companheiros porque os homens não entendem os fundamentos da criação ou não são sensíveis às necessidades de seus filhos. Algumas mulheres chegam ao ponto de largar suas carreiras ou gastar quantias imensas de dinheiro contratando alguém para cuidar de seus filhos em vez de delegar essas responsabilidades ao companheiro.

Um dos componentes que os pesquisadores usam para medir o controle maternal é a postura tradicional das mulheres de considerarem que gostam mais das tarefas relacionadas aos cuidados do lar e dos filhos e que as desempenham melhor do que os homens.[10] Nossa crença de que as mães sabem mais contribui para um ciclo vicioso que tem um efeito prejudicial ao envolvimento dos homens. Especificamente, quanto mais a mãe acredita que o pai é incompetente, mais controle ela assume.[11] Quanto mais controle ela assume, menos prática ele adquire em corresponder às responsabilidades paternas. Quanto menos competente o pai é, menos ele se sente motivado a passar tempo com os filhos.[12]

Nunca vou me esquecer da primeira vez que testemunhei uma reação de Kojo ao ver Kofi cair no parquinho. Meu primeiro instinto sempre foi correr para ajudar meu filho, levantando-o rapidamente e limpando suas lágrimas. Mas Kojo, ao ver o filho cair na grama, segurou meu braço para que eu não saísse correndo e simplesmente gritou:

– Você está bem, carinha?

Prendi a respiração esperando pelo choro de Kofi, mas ele nunca veio. Em vez disso, nosso filho de 2 anos se levantou, bateu as mãos e correu para brincar. Aparentemente, ainda que sem prática, o pai *pode* saber mais. "Ele não dá conta dos detalhes, nunca está em casa e não sabe o que é melhor para nossos filhos." Essas três mensagens, enraizadas nos estereótipos femininos e masculinos e tecidas em meio à nossa cultura, impedem uma série de abordagens criativas do gerenciamento do lar para as quais os homens poderiam contribuir. E essas mensagens inibidoras não levam em consideração que, para muitas mulheres, o cuidado não é natural e precisa ser aprendido. Uma escritora, Meaghan O'Connell, observou na revista *New York* que ela era a "mãe preguiçosa" enquanto seu marido era o "pai natural" que assumia papéis tradicionalmente maternos.[13] Resumindo, qualquer um dos dois pode ter uma sensibilidade de cuidado mais instintiva, mas, como padrão, espera-se que as mulheres liderem o lar. É hora de reconhecermos que os homens podem ser tão plenamente capazes de cuidar da família quanto as mulheres, ainda que abordem tarefas de cuidado da casa e das crianças de maneira diferente. De fato, um estudo de 2014[14] revelou que o ato de cuidar dos filhos promove o desenvolvimento de uma "rede neural de cuidado parental" nos envolvidos, independentemente do gênero ou status de relacionamento dos pais.[15] Os homens podem não ter tanta prática de cuidado, mas são tão capazes quanto as mulheres quando têm a oportunidade.

Então o que impede que aceitemos a ideia de que nossos maridos podem realmente desejar se envolver? Uma razão pode ser o fato de que homens raramente expressam esse desejo diretamente, em parte porque os estereótipos culturais dificultam que eles sejam honestos quanto a isso. Alguns anos atrás, por exemplo, Kojo decidiu que queria fazer uma mudança em sua carreira que permitisse que ele passasse mais tempo em Nova York comigo e com as crianças. Pelo menos foi isso que me disse. Nas semanas seguintes, fui ficando cada vez mais frustrada ao ouvir conversas com possíveis contratantes pelo telefone em que ele explicava que precisava ficar mais em casa "porque minha mulher está enchendo o saco". Um dia, depois de mais uma dessas ligações, fiquei muito chateada.

– Por que você fica passando uma imagem ruim minha? – perguntei. – Eu não encho o saco para que você volte para casa! Tenho dado todo o apoio à sua carreira.

Eu suspeitava de que a ostentação de masculinidade é que o levava a pintar uma imagem estereotipada e falsa, mas não gostava de ser classificada como a "esposa que enche o saco", principalmente porque me esforçava muito para ser uma boa parceira. No fim, os comentários sobre a esposa chata não eram mesmo sobre mim.

– O que eu vou dizer, Tiffany? – disse ele. – Que quero passar mais tempo com a minha família? Que quero levar meus filhos para a escola? Não posso dizer isso.

O entendimento de Kojo quanto a como ele seria percebido por possíveis contratantes simplesmente por querer ser um pai dedicado não era infundado. Como o cientista social R. Kirk Mauldin escreve:

> [A sociedade] desvaloriza tão completamente quaisquer pensamentos, sentimentos e comportamento culturalmente definidos como femininos que cruzar a fronteira do gênero tem um significado cultural mais negativo para os homens do que para as mulheres – o que, por sua vez, significa que os homens que cruzam essa fronteira são mais estigmatizados do que as mulheres que o fazem.[16]

Em outras palavras, é mais difícil para os homens se engajarem na fluidez dos papéis de gênero do que para as mulheres, em razão das pressões externas para que os homens se apresentem de maneiras consideradas masculinas. Essa expectativa, por sua vez, faz com que eles se sintam inseguros em demonstrar desejos domésticos a outros homens, por medo de parecerem menos másculos.

Infelizmente, apesar de o mundo publicitário estar evoluindo e apresentando homens com papéis maiores na esfera doméstica, o senso comum ainda parece estar um passo atrás. Em 2015, por exemplo, vários comerciais do Super Bowl apresentavam pais fortes e dedicados que estavam intimamente envolvidos na vida dos filhos. Num anúncio da iniciativa #RealStrength, da Dove, que afirma que a demonstração de sensibilidade e amor de um homem em relação a seu filho não faz dele menos homem, os espectadores foram bombardeados com uma montagem de pais interagindo com filhos de várias idades, que respondiam pronunciando variações da palavra *papai* em tons doces e de reconhecimento.[17] Outro comercial, este da Nissan, intitulado "Com o papai", retratava a adoração de um menino pelo pai, piloto de corrida, hipermasculino durante sua infância até o início da adolescência.[18]

No dia seguinte, os meios de comunicação elogiaram essas marcas por irem contra os estereótipos de gênero. Mas era isso mesmo o que os comerciais estavam fazendo? Eles derreteram nossos corações e realmente contestaram o estereótipo do pai inútil, mostrando um pai envolvido e dedicado – por que isso é um conceito único e impressionante? A presença desses estereótipos foi o que tornou esses comerciais significativos, não os comerciais em si. Os espectadores podem ter sido levados às lágrimas, mas não faremos progresso real enquanto a imagem de um pai competente passando tempo com os filhos não for tão comum quanto a de uma mãe fazendo isso.

Capítulo 17

A felicidade motiva qualquer um

Depois do nascimento de nossa filha, Ekua, Kojo ficou em casa durante duas semanas antes de voltar para Dubai. Toyia estava lá para nos ajudar e, certa noite, fez um pedido incomum. Ela me convidou a me sentar com ela porque tinha observado que os únicos momentos em que me sentava era quando estava comendo ou amamentando minha filha.

– Você está sempre de pé – disse ela, como se houvesse algo de errado com o fato de eu não parar.

Ela não conseguia se lembrar da última vez que me viu sentada, apenas relaxando. *Não tenho tempo para me sentar*, pensei. *Tenho muitas coisas para fazer!* Continuei limpando a mesa, ou o que quer que eu estivesse fazendo, enquanto pensava no comentário de Toyia. Me ocorreu que, quando Kojo estava em casa, ele passava muito tempo sentado no nosso sofá azul. Comecei a pensar sobre as diferenças no modo como lidávamos com prazos e com o estresse. Eu sentia a necessidade de ir até o fim, sem fazer pausas, com medo de me atrasar mais ainda. Ele ligava a tevê, tirava um cochilo no sofá, então acordava cedo no dia seguinte para fazer o que tinha que fazer. Isso me deixava louca.

Como ele consegue ficar sentado sem fazer nada tendo tantas coisas para fazer?

Quanto mais eu pensava nas diferenças no modo como Kojo e eu navegávamos nossas vidas diárias, mais eu entendia por que era eu que costumava estar tão estressada. Eu não calculava minha energia. Talvez a estratégia de Kojo funcionasse mesmo. A vida é uma lista de tarefas sem fim. Enquanto pensava no comentário de Toyia, percebi que relaxar intencionalmente de vez em quando pode ser uma abordagem mais sustentável para um cronograma frenético.

Intrigada pelo comentário de Toyia a respeito da minha abordagem rígida, decidi testar a tática de Kojo. Para diminuir a velocidade, me obriguei a me sentar no sofá azul duas vezes por dia. Chamei esse exercício de Pare & Sente, e ajustei o alarme do iPhone para não me esquecer de fazê-lo. No início, não aguentava ficar ali sem fazer nada. Estava desperdiçando tempo precioso, pelo menos era o que eu pensava. Então, enquanto ficava sentada, dobrava a roupa lavada ou pegava o laptop para checar os e-mails. Com o tempo, no entanto, passei a conseguir sentar e só respirar por alguns minutos.

Certa noite, depois de colocar Kofi para dormir, fiz uma xícara de chá e peguei uma revista do mês anterior (eu estava sempre atrasada, pois costumava ler somente no avião). Com Ekua no colo, transformei o canto de Kojo no sofá azul num ninho e li e tomei o chá durante meia hora antes de cochilar. Quando acordei, vinte minutos depois, era uma nova mulher. Fiquei impressionada com o quanto me senti revigorada depois de um breve cochilo! Fui convencida.

Por mais que alguns comportamentos e hábitos de nossos companheiros possam nos deixar frustradas, podemos aprender e nos beneficiar com eles. Os momentos de tranquilidade que vivenciei durante as sessões Pare & Pense me levaram a fazer algo que o diabo-da-tasmânia que vivia em mim jamais me permitiria – avaliar se o moto-contínuo era absolutamente necessário. *Se eu fosse dormir agora, que diferença faria se eu não respondesse àquele e-mail? Será que um batalhão de ratos vai invadir mesmo minha cozinha se eu deixar aquele prato sujo na pia até amanhã? A vida vai mudar se eu deixar aquelas roupas na secadora?* No turbilhão de tentar fazer tudo, nunca me permiti fazer essas perguntas. Mas na tranquilidade dos momentos de Pare & Sente, depois de respirar e pensar por pelo menos seis minutos, a urgência da minha lista de tarefas diminuía consideravelmente. Começou a fazer sentido para mim o fato de Kojo conseguir dormir sem se preocupar com o que ainda precisava ser feito.

A ligação entre a felicidade de uma mulher e uma parceria bem-sucedida é evidente. Pesquisas demonstram que mulheres mais felizes significam homens mais felizes. Como Deborah Carr, professora de sociologia da Universidade Rutgers, observa: "Quanto mais satisfeita a mulher estiver com a união de longo prazo, mais feliz será a vida do marido, independentemente de como ele se sente sobre o casamento."[1] Homens felizes também são parceiros melhores. Eles participam do lar por amor à esposa e comprometimento com a família, e são recompensados com parceiras muito mais serenas, alegres e certas de suas prioridades porque essas mulheres agora têm energia para participar de atividades que alimentam sua alma.

Quanto mais pensava nisso, mais eu compreendia a ligação entre o bem-estar físico e emocional de uma mulher e uma parceria bem-sucedida com seu companheiro. Essas parcerias podem vacilar quando a mulher não prioriza sua própria felicidade. Mas priorizar a própria felicidade é algo muito difícil. Por quê? Entrei em contato com a socióloga e pesquisadora da UC Berkeley, coach e especialista em felicidade, dra. Christine Carter, para descobrir. "Dizemos às mulheres que elas precisam colocar a máscara de oxigênio primeiro em si mesma", explicou, "mas não fornecemos as ferramentas para que elas entendam que fazer isso requer muita coragem. As mulheres são treinadas para manter a harmonia mesmo quando isso as prejudica. Honrar a nós mesmas mesmo que isso crie desarmonia em relação às necessidades dos outros vai contra tudo o que nos ensinaram".[2]

Já ouvi mulheres citarem incontáveis barreiras que as impedem de ter uma vida de alegria, mas há três obstáculos para a felicidade que as mulheres mencionam com maior frequência: o primeiro é o sentimento constante de culpa; o segundo é a tendência de desrespeitar nossos limites; e o terceiro é a falta de hábitos de felicidade – práticas regulares que proporcionam prazer e reabastecem a criatividade. Quando diante de qualquer um desses obstáculos, estamos em algum lugar no espectro da insatisfação. Quando diante de todos eles de uma só vez, estamos certamente infelizes. Por outro lado, quando estamos livres de culpa, respeitamos nossos limites e temos hábitos de felicidade, somos tomadas por uma energia positiva capaz de sustentar uma parceria total no maior nível possível de cooperação e alegria.

Vamos examinar mais profundamente cada um dos obstáculos:

1. Liberte-se da culpa

O primeiro obstáculo que as mulheres precisam superar é o sentimento constante de culpa. Se eu ganhasse um dólar toda vez que uma mulher me pede desculpa, estaria rica. Infelizmente, pedir desculpa é um hábito difícil de largar, porque, como mulheres, somos treinadas pela sociedade a nos sentirmos culpadas por quase tudo. Em 2014, um comercial televisivo da Pantene chamou atenção para o costume que as mulheres têm de introduzir declarações, observações e outras interações com homens – na sala de reuniões ou no quarto – com pedidos de desculpa arbitrários. No comercial, um homem se senta ao lado de uma mulher numa sala de espera e acidentalmente bate o cotovelo em seu braço, e *ela* pede desculpa. Outro homem entra numa sala de reuniões cheia de colegas e pergunta "Se importam de abrir um espaço?". As mulheres que estão fazendo o favor de abrir um espaço sussurram um pedido de desculpa. Cenas semelhantes se repetem em vários outros ambientes profissionais e domésticos. Para destacar a natureza desnecessária e absurda desses pedidos de desculpa, o comercial termina mostrando as mesmas cenas *sem* os pedidos de desculpa.[3]

O comercial incita as mulheres a se perguntarem por que sentem que suas ações e palavras precisam ser desculpadas. Como mulheres, somos condicionadas a assumir o papel de cuidadoras e propensas e priorizar a felicidade dos outros em detrimento da nossa. Quando não fazemos isso, nos sentimos mal. E quando pedir desculpa não é o suficiente, logo oferecemos explicações para provar que nossas intenções eram boas e altruístas: *Eu precisava cumprir um prazo. Tive que levar cupcakes para a festa de aniversário da minha filha na escola. Meu chefe pediu. Eu tinha um evento.* Nunca vi uma mulher entrar numa reunião cinco minutos atrasada e dizer "Me desculpem. Eu estava recebendo uma massagem". Quando fazemos algo por nós mesmas, a culpa que sentimos costuma nos impedir de desfrutar da experiência plenamente.

Karina Schumann e Michael Ross, da Universidade de Waterloo, conduziram um estudo para determinar se os impulsos femininos de pedir desculpa são calcados em diferenças no modo como homens e mulheres percebem a culpa. Os pesquisadores descobriram que

> as mulheres relataram mais pedidos de desculpa do que os homens, mas também relataram mais ofensas. A quantidade de pedidos de desculpa dos homens era a mesma que a de ofensas cometidas, mas eles acreditavam terem cometido menos ofensas no geral. Essa descoberta sugere que os homens pedem desculpa com menos frequência do que as mulheres porque apresentam uma tolerância maior em relação ao que constitui um comportamento ofensivo. [...] Testamos essa hipótese pedindo aos participantes que avaliassem ofensas

> imaginadas e relembradas. Como previsto, os homens classificaram as ofensas como menos severas do que as mulheres.[4]

Isso explica por que eu é que pedi desculpa para a nossa babá pelas mensagens em massa de Kojo, uma estratégia que ele considerava fantástica.

É difícil ficar feliz quando temos a sensação constante de que estamos fazendo algo errado. Já declarei várias vezes, e não estava brincando, que precisamos entrar numa era pós-desculpa para as mulheres. A sensação de que estamos sempre agindo de um modo que justifica um pedido de desculpa é um mecanismo social que nos treina para colocarmos as necessidades dos outros acima das nossas. As mulheres precisam parar de se desculpar, não porque fazemos tudo certo, mas porque precisamos entender que não tem problema fazer algumas coisas erradas. Podemos ser felizes e imperfeitas ao mesmo tempo. Jen Santoleri, diretora da Allegis Global Solutions, falou muito bem no evento anual da empresa em seu discurso de agradecimento pelo prêmio de desempenho a que tive o privilégio de assistir: "Eu não ganhei esse prêmio por ser perfeita. A perfeição não é possível, mas a excelência é."[5]

2. Respeite seus limites

O segundo obstáculo que precisamos superar é o desrespeito a nossos limites. Conheço esse obstáculo muito bem. No início da carreira, tive uma chefe que costumava enviar e-mails aos fins de semana. Eu passava várias horas respondendo a suas mensagens, garantindo que cuidaria de tudo até segunda. Era uma droga. Trabalhava tanto durante a semana que merecia e precisava de um descanso aos sábados e domingos. Depois de muitos fins de semana perdidos, finalmente tive coragem de abordar o assunto. Fiquei muito nervosa e repassei meu discurso várias vezes. Comecei expressando meu comprometimento com a empresa e com cumprir meu papel para garantir que atingíssemos nossos objetivos. Então confessei que estava trabalhando cada vez mais aos fins de semana e que isso estava afetando minha produtividade, principalmente nas manhãs de segunda, quando ficava até tarde trabalhando no domingo.

Meu maior medo se concretizou quando ela respondeu com irritação:

– Por que eu deveria respeitar seu fim de semana se você não respeita? Eu escrevo e-mails quando é conveniente para mim. *Você* deve responder quando for conveniente para você. Eu nunca disse que esperava que você resolvesse alguma coisa antes de segunda. Você foi quem resolveu trabalhar todo fim de semana. Não me culpe por isso.

No início fiquei horrorizada. Depois fiquei com raiva. Era óbvio que ela não reconhecia minha dedicação. *Tudo bem, então,* pensei. *Nunca mais vou responder a seus e-mails no fim de semana.* E sabe de uma coisa? Acho que o fato de eu esperar até segunda para responder não fez nenhuma diferença para ela. Mas fez uma diferença enorme para mim.

Sei que existem gerentes que mandam e-mail, mensagem e ligam para seus funcionários no fim de semana e esperam que eles respondam. Na verdade, trata-se de uma epidemia nacional. A tecnologia derrubou a divisão clara entre o trabalho e o lar. Numa pesquisa de 2013 com mais de quatrocentos trabalhadores norte-americanos, a Right Management revelou que 36% deles disseram que seus chefes enviam e-mails fora do horário de trabalho e esperam uma resposta imediata. Outros 15% disseram sentir essa expectativa aos fins de semana e durante as férias. Esses números são significativos, principalmente se considerarmos o quanto esse tipo de comunicação era difícil na era pré-internet.[6] É claro que existem funcionários que entendem terem se comprometido com isso e respondem de bom grado, mas muitos outros aceitam – como eu aceitei um dia – porque não sabem que têm escolha. Mas se não respeitamos nosso próprio tempo, como podemos esperar que outras pessoas respeitem nossos limites? Precisamos nos tratar como esperamos ser tratados. E ter paciência enquanto aprendemos a fazer isso. Como a dra. Carter diz: "Poucas coisas exigem tanta coragem quanto uma mulher atender às próprias necessidades."

3. Desenvolva hábitos de felicidade

O terceiro obstáculo que as mulheres precisam superar é a falta de hábitos de felicidade – práticas regulares que nos trazem alegria. A felicidade é um estado que nasce do ato de colocar em prática o que mais importa para nós. Cada pessoa tem uma forma própria de desenvolvê-la. Para alguns de nós, um hábito de felicidade pode ser ir à igreja ou ler livros espirituais. Outros podem encontrar a felicidade ao se dedicar a suas carreiras, passar tempo com os filhos, andar na natureza ou se envolver em atividades artísticas. Quaisquer que sejam suas práticas de felicidade, o mais importante é que elas se transformem em hábitos. Pesquisadores descobriram que as atividades intencionais são o jeito mais promissor de alterar o nível de felicidade.[7]

Com frequência, subestimamos a importância da nossa própria felicidade para o bem-estar daqueles que nos cercam, principalmente nossos companheiros e filhos. O foco em cuidar de todos precisa ser equilibrado com nossa capacidade de nos sentirmos seres humanos vibrantes e plenos. Quando nos dedicamos à prática regular de hábitos de felicidade, nos tornamos mais capazes de sentir prazer ao cuidar da família, de estimular a nós mesmos e desenvolver a percepção da aventura, das possibilidades e da alegria da vida.

Uma das minhas mentoras, Alice, aprendeu isso da maneira mais difícil. Ela e o marido, Paul, se conheceram quando cursavam o primeiro ano de direito na Vanderbilt, e os dois se comprometeram a apoiar as ambições profissionais do outro. Mas depois da chegada dos filhos, Alice começou a se sentir presa na "via da mamãe". Durante cada uma das licenças-maternidade, clientes que ela tinha fidelizado foram transferidos para outros advogados. Ao voltar ao trabalho, ela sentia que precisava provar seu comprometimento de novo. Alice culpava a empresa, por considerar que esta não apoiava nenhuma das funcionárias que eram mães. Ela também culpava Paul por sua insatisfação. Era a principal responsável pelo lar e sabia que o fato de ele ter menos responsabilidades domésticas contribuía para seu sucesso profissional. Ela o amava, e também amava ver o quanto ele tinha conquistado. Mas não parecia justo.

Um dia, Paul chegou em casa mais cedo que o normal e encontrou Alice na entrada da garagem. Ela estava no banco do motorista chorando, algo que admitiu estar fazendo com frequência na época, sem saber explicar exatamente por quê. Só disse ter uma sensação de estar sufocando, se afogando. Paul ficou preocupado que ela estivesse com depressão, e soube que algo precisava mudar. Foi quando começou a fazer mais em casa. Até aquele momento, ele não tinha percebido o quanto sua tranquilidade no lar tinha sobrecarregado a mulher que ele adorava.

No início, a transição para uma parceria total foi difícil. Paul não entendia as complexidades da administração de um lar. Nos primeiros meses, várias roupas encolheram na secadora e vários eventos sociais foram perdidos. A falta de informação sobre tarefas básicas do lar era um obstáculo para Paul. Pedir o telefone de alguém para Alice se tornou algo tão comum que um dia ele simplesmente importou todos os contatos dela para sua agenda.

Além de assumir mais responsabilidades em casa, Paul incentivou Alice a redirecionar suas energias para atividades que alimentassem seu espírito. A mudança mais significativa, no entanto, foi na rotina matinal da família. Era o único momento do dia no qual Alice achava que podia tirar um tempo para cuidar de si mesma.

Começou a praticar ioga enquanto Paul arrumava as crianças para a escola. Depois de um ano, Alice não só se sentia mais centrada e alegre, mas também estava num momento animador em sua carreira. Ela e dois colegas decidiram deixar a empresa e abrir o próprio escritório. Ela teria que se dedicar muito, e Paul sentiu a pressão de ter que adaptar ainda mais sua vida para permitir que a esposa também prosperasse. Isso aconteceu há mais de uma década.

Hoje em dia, Alice levanta às cinco da manhã para praticar ioga. Durante os primeiros minutos, ela fica repassando sua lista de tarefas, mas, ao dizer "Namastê" no fim da sessão, já está se sentindo em paz, forte e pronta para conquistar o dia.

Em razão de minha experiência com Alice como uma conselheira calma e sábia, para mim e para tantas outras mulheres é difícil imaginar a velha Alice, a que ficava chorando na entrada da garagem. Paul me disse que, naquela época, Alice estava sempre estressada, preocupada com tudo e se irritava com facilidade.

– Às vezes eu e as crianças precisávamos correr para nos proteger.

Paul compreendia uma das fontes iniciais da frustração de Alice. Ele tinha sido promovido a sócio do escritório onde trabalhava enquanto ela ainda lutava pelo reconhecimento que considerava merecer. Hoje, Paul diz que seu único arrependimento é não terem mudado a dinâmica da casa antes. Ver o escritório de Alice decolar e perceber o quanto ela se sente realizada fazia tudo valer a pena, disse ele, completando simplesmente com:

– A Alice está feliz.

Para mim, o exercício Pare & Sente logo se tornaria um dos meus principais hábitos de felicidade, sempre com uma xícara de chá e uma revista. Essa pausa simples durante a noite acabou garantindo que eu incluísse outras atividades no meu cronograma simplesmente porque elas me deixam feliz. Agora, toda noite eu coloco uma música para tocar e danço. Eu fazia isso quando era menina.

Na minha cabeça, estou num videoclipe. Às vezes, as crianças acordam e vêm dizer que estou fazendo muito barulho. Dou risada e as levo de volta para a cama. Também amo correr no parque, é quando tenho as melhores ideias. Assim como longos banhos de banheira ou ligações para as amigas. Lembra quando passávamos *horas* no telefone com uma amiga? Assim. Alegria.

Capítulo 18

Por que precisamos dos homens

Quando eu era criança, meu pai tinha uma teoria sobre como o mundo era comandado por um grupo de pessoas da elite. Há muitos anos "essas pessoas" negaram ao meu pai um cartão de crédito de uma loja de departamentos, e com isso a oportunidade de comprar eletrodomésticos de que estávamos precisando. Garantir a existência de uma classe de pessoas que não tinha acesso fácil a avanços tecnológicos como micro-ondas e lava-louça era uma das formas por meio das quais "eles" se mantinham no poder, segundo meu pai. Até hoje, meu pai ainda se recusa a entrar numa loja departamentos como forma de protesto contra "eles".

Eu achava que meu pai era maluco. Ficava com vergonha quando ele me avisava sobre "eles" na frente dos meus amigos. Mais velha, no entanto, passei a entender o que meu pai queria dizer. Existe, de fato, um grupo de pessoas no mais alto escalão de corporações, organizações sociais e ramos do governo que toma decisões importantes que afetam cada um de nós. Com poucas exceções, essas pessoas são brancas, do sexo masculino, heterossexuais, fisicamente capazes e ricas. A falta de diversidade é problemática – pesquisas mostram que um grupo heterogêneo de pessoas resolvendo um problema pode levar a soluções mais inovadoras.[1] Em *The Difference: How the Power of Diversity Creates Better Groups, Firms, Schools, and Societies* [A diferença: como o poder da diversidade cria grupos, empresas, escolas e sociedades melhores], Scott Page, professor da Universidade de Michigan, detalha como "cidades em que há diversidade são mais produtivas, conselhos administrativos em que há diversidade tomam decisões melhores, as empresas mais inovadoras são aquelas em que há diversidade, avanços científicos cada vez mais vêm de grupos em que há diversidade".[2] Resumindo, a presença de mais mulheres em cargos de liderança e gerência pode ajudar a resolver alguns dos maiores problemas da sociedade.

Ironicamente, talvez o mais teimoso desses problemas seja o fato de que a porcentagem de mulheres em cargos executivos não aumentou significativamente nos últimos quinze anos.[3] Exceto pelas poucas supermulheres de que temos notícia, o que parece estar impedindo que as mulheres avancem no mundo corporativo é o papel duplo: profissional e administradora do lar. As mulheres não vão se convencer a seguir avançando numa carreira competitiva enquanto forem as únicas responsáveis pelo lar. Não somos loucas. Apesar de nos dizerem que podemos fazer as duas coisas, sabemos que é literalmente impossível. Em resposta a um estudo da *Harvard Business Review* que analisou o emprego do tempo de mulheres que trabalham fora depois do nascimento de um filho, o Catalyst Research Center concluiu que "a realidade é que, se uma mulher quiser chegar a um cargo de gerência, ela não pode ser a principal responsável por seu filho".[4]

Supondo que uma mulher não tenha o desejo ou o privilégio econômico de largar a carreira, ou a renda para contratar pessoas para cuidarem da casa e dos filhos, quando ela chegar a determinado nível, vai ter tantas responsabilidades que vai simplesmente decidir ficar naquele nível. É claro que usei as palavras *simplesmente* e *decidir* sem muito critério. A questão é muito mais complicada, e não costuma parecer uma escolha para as mulheres que estão lidando com a promessa dúbia da sociedade – a de que podemos ter tudo, desde que *façamos* tudo. E é exatamente neste ponto que nos encontramos agora, com metade da população tentando fazer tudo no trabalho e em casa para realizar o sonho de ter tudo. A consequência é pessoal e social: muitas mulheres são dissuadidas de avançar em suas carreiras ou não conseguem fazê-lo, e a sociedade sofre com a falta de diversidade nos altos escalões de tomadores de decisão que estão moldando o mundo.

Do que mais precisamos é que as mulheres não precisem fazer tanto malabarismo em casa. É aí que os homens entram. Uma parceria total pode ajudar as mulheres a alcançarem seus objetivos profissionais de três maneiras complementares. Primeira: com menos pressão em casa, as mulheres têm mais tempo e energia para se dedicar a atividades que vão ajudá-las a avançar na carreira. Segunda: o envolvimento dos homens no lar abre a porta para a inovação e a eficiência na esfera doméstica. Ao assumir a tarefa de tirar a louça da máquina, por exemplo, Kojo insistiu que separássemos as cestas por tipo de talher para que ele pudesse pegar todas as facas ou todas as colheres juntas e colocá-las na gaveta. Terceira: os homens não costumam se incomodar com um grau saudável de imperfeição. As mulheres podem aprender com isso na tentativa de esperar menos de si mesmas. O sociólogo Scott Coltrane justifica a atitude relaxada dos homens da seguinte maneira: "Como os homens não costumam ser responsáveis por dar início às tarefas do lar e como sua identidade não costuma ser vinculada a isso, eles não dão muita atenção a elas."[5]

Richard Zweigenhaft é professor de psicologia na Faculdade Guilford, na Carolina do Norte, e coautor, ao lado de G. William Domhoff, do livro *The New CEOs* [Os novos CEOs], um estudo sobre mulheres e minorias que ocupam o cargo de CEO. Segundo o que Zweigenhaft e Domhoff detalham, a "estatística sugere que é bom que aspirantes aos melhores cargos corporativos da América tenham um cônjuge, ou companheiro ou alguém disposto a se dedicar à carreira desses aspirantes".[6] No estudo sobre mulheres que ocupam ou costumavam ocupar um cargo de diretora executiva numa empresa da Fortune 500, eles observam que "muitas das CEOs disseram que não teriam conseguido chegar lá sem o apoio do marido, ajudando com os filhos, as tarefas da casa e estando disposto a mudar de cidade".[7]

A conclusão é que homens que lavam a roupa libertam as mulheres para que elas se dediquem à sua liderança. Mulheres libertas do papel de cuidar de tudo em casa têm mais espaço mental para planejar suas carreiras. São mais saudáveis e têm mais resistência. Contam com mais flexibilidade para viajar e investir as horas necessárias para alcançar o próximo grande marco da carreira. E têm mais tempo para cultivar relacionamentos com uma rede de indivíduos que podem apoiá-las em suas jornadas profissionais. Talvez o mais importante: mulheres que deixam a peteca cair podem ascender na carreira sem sacrificar o bem-estar de suas famílias porque estão livres da expectativa imposta de que seu papel é cuidar de tudo em casa. Elas também testemunham o sucesso dos parceiros em casa e não se preocupam com o fato de que as coisas podem dar errado.

Ursula Burns, que foi a primeira mulher negra a ser CEO da Xerox e é mãe de dois filhos, defende uma atitude mais relaxada em relação a "ter tudo". Citada na lista das mulheres mais poderosas de 2013 da revista *Fortune*, ela pediu a seus seguidores que "relaxem". "Escolha as áreas em que quer se destacar, concentre suas energias nelas e parta para a ação", implorou. "Entenda que você não vai se destacar em tudo e relaxe."[8] Ursula Burns consegue relaxar por causa do seu parceiro, Lloyd Bean, que conheceu na Xerox. Ele contribuiu com as responsabilidades domésticas em pé de igualdade com ela por muitos anos, permitindo que Ursula tivesse o tempo de que precisava para subir na carreira.

O Fórum Econômico Mundial estima que, com a taxa atual, não alcançaremos a paridade de gênero em termos de liderança no local de trabalho antes de 2095.[9] Manter uma parceria total é um jeito de acelerar essa estatística assustadora. Não deveria ser surpresa que, quando a empresa de serviços profissionais EY encomendou pesquisas para identificar maneiras de acelerar a liderança das mulheres, a estratégia mais citada tenha sido "implementar acordos flexíveis para os *homens*".[10] A participação dos homens normaliza acordos de trabalho flexíveis e neutraliza o estigma da "via da mamãe". Tudo isso cai no mesmo refrão: quando as mulheres se libertam da jornada dupla, se tornam mais capazes de executar as estratégias e adotar a mentalidade necessária para superar a disparidade.

O potencial de transformação que surge quando homens estão plenamente engajados em casa vai além dos nossos próprios lares. Termos mais homens participando intencionalmente em casa, sejam pais que não trabalham fora ou parceiros totais que trabalham, fará com que iniciativas de apoio a todas as famílias trabalhadoras avancem. Quando homens têm problemas, a resposta pública é mais ágil, políticas são decretadas mais rapidamente e produtos para resolvê-los chegam ao mercado antes do que quando acontece com as mulheres. Exemplo: Ashton Kutcher.

Logo depois do nascimento do primeiro filho do ator, ele lamentou a escassez de trocadores nos banheiros públicos masculinos, lançando a campanha #BeTheChange[11] em sua página no Facebook. Quando os homens se manifestam, a consciência geral parte para a ação. Em dias, a postagem de Kutcher teve 245.266 curtidas, 14.065 compartilhamentos e muitas respostas em formas de comentários de usuários. Ele criou uma petição na página Change.org que logo conquistou 104.391 adeptos exigindo que a

Target e a Costco instalassem trocadores nos banheiros masculinos. "Estamos em 2015, as famílias são diversas, e é uma injustiça supor que trocar fraldas é tarefa só da mulher", Kutcher escreveu para seus seguidores. "Essa suposição contribui para os estereótipos de gênero, e as empresas deveriam apoiar igualmente todos aqueles que têm filhos – independentemente de seu gênero."[12] A campanha foi considerada uma vitória para todos, e tanto a Costco quanto a Target, dois dos maiores varejistas dos Estados Unidos, instalaram banheiros família em suas lojas. Será que teríamos a mesma resposta se uma celebridade do sexo feminino lamentasse publicamente a situação, destacando que os trocadores indicam um tipo diferente de disparidade de gênero, em que se espera que só as mulheres sejam responsáveis por cuidar dos filhos? Ou ela teria sido considerada reclamona e ingrata, incapaz de aceitar as responsabilidades atribuídas à maternidade?

Outro exemplo: Daniel Murphy. Houve certa agitação em 2014 quando o jogador dos New York Mets tirou licença-paternidade após o nascimento do seu primeiro filho e perdeu os dois primeiros jogos da temporada. Alguns locutores de rádio criticaram essa atitude. Um comentador, incapaz de entender a decisão de Murphy, expressou a opinião de que, como Murphy era um jogador de beisebol da liga principal, ele podia contratar uma babá. Outra personalidade reclamou que a esposa de Murphy deveria ter marcado uma cesárea antes do início da temporada. As críticas desses poucos, no entanto, levaram quase todos os outros a defender o jogador. Murphy logo deu uma explicação pública justificando a licença, explicação essa que deveria ter sido desnecessária. "Decidi tirar licença-paternidade para poder dar apoio e paz à minha mulher", declarou.[13] Se o fato de ser um jogador de beisebol da liga principal já não tinha garantido a Murphy o status de herói, essa declaração garantiu. De repente, as ondas de rádio foram tomadas por conversas sobre como apoiar pais que são atletas profissionais. Menos de dois meses depois,

Murphy virou o pai-exemplo da Casa Branca, onde aconteceu a primeira Cúpula sobre Pais Trabalhadores. (Aliás, a Casa Branca nunca sediou uma cúpula sobre mães trabalhadoras.)

Finalmente, o caso mais irônico: Paul Ryan. Quando o ex-candidato republicano à vice-presidência estava sendo cotado para o cargo de presidente da Câmara, que ele disse repetidas vezes não querer (mas acabou aceitando), ele usou o "tempo com a família" como moeda de barganha. O mesmo homem que se recusou a assinar uma lei que permitiria que os americanos tivessem licença remunerada para cuidar de si mesmos ou dos familiares quando estivessem doentes[14] disse a jornalistas numa coletiva de imprensa: "Não posso e não vou abrir mão do meu tempo com a família."[15] Mais uma vez, um homem que declarou publicamente o desejo de se dedicar à família ganhou as manchetes enquanto a opinião pública discutia o equilíbrio entre a vida profissional e a privada no turbilhão da declaração de Ryan. Até um homem que insiste na importância do seu tempo com a própria família ao mesmo tempo que dificulta que o restante do país se dedique à sua própria conquista uma audiência considerável.

Uma das consequências maravilhosas dessas situações é a atenção que elas chamam para: o envolvimento dos homens no lar, a falta de políticas para apoiar esse envolvimento e a escassez de homens que usam essas políticas quando existe a possibilidade. Ao contrário do CEO do Facebook, Mark Zuckerberg, que tirou um mês de licença-paternidade após o nascimento da filha, pouquíssimos homens lutam por um período mais longo de licença. Mesmo quando existem outras oportunidades disponíveis, eles costumam nem considerar a possibilidade. A ideia de os homens fazerem uso dessas políticas carrega um estigma tão forte quanto o medo das mulheres de parecerem mandonas ou autoritárias ao se manifestarem em reuniões. "Muitos homens que poderiam se interessar em quebrar a parede de vidro que os separa de suas famílias são impedidos pelo medo de que pegar a 'via do papai' prejudique suas carreiras", observam Parke e Brott em *Throwaway Dads*. Conheço um jovem advogado que optou por não usar a licença-paternidade ofertada pelo escritório em que trabalha, e ele diz o seguinte: "Todos os funcionários sabiam que [aceitar a licença-paternidade] seria suicídio profissional."

Um estudo de 1986 da Catalyst sobre o tópico revelou que "41% dos entrevistados disseram que nenhuma licença-paternidade é justificável", mesmo em empresas que ofereciam políticas flexíveis de apoio a famílias trabalhadoras, o que não era comum na época. "Dez anos depois, nada tinha mudado."[16] Hoje, a relutância permanece. Embora as empresas estejam mais generosas ao oferecer opções de licença-paternidade, o estigma associado a elas ainda é um obstáculo que os homens precisam superar. Um estudo de 2014 realizado pelo Boston College Center for Work & Family revela que, embora 89% dos pais considerem importante que os empregadores ofereçam licença-paternidade remunerada, 96% desses mesmos pais voltaram ao trabalho apenas duas semanas após o nascimento de um filho.[17] Isso não corresponde nem ao tempo que a mulher que acabou de dar à luz deve ficar afastada por necessidade.

Um dos homens com quem conversei ao fazer pesquisa para esse livro, Keith, é analista de sistemas. Quando nos conhecemos, Keith e a esposa estavam esperando o primeiro filho, e Keith estava extasiado. Ele queria pegar uma folga depois da chegada do bebê para ajudar a esposa e para criar vínculo com o filho, mas descreveu uma experiência desconfortável que teve numa reunião na empresa sobre políticas de licença e flexibilização. Quando Keith chegou à reunião, viu uma sala cheia de mulheres e descobriu que era o único participante do sexo masculino. Depois, um colega disse a ele que "essas regras na verdade não são para os homens". Keith ignorou a observação do colega, superou o desconforto inicial e tirou quatro semanas de licença depois do nascimento do filho. Sua experiência como parceiro total fez dele um defensor dos homens que fazem uso de políticas de flexibilização – e nunca foi penalizado no trabalho por aproveitar os benefícios que a empresa oferece a todos os funcionários.

Homens que participam no lar têm mais empatia pelas mulheres porque têm a experiência da própria roda da vida. Essa empatia ajuda a alimentar nossas ambições e leva-os a redefinir o próprio papel como homens. Homens que têm filhas são mais favoráveis a práticas corporativas e políticas públicas que têm o objetivo de promover mulheres.[18] A parceria total garante essa realidade também para homens que têm esposas. Homens que tentam se dedicar à própria carreira enquanto marcam a visita do encanador e ajudam as crianças com a lição de casa apresentam uma compreensão maior da luta de suas colegas no escritório e de outras mulheres em suas vidas. Mais importante do que tudo isso: homens envolvidos no lar são mais capazes de deixar a peteca cair em relação às expectativas que a sociedade estabelece para eles também. Mesmo com a minha SCL, eu achava absurdo Kojo marcar uma revisão "desnecessária" para nosso Jetta quando estava indo para Dubai. Eu não era obcecada com a condição do nosso carro como era obcecada com o que serviria para o jantar. Isso se deve ao fato de eu ter sido socializada para ser responsável pela nutrição da minha família. Kojo foi socializado para se sentir responsável pela proteção de sua família. Os homens também sentem uma pressão constante por serem os protetores e provedores a qualquer custo, principalmente o custo doloroso de estarem ausentes da vida de suas famílias. Eles também precisam reunir a coragem para deixar a peteca cair.

Como Daniel Murphy disse, "Quando eu não servir mais para o beisebol, eu ainda vou ser pai [...] Um dia vou poder conversar com meu filho sobre o dia em que ele nasceu, porque eu estava lá (em vez de contar para ele que o Stephen Strasburg lançava a bola com efeito!)". E a criação de uma parceria total não deixa só as mulheres felizes; deixa os homens felizes também. "Ser pai me transformou", Murphy compartilhou. "É gratificante e emocionante, está me despindo de todo meu egoísmo, me levou a buscar conhecimento com os homens da minha vida, me aproximou da minha esposa e me conectou com o amor de Deus por seus filhos."[19]

Scott Behson, blogueiro popular que escreve sobre o equilíbrio entre vida profissional e privada, articula como "a igualdade das mulheres no trabalho está intrinsecamente ligada à igualdade dos homens enquanto pais."[20] Enquanto as contribuições das mulheres no trabalho não forem tão valorizadas quanto suas contribuições no lar, as contribuições dos homens no lar nunca serão tão valorizadas quanto suas contribuições no trabalho. Assim como as mulheres precisam de afirmação nas duas esferas, os homens também precisam. Mas homens recebem muito menos afirmação no que diz respeito a seu valor no lar, tanto que o envolvimento doméstico pode levar a uma luta de identidade.

Homens de verdade sabem que todos os barcos sobem com a maré. Homens de verdade descobriram que o melhor jeito de prover suas famílias é liberar a criatividade e a capacidade econômica das mulheres de suas vidas sendo parceiros totais. O comprometimento de Dan Mulhern, marido de Jennifer Granholm, ex-governadora de Michigan, à sua parceria total alavancou a carreira da mulher. Embora Mulhern tenha admitido que priorizar a carreira da mulher inicialmente o "deixou vulnerável e fez com que repensasse o que significa 'ser homem'", ele afirma que a escolha não causou um "fim trágico da masculinidade, mas um início maravilhoso".[21] Ele aprendeu "a se alegrar com as forças" da esposa e declarou com orgulho num editorial dedicado ao filho:

> O sucesso dela me libertou para a ideia de que um homem pode ser bom – ou grandioso – sem que seja um herói de guerra, nos esportes, nos negócios ou na política. Um homem forte, Jack, não se sente ameaçado pela grandeza dos outros. Ele se sente bem consigo mesmo.[22]

Como o cabo de guerra entre avançar na carreira e criar os filhos costuma ser considerado um problema da mulher, soluções inovadoras para enfrentar esse problema evoluem a passos de tartaruga. Agora que temos uma nova geração no mercado de trabalho e os homens da geração Y estão exigindo a flexibilidade de que as mulheres sempre precisaram, as empresas, com o intuito de não perder funcionários, estão respondendo com políticas progressivas.[23] Felizmente, resolver essa questão para os homens vai beneficiar a todos e percorrer um longo caminho em direção à mudança das atitudes tradicionais.

Homens que participam no lar são bons para as crianças também. Seus filhos crescem com uma visão de como pode ser uma parceria total, o que interrompe a socialização dos papéis de gênero tradicionais. Meninas que veem o papai cozinhando e levando-as a festas de aniversário não crescem acreditando que serão as principais responsáveis por suas famílias só porque são mulheres. De fato, pesquisas revelam que filhas de homens envolvidos na vida doméstica expressam preferência por profissões não tradicionalmente femininas.[24] Milhões de meninas só precisam que seus pais usem o aspirador de pó para desejarem uma carreira na engenharia. Do mesmo modo, meninos que veem o papai fazendo as compras e dobrando roupas não crescem acreditando que no futuro suas mulheres vão cuidar sozinhas desse tipo de tarefa.

Vivenciei o poder da paternidade inovadora quando estava no quarto ano. Peguei catapora e, como minha mãe tinha que ficar em casa para cuidar de mim, mandou meu pai para a escola naquela semana para pegar minha lição de casa. Mesmo quando eu tinha 9 anos, a ideia de ficar atrás nas lições era suficiente para causar mais pontinhos vermelhos. Isso sem mencionar o fato de que eu estava perdendo a fofoca no parquinho. Minha mãe me consolou com palavras de afirmação sobre o quanto eu era inteligente e me fez lembrar de que tudo ficaria bem. Meu pai tinha uma abordagem diferente.

– Não se preocupe – disse ele certa noite quando me entregou a lição daquele dia e pegou as que eu já tinha feito. – Você vai ser a menina mais legal da escola quando voltar.

Na manhã em que voltei para a escola, meu pai me levou e foi comigo até a sala. Isso era raro, pois era minha mãe quem costumava me levar e cuidava da comunicação com a escola. Assim que entrei pela porta com ele, o caos se instalou. Nunca vou esquecer a cena da minha amiga Molly, com as bochechas sardentas gritando bem alto:

– É o Michael Jackson! É o Michael Jackson!

E ele entrou em ação. Antes mesmo que eu pudesse entender o que estava acontecendo, meu pai pulou na minha frente e deslizou pelo linóleo, fazendo um *moonwalk* perfeito diante de toda a quarta série. A turma irrompeu em aplausos e um dos meninos gritou:

– Ei, Tiffany! Seu pai é o máximo.

Antes daquele momento, jamais imaginei que meu pai fosse um pai popular, mas naquele dia ele me transformou na menina mais popular da turma. Na intimidade, minha mãe era a consoladora oficial, mas eu não conseguia imaginá-la fazendo algo tão público quanto aquilo para que eu me sentisse melhor.

Só décadas depois eu viria a entender a lição profunda por trás do que o meu pai fez por mim naquela semana. Ele proporcionou um exemplo duradouro da mágica que pai e mãe podem criar por seus filhos quando cada um deles faz uso de seus pontos fortes.

As crianças olham para nós com atenção e são muito suscetíveis ao que veem. Uma vez um dos amigos do meu filho, um menino branco de uma família privilegiada, me perguntou se eu era a babá. A mãe dele ficou horrorizada quando contei a ela, mas expliquei que era uma pergunta perfeitamente compreensível para uma criança que só havia tido experiências próximas com mulheres negras que eram suas babás. Independentemente das crenças dos adultos em suas vidas, as crianças ligam os pontos sobre raça, etnia, socioeconomia, capacidade e gênero com base em suas próprias observações. Meu filho me perguntou por que eu não fazia as mesmas coisas que as outras mães fazem e por que o pai dele faz coisas que os outros pais não fazem. Ao fazer essas perguntas, ele abre um espaço para conversarmos sobre o que significa quando as pessoas fazem as coisas de um jeito diferente daquele que esperamos.

Filhos de parceiros totais também podem aprender cedo a negociar com estilos de criação diferentes. Quando pai e mãe trabalham fora e estão igualmente envolvidos no lar, pode acontecer de não estarem sempre falando a mesma língua. Certamente precisam alinhar suas opiniões sobre coisas importantes, como valores, escolhas acadêmicas e consumo de mídia. Mas não é fácil estar em perfeito acordo sobre pequenas preferências do dia a dia. Parceiros totais precisam adotar uma estratégia "Quando em Roma" para evitar invadir o espaço do outro e para se tornarem responsáveis intercambiáveis.

Quando nossos filhos estão com Kojo, por exemplo, ele costuma jogar futebol com eles no apartamento, eles têm que comer todo o jantar e é proibido dançar em cima dos móveis. Quando eles estão comigo, é proibido jogar bola dentro do apartamento, eles podem escolher a quantidade que querem comer e dançar em cima dos móveis é um ritual noturno (principalmente ao som de Michael Jackson). Nossos filhos estão acostumados a se ajustar. Eles entendem que a mamãe e o papai os amam igualmente, mas têm jeitos diferentes de fazer as coisas, assim como as outras pessoas em suas vidas. Ter responsáveis intercambiáveis faz com que os filhos experimentem os aspectos únicos que cada um tem a oferecer. Também faz com que nenhum deles precise deixar uma folha cheia de anotações e instruções quando não vai estar em casa.

Parceiros totais também têm mais argumentos para conseguir que os filhos se envolvam com as tarefas do lar. Primeiro, quando veem os pais contribuindo igualmente, eles entendem com maior facilidade que eles também têm um papel a desempenhar como membros da família. Kofi e Ekua agora têm as próprias colunas no Fluxo de Casa. Segundo, o benefício da estratégia "Quando em Roma" é fazer com que quaisquer regras que concordem em empregar sejam muito mais claras. Há responsabilidades que meus filhos cumprem habitualmente sem precisarem ser lembrados. Elas incluem dobrar o pijama todas as manhãs e colocar os pratos em cima do balcão depois das refeições. Eles fazem essas tarefas automaticamente porque Kojo, eu e todas as outras pessoas em nossa comunidade demonstram contar com eles. Como a mamãe e o papai às vezes têm regras diferentes, as que temos em comum são levadas muito mais a sério.

Não estou sugerindo que essa é a única estratégia para criar filhos saudáveis. Não sei que histórias Kofi e Ekua vão escolher contar sobre sua infância quando crescerem. Talvez eles digam que conseguiram estabelecer casamentos fortes por causa do exemplo que os pais deram. Talvez digam que destruímos suas vidas porque nenhum de nós dois estava sempre ao lado deles. Espero que os dois digam que têm o poder para nutrir o tipo de relacionamento que funcione para eles e permita seu sucesso – com base no que é mais importante para eles. Respeito seu direito de contar a própria história no futuro. O que eu sei é que uma parceria total é uma estratégia saudável para garantir o bem-estar de dois pais que trabalham em tempo integral. E a felicidade dos pais faz bem para os filhos e para o mundo.

Parte Cinco

Olhos no futuro

Capítulo 19

As Quatro Ações

Na primavera de 2009, o fato de Kojo trabalhar em Dubai já não era mais uma novidade excitante. Os bebês dão muito mais trabalho depois que nascem. E a vida de privação de sono que envolve ter um recém-nascido é ainda mais exaustiva quando você não pode simplesmente rolar na cama e cutucar o parceiro dizendo que é a vez dele. Kojo estava fazendo um trabalho incrível coordenando nossa casa a distância, mas aqueles primeiros meses fizeram com que eu sentisse muita falta dele.

Dois outros acontecimentos contribuíram para que eu duvidasse que conseguiríamos continuar nossa situação de família dividida pelo Atlântico. O primeiro era o fato de minha licença-maternidade depois do nascimento de Ekua estar acabando e eu não ter certeza de que conseguiria trabalhar em tempo integral com um menino de 2 anos e uma bebê de 3 meses sem outro adulto na casa. Essa preocupação foi provocada pelo segundo acontecimento: Toyia tinha sido aprovada num programa de pós-graduação e se mudaria para Seattle no fim do verão. As palavras não eram suficientes para demonstrar o quanto eu estava grata por tudo o que ela tinha feito por nós. Ao mesmo tempo que eu estava muito feliz por vê-la avançando para a próxima fase de sua vida, sentia-me também aterrorizada por ter de cuidar de tudo sem ela.

Felizmente, Kojo também tinha uma transição de trabalho prestes a acontecer. Ele ainda seria responsável por supervisionar projetos na África Subsaariana, mas voltaria para Nova York. Faria longas viagens para fora dos EUA, mas também ficaria longos períodos em casa. Era muito melhor do que a moradia quase permanente em Dubai. O mundo estava conspirando a nosso favor!

Eu sabia que era importante Kojo estar por perto não só para criar vínculo com nossa bebê, mas também para me dar apoio na volta ao trabalho. Enquanto eu estava de licença-maternidade, li *Getting to 50/50* [Alcançando o meio a meio], um livro que percebi que poderia ter sido útil para mim muito antes. No livro, autoras como Sharon Meers e Joanna Strober identificam a volta ao trabalho como um período crítico determinante do futuro da família, porque o casal é obrigado a decidir se uma pessoa vai continuar sendo a principal responsável pelos cuidados com a criança ou se os dois vão se tornar parceiros.[1] De acordo com Meers e Strober, o grau em que o principal responsável, geralmente a mãe, permite que seu companheiro assuma responsabilidades do dia a dia é crucial para determinar a direção que o futuro do casal vai tomar. Com o Kofi, voltei ao trabalho e continuei sendo a principal responsável em casa. Com Ekua, as coisas seriam diferentes.

Na época em que Kojo voltou a morar em Nova York e eu voltei ao trabalho, decidi que precisava fazer uma coisa por mim: praticar exercícios. Nunca fui do tipo atlético; na escola, sempre estava muito preocupada planejando bailes e concorrendo ao grêmio estudantil para participar de esportes. Então, em 2002, quando ainda morávamos em Seattle, minha amiga Daveda me convenceu a participar de um minitriatlo. Ri muito quando ela me convidou. Eu não sabia nadar (nem cachorrinho). Podia até correr para atravessar a rua se um carro estivesse se aproximando muito rápido. E não andava de bicicleta desde a infância. Mas Daveda não queria participar do triatlo sozinha. Ela me disse que eu era sua única amiga cujo *único* obstáculo para participar de um triatlo estava só na cabeça. Então usou como argumento minha dedicação às mulheres e meninas: estaríamos arrecadando dinheiro para pesquisas do câncer de mama. Concordei apreensivamente.

O triatlo Danskin acabou se revelando o maior presente que Daveda poderia me dar. Durante o treinamento, desenvolvi uma relação totalmente nova com meu corpo. Descobri que o ritmo da corrida era terapêutico e esclarecedor para mim. Eu inspirava. Eu expirava. Tive tantos momentos eureca durante as corridas pela manhã. Eu amava o Parque Seward porque ficava numa península arborizada no lago Washington. Uma vez que você corre pela primeira vez ao redor da península, é impossível não voltar. Passei a respeitar a natureza por incentivar a disciplina, e a tranquilidade do lago me fortalecia. Depois do triatlo, continuei a praticar corrida e a frequentar a academia – até os filhos chegarem. Foi quando abandonei os exercícios e passei a ficar num estado de fadiga constante. Eu sabia que precisava voltar para a academia para recarregar as energias – e não só porque eu tinha filhos que precisavam que eu permanecesse saudável; eu precisava de mais resistência para abastecer o sucesso profissional.

Outra coisa aconteceu na época em que Kojo voltou de Dubai: os desafios no escritório aumentaram. Durante as doze semanas que passei de licença-maternidade, houve uma reestruturação no White House Project e eu e uma colega fomos escolhidas para coliderar a organização sob a tutela de Marie Wilson, que permanecia como presidente. Fiquei entusiasmada. Minha colíder, Sam, era uma das pessoas mais inteligentes com quem eu já tinha trabalhado. Eu a respeitava e tinha certeza de que seríamos uma dupla forte. Então fiquei surpresa quando ela revelou respeitosamente que estava preocupada em compartilhar a liderança comigo em razão das minhas obrigações fora do escritório. Ela temia ter de carregar a maior parte da carga no trabalho, principalmente agora que eu tinha um bebê em casa. Sam era solteira e não tinha filhos. Perdi o chão.

Como aconteceu com Alice quando teve de lutar para manter a legitimidade profissional como advogada enquanto pegava a "via da mamãe", muitas mulheres são estigmatizadas no trabalho por escolherem desempenhar o papel duplo de trabalhadora e mãe. Mesmo outras mulheres às vezes têm dificuldade em aceitar colegas cujas obrigações pertencem aos dois campos. Num artigo publicado na revista *Fortune* em 2015, Katharine Zaleski, cofundadora e presidente da PowerToFly, uma empresa de recolocação feminina na área tecnológica, estremeceu ao pensar no modo cruel como tratou colegas com filhos antes de ter os seus:

> Participei de uma entrevista de emprego em que um chefe perguntou a uma mulher que tinha três filhos: "Como é que você vai se comprometer com este emprego e todos os seus filhos ao mesmo tempo?" Tenho vergonha de dizer que não demonstrei nenhum apoio quando a mulher, que era uma das principais produtoras de noticiários da época, olhou para ele e disse: "Acredite se quiser, gosto de ficar longe dos meus filhos durante o dia de trabalho – exatamente como você."[2]

Somente quando também se tornou mãe, cinco anos depois, ela percebeu o preconceito profundo em relação a mães no mercado de trabalho. Hoje ela entende que o próprio comportamento imitava muitas das microagressões que as mulheres sofrem dos homens que avaliam e excluem colegas injustamente por serem mães. Para ajudar a tratar dessa questão, ela abriu a própria empresa, PowerToFly, dedicada a recolocar mães no mercado de trabalho em cargos nos quais elas podem trabalhar de casa.

Embora eu nunca tivesse enfrentado esse estigma, sabia que ele existia, e sempre ia além do que era esperado de mim para neutralizar o estereótipo, por isso o comentário de Sam doeu. Trabalhava com ela havia cinco anos e podia contar nos dedos de uma mão as vezes em que ela havia chegado ao escritório antes de mim. Também podia contar nos dedos de uma mão as vezes em que precisei ficar em casa por causa de um problema relacionado ao Kofi. Apesar das obrigações familiares, minha ética profissional era exemplar, conforme demonstrado pelo apelido que eu tinha no escritório, rabiscado no quadro branco no dia em que retornei da licença-maternidade – "Bem-vinda de volta, Super-Tiffany".

Quando Sam compartilhou sua preocupação comigo, mantive uma aparência de calma, mas por dentro estava fervendo. *Você nem sabe o que "carregar a maior parte da carga" quer dizer. Posso amarrar um bebê nas costas, colocar o outro no colo e ainda assim me destacar em qualquer emprego*, pensei. Saindo da nossa reunião, decidi que seria minha missão vingar todas as mães do planeta que trabalham fora. Mostraria a Sam que ela estava errada e a qualquer um que duvidasse de nós.

Estava sentada na minha sala sozinha, olhando para a tela do computador com os cotovelos em cima da mesa e as pontas dos dedos nas têmporas. Estava irritada com o que Sam tinha falado, mas, mesmo com a irritação, tinha que admitir que ela estava certa quanto a uma coisa: minha carga era mesmo pesada. Tinha um bebê em casa, e a promoção significava mais responsabilidade no trabalho. Esse pensamento começou a fazer estragos na minha cabeça, e meu coração acelerou. Me senti sobrecarregada mais uma vez. Tinha chegado tão longe na evolução de deixar a peteca cair. Havia descoberto como fazer o melhor uso possível de meus talentos em casa para conquistar o que era mais importante para mim; me libertado da pressão constante de acreditar que eu tinha que fazer tudo em casa. E Kojo era um parceiro fenomenal no que dizia respeito a compartilhar a carga. Mas estava sentindo a pressão pelo alto desempenho no trabalho, principalmente agora que Sam tinha expressado com todas as letras suas dúvidas quanto à minha capacidade. Estava orgulhosa por ter descoberto um sistema para o sucesso no lar. Qual seria o sistema para o sucesso no trabalho? Certamente não seria trabalhar sem parar, como uma máquina. Eu precisava encontrar uma nova abordagem.

Sentada ali sozinha, meu primeiro instinto foi fazer o que sempre fiz quando precisava de ajuda para resolver alguma coisa: pedir conselho a uma das minhas mentoras. A mais próxima de mim naquele momento era Marie. Ela estava literalmente no fim do corredor. Além disso, era qualificada para esse conselho específico. Entre todas as coisas impressionantes que Marie tinha feito durante a carreira, atuar no conselho de sua cidade em Iowa, lançar o maior programa de recolocação de mulheres no mercado de trabalho nos EUA, construir a Ms. Foundation for Women e fundar o White House Project, a maior parte do meu respeito se devia ao fato de ela ter feito tudo isso *e* criado cinco filhos. Normalmente, eu marcaria um café fora do horário de trabalho para pedir conselhos pessoais à minha chefe, mas o turbilhão de emoções do momento me levou a agir por impulso. Não podia esperar para conversar com ela.

Enquanto andava pelo corredor em direção à sala de Marie, tentei formular a pergunta que lhe faria, mas os pensamentos de outra pessoa estavam povoando minha mente. Pensamentos esses que me envergonhavam. Tentei ignorá-los.

> *Tiffany, não deixe que seu orgulho tome conta da situação. Você sabe que Sam está certa. Você quer essa promoção, mas Sam é mais inteligente, e ela administra o programa, você só angaria fundos. Diga a Marie que você não quer a liderança. Deixe que Sam fique com ela. Kofi e Ekua só vão ser crianças uma vez. Por que você está dificultando tanto as coisas? Você não é sua mãe.*

O último pensamento me deu vontade de chorar. Foi quando eu soube que não seria um bom momento para conversar com Marie, e devia ter dado meia-volta, mas minha teimosia me fez seguir em frente. Quando cheguei ao fim do corredor, ouvi Marie conversando ao telefone, então parei e esperei. Aproveitei para pensar no que dizer a ela, mas aquela voz na minha cabeça ficava cada vez mais alta. *Marie, preciso de ajuda. Não, preciso de um conselho. Acho que você errou ao me promover. Não posso fazer isso, sinto muito decepcioná-la.*

No fim do corredor havia uma janela enorme. O escritório do White House Project ficava no oitavo andar de um prédio no extremo oeste de Manhattan. Olhando por aquela janela enorme, eu via o rio Hudson. Havia bilhões de ondas minúsculas batendo umas contra as outras, e ainda assim o rio inteiro corria na mesma direção. Fechei os olhos e me senti correndo ao lado dele. Inspirei. Expirei. Senti que estava flutuando ao lado do rio Charles em Boston e, antes disso, ao lado do lago Washington, quando treinava para o triatlo. *Marie não tem a resposta que você procura. Você tem. Corra.* Ouvi Marie desligar o telefone, e ela me viu parada à porta.

– O que posso fazer por você, querida? – perguntou ela com uma mistura de carinho e autoridade típica dos sulistas.

– Ah, nada – respondi. – Estava só absorvendo a vista.

Aquele momento, de simplesmente olhar para o Hudson, trouxe uma clareza enorme quanto ao que eu precisava fazer: voltar a correr. Eu não precisava ter uma estratégia de trabalho perfeita imediatamente. Afinal, tinha levado quase dois anos para descobrir como equilibrar as coisas em casa. Eu só precisava arranjar um tempo para correr. Correr me ajudaria a ficar forte, alerta, sagaz e criativa o suficiente para resolver o restante. Também era uma maneira saudável de organizar os pensamentos conflitantes. O maior desafio seria mesmo o tempo. Com um emprego de tempo integral e duas crianças pequenas, uma delas ainda sendo amamentada, e considerando que o cuidado profissional estava disponível apenas enquanto eu estava no trabalho, como eu encontraria uma hora livre do dia para correr?

Como Alice, o único tempo que eu tinha para me exercitar era um pouco antes de amanhecer, o que significava que eu não poderia correr na rua porque ainda estaria muito escuro e, portanto, perigoso. Também significava que eu teria que acordar às 4h45 para tirar leite e sair às 5h20 para chegar à academia na hora em que ela abria, às 5h30. Isso só poderia acontecer, é claro, se *outra* pessoa estivesse em casa para cuidar dos meus filhos.

Mais uma vez, eu precisava da ajuda de Kojo, então deleguei com alegria a tarefa de arrumar as crianças pela manhã para que eu pudesse me exercitar. Concordamos em reorganizar o Fluxo de Casa, o que se mostrou uma tarefa complicada. Para que o plano funcionasse, Kojo precisaria estar de pé e de banho tomado às 6h15. Na primeira manhã, ao voltar da corrida às 6h40, encontrei Kojo e nossos dois filhos dormindo na mesma cama. Nós dois acabamos chegando atrasados no trabalho. Na segunda manhã, Kojo me perguntou se eu não podia ir no dia seguinte, porque ele tinha uma reunião logo cedo e precisava se preparar. Fui para a academia naquele dia, mas corri só vinte minutos. No terceiro dia, Kojo rolou na cama e me abraçou quando meu despertador tocou. Ainda estava escuro lá fora. Fiquei muito tentada a ficar na cama.

Teria sido tão fácil perder todas as manhãs de treino, mas as defendi ferozmente, até de mim mesma (na maior parte das manhãs, uma voz sussurrava na minha cabeça: *Mas nós fomos ontem. Precisamos mesmo ir de novo?*). Era sempre cansativo me obrigar a sair de casa, mas eu me sentia tão forte e orgulhosa de mim mesma na volta para casa. E, a cada dia, Kojo e as crianças se atrasavam menos. Com o tempo, a família adotou um ritmo novo. Eu soube que minha rotina estava tendo um efeito positivo em Kojo na manhã em que entrei no apartamento e ele me cumprimentou com um beijo na testa.

– O treino foi bom? – perguntou ele.

– Foi – respondi animada.

– Que bom! – disse ele.

Soube que ele também estava orgulhoso de mim.

Embora as corridas o obrigassem a acordar cedo, minha forma física significava uma esposa e mãe mais feliz durante o dia da família. Para mim, também significou sucesso profissional. Naquelas corridas, minha respiração ficava tão sincronizada e minha cabeça tão aberta que, em algumas semanas, consegui formular uma nova equação para o sucesso no trabalho. Eu maximizaria a nova liberdade que a parceria total me proporcionara para ser mais estratégica e cultivaria uma comunidade de apoio que garantiria que eu não fosse vítima da Síndrome da Cavaleira Solitária no trabalho, como tinha sido em casa. Logo eu estava agradecendo a Sam por compartilhar comigo sua preocupação naquele dia. Por mais difícil que tenha sido, aquela reunião com ela me levou a criar as Quatro Ações, minha nova estratégia para lidar com as pressões do escritório.

Como já afirmei, ainda são escassas as mulheres em posições de liderança, e a raiz do problema é que a escada da liderança para mulheres com ensino superior desaba nos cargos intermediários. Nesse ponto da carreira, a energia aplicada no trabalho precisa passar do foco no desempenho para o foco no que é realmente necessário para chegar ao topo – resistência, pessoas que ofereçam apoio, uma plataforma e criatividade. Muitas mulheres chegam nesse ponto exatamente quando estão iniciando suas famílias e, se já não tiverem o apoio necessário em casa, a roda da vida acelera. Não é surpresa, portanto, que as mulheres representem 53% dos cargos corporativos de entrada, mas somente 14% do nível de comitê executivo,[3] ou que sejam 47% dos estudantes de direito, 45% dos funcionários em escritório de advocacia, mas apenas 19% dos sócios.[4] Entre os executivos do sexo masculino, 94,6% são casados e têm filhos, mas só 46% das mulheres são casadas e só 52% delas são mães.[5]

Como minha própria experiência me ensinou, mães que trabalham fora e pretendem chegar ao patamar mais alto de suas carreiras precisam ter muita clareza do que é mais importante para elas; precisamos entender qual é o melhor uso de nossos talentos; precisamos delegar com alegria em casa; e precisamos priorizar nossa própria felicidade e nosso próprio sucesso. Mas tudo isso ainda não é suficiente. O objetivo de diminuir nossa lista de tarefas não é que passemos mais tempo no escritório. O melhor investimento dessa energia economizada são quatro atividades que nos ajudarão a avançar na carreira e aumentar nossa qualidade de vida. Quando as mulheres estão em plena forma física, contam com uma boa rede de contatos, têm visibilidade e estão bem descansadas, inevitavelmente avançam na liderança. Precisamos instituir práticas regulares que nos permitam florescer. As práticas, que chamo de as Quatro Ações, surtem mais efeitos quando integradas à nossa rotina diária. São as seguintes:

1. Praticar exercícios (desenvolver resistência)
2. Sair para almoçar (desenvolver a rede de contatos)
3. Ir a eventos (desenvolver a visibilidade)
4. Dormir (recuperar-se)

Essas práticas são simples, mas essenciais para que as mulheres prosperem no trabalho e na vida, e quase impossíveis de incorporar no cronograma diário a não ser que se libere tempo. Liberar tempo exige que apliquemos a mesma intencionalidade das listas de tarefas no cronograma, e então preencher o tempo restante com atividades que garantam nosso sucesso e bem-estar. Isso significa fazer a si mesma perguntas como estas: *Como esse compromisso garante o que é mais importante para mim? Fazer brownie para a feira da escola é o melhor uso dos meus talentos? Eu sou a única pessoa que pode tirar os remédios vencidos do armário do banheiro?* Só analisando com intencionalidade o que devemos remover de nossas listas e cronogramas podemos controlar o que deveria estar neles.

A primeira ação é *praticar exercícios*. A atividade física melhora a resistência. As mulheres que cuidam da carreira, da família e da comunidade têm muitas tarefas a cumprir, e suas vidas exigem muita energia. Os benefícios dos exercícios são amplamente divulgados, mas, para as mulheres, a redução do estresse é o principal deles. Sou uma esposa, mãe e funcionária mais tranquila quando estou em forma. O exercício aumenta as concentrações de norepinefrina, substância que regula a resposta do cérebro ao estresse.[6] Seja frequentando a academia, exercitando-se com vídeos na sala de casa ou saindo para dançar, movimentar-se é crítico para a boa forma física e pode aumentar o dia em duas horas em termos de aumento de energia. Exercitar-se apenas meia hora por dia alguns dias na semana já aumenta a liberação de endorfinas no cérebro.[7] Além disso, um estudo recente sugere que exercitar-se pode aumentar os níveis do BDNF (fator neurológico derivado de cérebro, na sigla em inglês), uma proteína endógena responsável por regular a sobrevivência dos neurônios e a plasticidade sináptica, que facilita o processo de tomada de decisão e aprendizado.[8] E o estudo mais significativo do impacto dos exercícios na vida profissional demonstrou que funcionários que se exercitam têm mais energia e taxas de produtividade mais altas.[9]

Mulheres que têm recursos e alguém para cuidar de seus filhos só precisam trabalhar a disciplina. Uma mulher que conheço, Seiko, dorme já com roupas de ginástica para eliminar esse passo extra da rotina matinal. Outra amiga, Devon, configurou sua música de treino preferida como toque do despertador. Eu amo usar rastreadores para definir objetivos de exercícios com as amigas. Sou competitiva o suficiente para ficar meia hora dançando ao som de Shakira antes de ir para a cama só para aumentar a contagem de passos e ver meu avatar chegar ao topo do ranking.

Mulheres que não podem pagar pela mensalidade da academia ou não têm quem cuide de seus filhos também conseguem encontrar maneiras criativas de se manter em forma. Um pouco de espaço é o suficiente para se tornar uma praticante de ioga como a Alice ou se exercitar com vídeos no computador ou na tevê. Quando não consigo uma babá e preciso me mexer, levo meus filhos ao parque do outro lado da rua. Eles brincam ou marcam meu tempo enquanto eu corro na grama ou subo e desço as escadas do anfiteatro. Para se exercitar, tudo conta. As pessoas me perguntavam como eu conseguia ter braços tão torneados. Sempre pediam dicas de exercícios ou alimentação. A verdade é que meus músculos são resultado de carregar um carrinho com uma criança e as bugigangas necessárias para um dia inteiro pelas escadas do metrô de Nova York. Tenho uma amiga que joga tênis no Wii enquanto seu bebê dorme. Quando nada mais é possível, algumas de nós simplesmente colocam uma música e dançam alucinadas – o importante é se *movimentar*.

A segunda ação é *sair para almoçar*. É claro que aqui não me refiro ao almoço especificamente – também pode ser café da manhã, jantar ou um happy hour. O objetivo é cultivar uma rede de contatos profissionais ao criar vínculos com as pessoas. Isso é vital para avançar na carreira. Assim como nossa comunidade nos apoia dividindo os fardos relacionados ao lar, nossas redes – ou, como prefiro, *ecossistemas* – nos ajudam a prosperar no trabalho. Ecossistemas são interdependentes e, ao se expandirem, exigem cuidado. É necessário ter um ecossistema para impulsionar uma carreira. Num estudo sobre as abordagens que mulheres executivas usam para prosperar na carreira e alcançar um equilíbrio saudável entre o trabalho e a família, Souha R. Ezzedeen e Kristen G. Ritchey descobriram que "uma rede de apoio complexa e diversa [...] é necessária para que as mulheres sejam bem-sucedidas na carreira que escolheram e tenham uma vida familiar satisfatória".[10] Ezzedeen e Ritchey também descobriram que "o apoio social não é apenas um mecanismo de enfrentamento, mas também criador de um contexto e determinante das estratégias de vida concebidas pelas mulheres".[11] Em outras palavras, a existência desses ecossistemas ajuda as mulheres a terem objetivos mais ousados, melhor desempenho e mais satisfação em todas as áreas de suas vidas.

Mas ecossistemas vão além do apoio social; podem definir quem vai falar por nós quando não estamos presentes. Um relatório sobre as estratégias que mulheres bem-sucedidas adotam para prosperar no trabalho revelou que um ecossistema efetivo inclui pessoas que acreditam em nosso potencial o bastante para agir em nosso nome nos bastidores. Rosalind Hudnell, diretora de diversidade da Intel, explica que nos níveis em que as decisões sobre a carreira de uma mulher não dependem mais do arbítrio de um gerente, o feedback dessas pessoas pode fazer toda a diferença. "Ter alguém que acredita em você e que possa endossá-la é crucial", ela observou.[12] Sem esse ingrediente, as mulheres podem se dedicar muito e ter todo o conhecimento e, ainda assim, nunca subir aos maiores níveis de liderança.

Mas essas pessoas são apenas um elemento do ecossistema. Já citei o quanto me foi útil criar uma comunidade de membros da família, vizinhos, mães não remuneradas, babás e especialistas para ajudar com as demandas do nosso lar. Do mesmo modo, nossos ecossistemas precisam de vários tipos de talento para nos ajudar a prosperar profissionalmente.

Os membros mais preciosos de nossos ecossistemas são nossas mentoras. Podem ser tias, chefes e líderes da comunidade – todas muito mais experientes do que nós. Elas nos ajudam a alcançar o entendimento nos guiando e incentivando. Conhecem todos os aspectos dos nossos desafios, porque as consultamos com frequência – pelo menos uma vez a cada seis meses. Vamos a nossas mentoras por sua sabedoria, pois elas têm experiência suficiente para ver padrões – da indústria, dos negócios, das nossas mentalidades – e fazem as perguntas certas (e com frequência as mais difíceis) para nos ajudar a tomar decisões. Sua sabedoria transcende áreas específicas, então elas não precisam ser especialistas na carreira que escolhemos. Foram minhas mentoras que disseram "Vá em frente, mas espere para ter filhos" quando as consultei na época em que ainda estava na faculdade e Kojo me pediu em casamento. Essa sugestão pareceu pessoal na ocasião, mas se revelou o melhor conselho profissional para uma mulher de 20 e poucos anos que estava decidida a mudar o mundo.

Há também os conselhos que recebemos dos nossos pares: *colegas mentoras*. Colegas mentoras têm muita empatia por nossos objetivos profissionais, porque estão lidando com as mesmas questões. Estamos todas caminhando juntas. Nos encontramos com essas colegas de poucos em poucos meses para que nos ajudem a mapear e executar nossos planos. Às vezes esses encontros são em grupo. Procuramos por colegas mentoras que confiem em nosso potencial e nos incitem a realizar nossos sonhos. A especialista em negociação Selena Rezvani escreve sobre como as mulheres que discutem seus objetivos e estratégias com outras pessoas se tornam negociadoras mais confiantes, e que

> conversar com as pessoas não só nos dá uma noção daquilo que é possível, mas também nos ajuda a ter uma imagem precisa e verdadeira de quem somos e de qual é nosso valor. Esse tipo de interação nos presenteia com [...] "parceiros afirmativos", que vão nos manter no nosso caminho e garantir que estamos indo atrás do que queremos.[13]

Aliás, este livro que você tem nas mãos é resultado de dois anos de incentivo de uma das minhas colegas mentoras, Reshma Saujani, fundadora do Girls Who Code.

– Então, quando você vai escrever um livro? – perguntava ela sempre que nos encontrávamos.

E agora escrevi um.

Colegas mentoras se envolvem em situações que fazem de nós uma cadeia interligada de poder e uma rede de segurança para as carreiras umas das outras. Às vezes parece que estamos nos agarrando umas às outras como um escalador se agarraria a uma montanha. Quando minha colega mentora Janessa Cox, diretora de diversidade de inclusão da Alliance Bernstein, precisou de um moderador para um painel de discussões que sua empresa estava organizando, ela me convidou, porque sabia que eu estava atrás de mais visibilidade. Infelizmente, não pude aceitar em razão de um conflito de cronogramas, mas indiquei outra colega mentora, a advogada Candice Cook. Quando Keisha Smith-Jeremie precisou de clientes para completar seu credenciamento como coach executiva, apresentei-a à consultora de imagem e branding Kali Patrice, que estava tentando definir a próxima fase de sua carreira e achou uma ótima ideia contratar Keisha para ajudá-la.

Quando descobrimos que Penny Abeywardena estava concorrendo a comissária de assuntos internacionais da Prefeitura de Nova York, todas passamos a mão no telefone para endossá-la. Nossa garota seria a escolhida. Resumindo, independentemente do ponto em que estejamos em nossa carreira, precisamos fomentar um ecossistema de outras mulheres que se encontram no mesmo nível para que possamos nos ajudar a escalar a montanha, juntas.

E chegamos às *patrocinadoras* – pessoas dispostas a usar seu capital social e político para fazer campanha por nosso sucesso. Não procuro minhas patrocinadoras com a frequência que procuro minhas colegas mentoras, mas elas facilitaram todo grande passo que dei na minha carreira. Uma das minhas primeiras patrocinadoras foi Janie Williams, líder de justiça social e filantropa de Seattle, que me ajudou a conseguir uma vaga num programa de angariação de fundos logo no início da minha carreira. As patrocinadoras têm boas relações com pessoas cruciais, o que faz delas membros inestimáveis de nosso ecossistema. Elas não precisam saber tudo sobre nós nem sempre saber quais são nossos planos profissionais. Só precisam nos considerar profissionais incríveis e se sentir seguras para nos indicar para organizações influentes ou recomendar uma promoção.

Precisamos entender que nossas patrocinadoras precisam ser muito criteriosas com como investem seu capital, porque, quando convencem alguém a nos dar uma oportunidade, estão arriscando a própria reputação. Se não seguirmos o conselho que uma mentora nos der em particular, só duas pessoas vão saber. Mas se uma patrocinadora nos indica e não correspondemos, arranhamos sua imagem pública. Faço de tudo para evitar que uma patrocinadora se arrependa de ter investido em mim. O bom é que, quando correspondemos, contribuímos para a credibilidade de nossa patrocinadora. E, se continuarmos correspondendo, talvez estejamos em posição de retribuir sua ajuda no futuro.

Estava conversando recentemente com minha amiga Kelly Parisi, uma profissional de comunicação brilhante, sobre a patrocinadora que temos em comum, Marie. Kelly estava no início da carreira quando Marie, então presidente da Ms. Foundation, investiu nela. Kelly acabou se tornando diretora de comunicação das Escoteiras dos EUA e também era a responsável pela comunicação da LeanIn.org. Falei para Kelly sobre como eu era grata a Marie.

– Eu faria qualquer coisa por ela – disse.

– Eu também! – rebateu Kelly com entusiasmo.

Então pensamos em todas as pessoas que estavam nessa mesma situação – homens e mulheres em posição de destaque –, que eram gratos a Marie por ter investido nelas. Se Marie precisar de qualquer coisa, é só pegar o telefone e ligar para um de nós. Foi quando percebemos: o fato de ela investir em tantas pessoas é um dos motivos pelos quais Marie é tão poderosa.

Promotores são o quarto grupo de pessoas do nosso ecossistema. São os reservas que torcem por nós na beira do campo, dispostos a correr imediatamente para nos apoiar caso venhamos a pedir. Eles não nos conhecem tão intimamente quanto outros membros do nosso ecossistema, uma vez que conversamos principalmente via mídias sociais ou e-mails, mas sabem o suficiente para dizer sim quando precisamos de um conselho rápido, um contato, uma referência ou um recurso. A regra tácita é também estarmos dispostos a devolver o favor num piscar de olhos. Procuramos nossos promotores para situações menores que facilitarão nosso sucesso profissional, mas não exigem um comprometimento maior por parte do promotor. Por exemplo, pedimos a eles que divulguem uma vaga quando estamos atrás de um talento ou retuítem um artigo que escrevemos.

Finalmente, chegamos aos membros do nosso ecossistema que mais nos inspiram: nossas *discípulas*. São pessoas mais jovens profissionalmente do que nós. Costumam solicitar de nós o mesmo tipo de conselho e incentivo que recebemos de nossas mentoras, e, quando surge a oportunidade, não hesitamos em agir como suas patrocinadoras. Mas o que fazemos por nossas discípulas não é nada perto da torcida e do apoio que recebemos delas – pelo menos é isso que eu vejo. A maior contribuição de nossas discípulas é nos manter relevantes e com o pé no chão. Investimos em discípulas que nos fazem lembrar daquilo que é possível e nos enchem de orgulho quando as recomendamos a outros profissionais.

Minhas discípulas contribuíram para minha jornada de liderança de inúmeras maneiras. Certa vez, fiquei tão preocupada com um prazo que esqueci completamente de enviar convites para um evento que estava organizando para uma fundação muito importante – e só me dei conta quando faltavam três dias. Como era um evento que tinha como alvo a geração Y, escrevi para várias das minhas discípulas, que responderam em minutos dizendo que estariam lá. Uma delas, Damali Elliott, fundadora da Petals-N-Belles, uma organização que capacita meninas, respondeu que não poderia estar presente, mas que divulgaria o evento. Ela recrutou várias amigas, que lotaram o salão. Damali me salvou! Outra de minhas discípulas, Samira DeAndrade, é uma executiva de moda muito dedicada que trabalha para marcas como Donna Karan, Diesel e Alice + Olivia. Samira sempre garante que eu esteja bem vestida para aparições públicas, e eu fico feliz em promover as marcas com que ela trabalha. Minhas discípulas me ajudam com tudo, de pesquisas a ficar com meus filhos quando estou em apuros. Eu não estaria onde estou hoje sem elas.

Qualquer pessoa – colegas, chefes, amigas, parentes, vizinhos, babás e amigos – pode ser membro de nossos ecossistemas. O maior desafio é priorizar o tempo de cultivo dessas relações importantes. Há muitas maneiras de fazer isso. Uma das minhas amigas, Katherine Mossman, envia bilhetes escritos à mão para as pessoas. Também há ferramentas de gerenciamento de contatos que facilitam essa tarefa. Desde que terminei a faculdade, mando e-mails duas vezes por ano para atualizar as pessoas com quem quero manter contato. Mandei o primeiro desses e-mails para três professores que mais me influenciaram e incluí alguns amigos. Agora, quase vinte anos depois, minhas atualizações são enviadas a mais de trezentas pessoas, todas com quem estudei ou trabalhei de alguma forma. Acima de tudo, quero que as pessoas do meu ecossistema saibam que seu conselho e apoio continuam fazendo a diferença na minha vida.

Além das atualizações regulares, é importante dedicar tempo do cronograma ao cultivo do ecossistema. Muitas das mulheres que entrevistei para escrever este livro separam um tempo toda semana para encontros com sua rede – eu faço os meus nas manhãs de terça, quinta e sexta-feira. Nossos ecossistemas devem ser tão diversos e plenos que, quando precisamos de alguma coisa – qualquer coisa –, se não conhecemos alguém que possa ajudar, conhecemos alguém que conhece alguém que pode. Como minha amiga Erica Dhawan, consultora de liderança, diria: "É com a inteligência conectiva que realizamos grandes projetos."

A terceira ação é *ir a eventos* que aumentem nossa visibilidade. Podem ser eventos reais nos quais nos dirigimos a um público ou compomos um painel de discussão ou eventos virtuais, como debates no Twitter o importante é usarmos e ouvirmos nossa própria voz. Tive a sorte de participar do lançamento da Seattle Girls, uma escola exclusiva para meninas cujo foco é matemática, ciência e tecnologia. Um dos aspectos mais importantes da abordagem da instituição é o foco na tradição oral grega. Na quinta série, as garotas já são capazes de ficar diante de um grupo de colegas e adultos e demonstrar seu conhecimento verbalmente com confiança. Essas garotas brilhantes aprendem desde cedo a aumentar sua visibilidade.

Existem muitas pessoas inteligentes que têm capacidade para alcançar seus objetivos, e a maioria delas está definhando em posições medianas. Para chegar ao topo da carreira, precisamos estar dispostas a assumir plataformas públicas que reflitam nossas paixões e nos destaquem em meio a nossos colegas. A melhor maneira de nos destacarmos no ambiente de trabalho é usando nossa voz. Procuro oportunidades de fazer apresentações, participar de painéis de discussão e dar palestras, porque são as maneiras mais eficientes de construir credibilidade e me posicionar como líder. Warren Buffett um dia disse a uma turma de estudantes de negócios que pagaria a qualquer pessoa que estivesse ali 100 mil dólares por 10% de seus ganhos futuros, mas que, se fossem bons comunicadores, aumentaria a oferta em 50%. A capacidade daqueles estudantes de motivar outras pessoas por meio de suas habilidades comunicativas tornaria seu investimento mais valioso.[14] Ainda que a ideia de falar em público nos embrulhe o estômago, há muitas maneiras de exercitar nossa voz sem ficar com as mãos suadas, como usar as mídias sociais, escrever para periódicos e assumir papéis de liderança em organizações profissionais, entre outras. Numa pesquisa de 2013, a empresa de consultoria BRANDfog determinou que 75% dos americanos acreditam que a participação de CEOs nas mídias sociais resulta em melhores técnicas e resultados de liderança.[15] Traduzir nossa visão do que é importante com a informalidade e a acessibilidade permitidas pelas mídias sociais pode nos colocar em contato com pessoas capazes de nos apoiar em nossas jornadas de liderança.

Ir a eventos que aumentam nossa visibilidade também torna nossas redes de contatos mais eficientes. Num painel de discussões ou numa discussão no Twitter, posso facilmente conhecer vinte pessoas que ouviram o que eu tinha a dizer e querem me acompanhar. Eu teria que abrir mão de quatro noites, um tempo precioso para uma mãe que trabalha fora, para ir a quatro eventos e conhecer o mesmo número de pessoas individualmente. Aumentar nossa visibilidade aumenta também o número de pessoas que quer entrar em contato conosco, o que significa muito menos trabalho.

A última ação é *dormir*. Conseguir ter uma boa noite de sono talvez seja a tarefa mais difícil para uma mulher que está tentando equilibrar as responsabilidades do trabalho e do lar, mas, como Arianna Huffington defende em *The Sleep Revolution* [A revolução do sono], é uma atividade essencial em razão do impacto positivo que tem em todas as outras que fazemos. Dormindo o suficiente todos os dias, abastecemos a energia, fortalecemos a memória e o aprendizado e alimentamos a criatividade.[16] Curiosamente, pode haver uma ligação direta entre o estresse do ambiente de trabalho e os padrões de sono de seus funcionários: um estudo recente revelou que funcionários com chefes menos solidários dormiam menos e eram duas vezes mais propensos a desenvolver doenças cardiovasculares do que aqueles que tinham chefes mais criativos e disponíveis.[17] Tive a sorte de ter uma chefe do segundo tipo: Caroline Ghosn, CEO incrível da Levo.

Minha revolução do sono foi, de certa forma, incentivada por Caroline. Durante minha primeira sessão de feedback com ela, Caroline disse que reconhecia minha evolução profissional, mas que estava preocupada com meu sono. A maioria dos funcionários da empresa usava aplicativos rastreadores de sono, e Caroline conhecia meus padrões de sono pelo aplicativo e pela hora em que eu enviava e-mails. Digamos que minhas atividades revelavam que eu não dormia muito, mas, em minha defesa, não era menos do que a média das mães que trabalham fora – cerca de cinco horas.[18]

No início, o comentário pareceu invasivo. Na época, a maioria dos empresários da Levo tinha 20 e poucos anos, todos solteiros, e eu era a única que tinha filhos. *Ela não entende,* pensei comigo mesma. Como se pudesse ler meus pensamentos (o que, depois de trabalhar com ela por três anos, acredito que possa ser verdade), Caroline reconheceu que eu era a única mãe da equipe e se ofereceu para ajudar a fazer com que eu dormisse mais, mesmo que fosse me permitir cochilar durante o dia. Para ela, era mais estratégico ter uma funcionária cheia de energia por um período mais curto do que uma funcionária quase sem energia o dia todo.

Eu teria ignorado se não fosse pelo comentário de Kojo naquela noite quando contei sobre a reunião.

– Acho que o mundo seria melhor para todos se você dormisse mais – disse ele.

Ai. Foi quando comecei o experimento "oito por oito": dormir oito horas por dia durante oito semanas, o que eu não fazia desde que me tornei mãe. Para conseguir manter o experimento, tive que interromper o cronograma típico de mãe que trabalha fora que dita o ritmo da nossa roda da vida. Funciona basicamente assim: passamos a manhã nos preparando e preparando os outros para o dia, então vamos para o escritório, aonde chegamos cedo porque deixar as crianças na escola exige que saiamos de casa mais cedo do que os colegas que não têm filhos. Quando chegamos a determinado patamar profissional, ficamos em reunião o dia todo. Fazemos anotações em todas as reuniões, empilhando listas enormes de tarefas que precisaremos cumprir mais tarde. Infelizmente, o "mais tarde" nunca chega. Saímos correndo da última reunião para pegar nossos filhos na escola ou liberar a babá. Depois de alimentar, dar banho e colocar nossos filhos na cama, arrumamos a casa e finalmente nos sentamos ao computador para ler o monte de e-mails enviados entre o momento em que deixamos o escritório e a hora em que colocamos nossos filhos na cama. Respondemos a todos eles. Quando terminamos essa tarefa, já são dez da noite e ainda temos que cumprir as listas que fizemos durante o dia. Colocamos a cabeça no travesseiro à meia-noite, se tivermos sorte, mas, se houver alguma questão familiar ou da escola para resolver, é mais provável que isso aconteça à uma da manhã. Como eu estava cumprindo a ação de *praticar exercícios*, outra atividade crucial, estaria em pé às cinco da manhã para começar tudo de novo.

A única maneira de interromper esse ciclo vicioso seria terminar o trabalho durante o dia, o que significava assumir o controle do meu cronograma. Busquei conselhos de mulheres que já haviam passado por isso. Uma das minhas mentoras tinha abandonado havia tempos o hábito de marcar reuniões de uma hora. Todas as suas reuniões duravam quarenta minutos, seguidas de uma janela de dez minutos para cumprir as tarefas que surgiram daquela reunião e para fazer um intervalo. Outra líder que mantinha sua porta sempre aberta usava um cronômetro sempre que alguém aparecia em sua sala para falar com ela "cinco minutinhos". Só essa tática já me rendeu uma hora. Uma das melhores ferramentas que adotei de um executivo foi fazer uma simples pergunta: "Por que você precisa de mim nessa reunião?" Perguntar isso fazia com que as pessoas se desculpassem e cancelassem o convite.

O resultado do experimento "oito por oito" foi surpreendente. Depois de passar dois meses indo dormir às nove da noite, descobri que estava exausta havia sete anos. Eu fazia as coisas acontecerem, mas não estava funcionando em capacidade ideal. Uma névoa que eu nem tinha percebido que existia se dissipou, e fiquei muito mais alerta. Tenho vergonha de admitir que antes desse experimento eu tinha orgulho de dormir pouco. Pior, achava que era uma característica positiva nos outros, sinal de uma ética de trabalho sólida, força e comprometimento. Mas o experimento me fez lembrar que é a tartaruga, e não a lebre, que triunfa no final. Devagar e sempre ganha a corrida.

Muitas vezes, quando estou colocando o Kofi para dormir, ele me lembra:

– Mãe, você pode nos obrigar a deitar, mas não pode nos obrigar a dormir!

Essa lógica também se aplica a nossos companheiros. *Levá-lo* a fazer mais não é o mesmo que ele *querer* fazer mais. E a melhor estratégia para fazer com que nossos companheiros se comprometam com a peteca que deixamos cair é mostrar a eles o quanto isso nos permite prosperar. Quando as mulheres praticam as Quatro Ações, os homens veem o fruto de seu trabalho.

Um ano depois de ter restabelecido minha rotina matinal de exercícios e de estar participando ativamente de almoços e eventos (eu demoraria mais alguns anos para começar a dormir direito), perguntei a Kojo o que ele achava do nosso Fluxo de Casa. Ele admitiu que quando lhe passei algumas responsabilidades da casa, ele ficou frustrado, porque pareceu um engodo. Afinal, tinha se casado com a rainha da vida doméstica. Com o tempo, no entanto, a frustração passou.

– Não é que eu goste de fazer todas essas coisas. Mas lembrei que nos casamos por causa do impacto que acreditávamos que podíamos causar no mundo. A sua paixão por favorecer o crescimento de mulheres e meninas. A minha por fomentar a África Subsaariana. Você sempre me apoiou quando eu tive a oportunidade de seguir essa paixão. Me comprometi a fazer o que fosse preciso para garantir que você pudesse mudar o mundo. É isso que me mantém motivado.

Em apenas dois anos, a parceria total com Kojo e a implementação das Quatro Ações resultaram na maior promoção da minha carreira. Fui nomeada presidente do White House Project.

Capítulo 20

A última fronteira

Assumi a presidência do White House Project no fim de 2010 e, nos cinco anos seguintes, muitas coisas mudaram em minha vida. Primeiro, minha carreira disparou. Depois de dois anos presidindo o White House Project, me juntei à equipe de lançamento do Faça Acontecer, um movimento cujo foco é incentivar mulheres a irem atrás de suas ambições, e virei diretora de liderança da Levo, a rede criada para mulheres da geração X que mais cresce no mundo. A Levo orienta e mune jovens profissionais com as ferramentas necessárias para construir excelência e criar vidas que incitem sua paixão. Atraiu a atenção de líderes como Warren Buffett, Soledad O'Brien e Kevin Spacey – todos eles deram entrevistas inspiradoras que estão disponíveis no site da organização.

Minha visibilidade também estourou. Fui convidada a palestrar nas maiores conferências de mulheres, como As Mulheres Mais Poderosas, da *Fortune*, e TEDWomen. Fiquei lisonjeada ao ser aplaudida de pé na *Leading Women Defined*, do canal BET, e chorei quando a produtora do evento me escreveu dizendo que a última pessoa a causar esse tipo de comoção tinha sido Michelle Obama. Fui convidada para participar de conselhos, comitês consultivos e redes de mulheres poderosas. Além disso tudo, tive muito reconhecimento no trabalho, o que, pela primeira vez na vida, não estava constantemente buscando. Eu tinha desistido de tentar ser perfeita. *Que ironia*, pensei, quando a *Fast Company* me incluiu em sua Liga de Mulheres Extraordinárias, *que esse elogio tenha vindo logo agora que desisti de ser extraordinária e passei a simplesmente me concentrar em fazer o que mais importa para mim.*

Kojo também estava arrasando. Estava participando da equipe de lançamento do Atlas Mara, o novo grupo financeiro idealizado pelo ex-CEO da Barclays, Bob Diamond, e pelo empreendedor Ashish Thakkar. Seu objetivo era revolucionar a atividade bancária da África, e eles estavam progredindo: já tinham levantado 325 milhões de dólares por meio de uma oferta pública inicial na Bolsa de Valores de Londres. Pouco mais de um ano depois, os ativos do Atlas Mara já estavam em 2,6 bilhões de dólares. Kojo estava fazendo o que mais importava para ele: fomentar a África Subsaariana.

Enquanto isso, Kofi e Ekua passaram de bebês a jovens vibrantes num piscar de olhos. Nosso filho, que um dia encontrei enrolado em sacos de lixo num bebê conforto, agora batia uma bola de basquete pelo apartamento. E a mesma filha cujo cabelo eu me preocupava em manter sempre alinhado agora sacudia as lindas tranças (feitas num salão) ao som de Taylor Swift. Em alguns dias, Kojo e eu sentíamos falta de um apito para arbitrar as discussões das crianças, mas, na maior parte do tempo, nosso objetivo de criar cidadãos do mundo conscientes parecia estar sendo atingido.

Eu estava num ponto da carreira no qual as responsabilidades e demandas eram maiores do que nunca, mas me sentia completamente no comando. E essa compostura vinha da mesma mulher que, alguns anos antes, não conseguia nem imaginar participar das reuniões de conselho do bairro que aconteciam um domingo ao mês porque isso atrapalharia sua rotina de preparo das refeições. A maior mudança: eu deixei a peteca cair. O resultado: Kojo a pegou.

Sabe quando uma coisa nova acontece – você compra um carro, um par de sapatos, a barriguinha da gravidez aparece – e de repente você passa a reparar vários Jettas, alpargatas e barriguinhas à mostra? É isso que acontece quando deixamos a peteca cair. De repente começamos a encontrar mulheres que declaram "parei de limpar o topo da geladeira há anos", cheias de confiança. Durante um tempo, quando eu encontrava essa nova leva de mulheres, era como se eu não tivesse recebido um memorando importante. Descobri que cada vez mais mulheres são motivadas a redefinir seu sucesso abandonando o mito da Supermulher e envolvendo os companheiros numa parceria total. Mas, para muitas, a batalha mais difícil é contra as expectativas irreais que temos em relação à maternidade. Senti isso mais profundamente quando meus filhos cresceram e passaram a articular o que precisavam de mim.

Uma tarde de sábado, Kofi, então com 6 anos, e eu estávamos abraçados num canto do sofá azul, conversando. Ele tinha acabado de passar o verão com o pai e a irmã em Gana, e perguntei do que ele mais tinha gostado na viagem. Ele pensou um pouco olhando para o teto e respondeu, desejoso:

– Lá em Gana, eu não precisava ficar segurando a mão de um adulto.

Ele perguntou por que sempre tinha que segurar minha mão em Nova York, e, quando expliquei que era por segurança, sugeriu que eu precisava confiar mais nele.

– Eu já sou grande. Não vou sair correndo.

Por causa do processo de deixar a peteca cair, fiquei surpresa com a viagem que minha mente fez ao ouvir isso: imaginei uma mulher andando pela rua, o filho correndo a uma quadra inteira de distância e meu julgamento imediato de que ela era uma mãe irresponsável. Então me lembrei do livro que comecei a ler um dia sobre a criação francesa, que defendia que os pais deixassem as crianças andarem com independência. Nunca terminei de ler aquele livro. Dei uma resposta definitiva:

– Querido, você vai entrar no seu casamento segurando minha mão.

Eu estava brincando, mas nem tanto. Neste momento, enquanto escrevo este livro, confio que meu filho de 9 anos consegue colocar o próprio cinto de segurança, preparar um chá sozinho usando água escaldante e cortar o pão com uma faca afiada, mas ele *ainda* deve segurar minha mão quando andamos pela rua. As raízes do desejo pela maternidade perfeita são profundas.

Embora saibamos que não é possível, as mulheres de hoje sentem mais pressão do que nunca para serem mães perfeitas. De acordo com a revista *Time*, cerca de 80% das mães da geração Y acreditam que é importante ser uma mãe perfeita.[1] Mesmo mulheres que estão se recuperando da SCL aceitam com facilidade a imperfeição no gerenciamento do lar, mas sentem dificuldade de abrir mão de tarefas relacionadas à maternidade. A maternidade é a última fronteira do processo de deixar a peteca cair.

Nosso medo não vem só de dentro de nós. O estigma social de qualquer coisa que não seja a perfeição no que diz respeito à criação dos filhos recai sobre a mulher. As mulheres carregam o peso das críticas à sua maternidade, e as da geração X são ainda mais sensíveis a elas. Um estudo do Pew Research Center feito com milhares de americanos revelou uma crença forte de que os pais de hoje não estão correspondendo aos padrões estabelecidos pelos pais da geração anterior. Embora os entrevistados tenham admitido que o trabalho das mães é mais difícil que o dos pais, mais de metade deles (56%) disse acreditar que as mães de hoje deixam a desejar em relação às mães de vinte ou trinta anos atrás. Em contraste, apenas 47% afirmaram que os pais estão deixando a desejar.[2]

Muitos apontaram o dedo para as mães que trabalham fora, o que só faz aumentar a pressão. Mulheres que se sentem culpadas por trabalhar costumam compensar com um superenvolvimento, assumindo total responsabilidade pelos "sucessos" e "fracassos" dos filhos, uma nova forma de SCL conhecida como maternidade-helicóptero. Vários estudos demonstram que a maternidade-helicóptero pode fazer mais mal do que bem. Um estudo de 2012 revelou que os filhos dessas mães se envolvem menos na escola, são excessivamente dependentes e não têm capacidade de resolver problemas e de defender a si mesmos, e os pais sofrem mais com estresse.[3] Aparentemente, sobrevoar é melhor para pilotos do que para mães, mas não recebemos esse memorando também.

Como se a pressão social não fosse suficiente, agora temos que lidar com as pressões geradas pelas mídias sociais. Noventa por cento da geração Y usam mídias sociais – e com razão; elas são um baú de informações valiosas e oferecem uma maneira fácil e eficiente de manter contato com aqueles que amamos. No entanto, quando pais publicam informações e fotos de seus filhos e suas famílias (talvez numa tentativa inconsciente de receber a aprovação dos outros), o efeito dominó é que a "amiga" que vê a postagem de uma mãe anunciando que o filho de 2 anos dominou a linguagem de sinais se sente um pouco menos perfeita. Então, ela corre para comprar CDs de ensino de idiomas para crianças para que seu filho comece a aprender chinês. Mães que veem mais se sentem obrigadas a fazer mais.

As mídias sociais apresentam uma imagem unilateral da vida das pessoas, pois muitas tendem a compartilhar apenas a melhor parte de seus dias, e não a lavação de roupa suja causada pelas birras dos filhos, brigas de casal, dramas de família ou problemas no trabalho – todas aquelas coisas que fazem de nós humanas e, portanto, fazem com que as pessoas se identifiquem conosco. A verdade é que se sentir preocupada, confusa, culpada, sobrecarregada e até incapaz de vez em quando é o novo normal – assim como as mulheres trabalharem fora de casa.

Em 2014, o número de pais ou mães que ficava em casa nos EUA era um pouco maior que 5 milhões – não chegava nem a 30% da população do país.[4] Os custos altos da criação dos filhos, cerca de 14 mil dólares por criança por ano, tornam inviável para a maior parte das famílias que um dos pais não seja remunerado. Mas, embora a maioria de nós esteja no mercado de trabalho, um relatório da Working Mother Media descobriu que 60% das mães da geração Y ainda acreditam que um dos dois deveria ficar em casa cuidando dos filhos.[5] Essa lacuna entre realidade econômica (a maioria das mulheres precisa trabalhar) e as expectativas culturais irreais (as mulheres devem cuidar da casa) não pode ser superada com a culpa. Mas pode ser diminuída com a verdade: a crítica que diz que as mães que trabalham fora são a ruína da criação dos filhos é infundada e mais reveladora do desconforto nacional com o papel em transformação das mães do que do bem-estar das crianças de hoje.

Comparadas às gerações anteriores, na verdade é improvável que as mães de hoje estejam deixando a desejar. Como Judith Warner escreve no livro *Mães que trabalham: a loucura perfeita*, um estudo de oito anos revelou, em 1955, que não há "diferenças significativas em relação a desempenho escolar, sintomas psicossomáticos ou proximidade com as mães" entre filhos de mães que trabalham fora e filhos de mães que ficam em casa.[6] Um estudo realizado em meados da década de 1970 que analisou fatores como vida familiar, criação, classe e etnia revelou que "não há diferenças significativas em relação a inteligência, linguagem, habilidades sociais ou apego" entre filhos cuidados pelas mães ou por funcionários de uma creche.[7] A mesma conclusão surgiu em 1988 e mais uma vez em 1996. Em outra pesquisa, foram analisados 69 estudos de caso para determinar os efeitos de longo prazo da profissão materna durante a infância. Com poucas exceções, a profissão da mãe não tem qualquer influência sobre o bem-estar geral e o sucesso futuro de um filho.[8] Não há motivos para continuarmos com a autoflagelação no que se refere à maternidade.

Então como as mães podem bloquear todo esse ruído branco? Em vez de tentar corresponder a expectativas irreais e conquistar "curtidas", podemos redirecionar nossa energia para o que mais importa para nós – uma vez que quaisquer inseguranças que venhamos a enfrentar são causadas por uma imagem unilateral. Em vez de nos viciarmos em comparações, podemos cultivar o poder de conexão das mídias sociais. Sites como o Facebook oferecem a oportunidade de compartilharmos nossas lutas e conquistas com mais transparência, o que pode gerar conversas mais autênticas sobre as frustrações e os medos associados à maternidade.

É claro que é mais falar do que fazer. A pressão para ser uma mãe perfeita é tão dominante que mesmo mulheres que não têm filhos a sentem. Elas recebem as mesmas mensagens da sociedade e estão expostas às mesmas publicações. Mas, em vez de direcionar sua ansiedade à maternidade-helicóptero, são obrigadas a lidar com expectativas externas de que não fazem o suficiente, e costumam sentir pressão no trabalho para ficar até mais tarde e se dedicar mais, uma vez que não têm filhos para buscar no treino de futebol ou uma família para a qual precisam preparar o jantar. Na verdade, minha colega Sam estava respondendo a essa pressão quando compartilhou comigo sua preocupação quanto a carregar a maior parte da carga no trabalho. Muitos tendem a confundir inconscientemente os papéis de "mulher" e "mãe". E, embutido no segundo, está a responsabilidade de ser tudo para todos, oferecer cuidado constante e amar cada instante de seu exercício. Mulheres que não querem ser mães podem não ser obrigadas a lidar diretamente com essas expectativas, mas, ao mesmo tempo, são consideradas "não normais", como se tivessem escolhido não priorizar o cuidado com os outros. Com frequência, essas mulheres priorizam, sim, o cuidado com os outros de maneiras que não necessariamente envolvem filhos. Além disso, mulheres que gostariam de ter filhos mas têm dificuldade, seja porque querem ter um companheiro ou porque têm problemas de fertilidade, recebem essa mesma mensagem.

Cada uma dessas mulheres precisa se sentir livre para deixar a peteca cair.

Nossa dependência coletiva para com um modelo definitivo de criação está sufocando a capacidade das mulheres de serem felizes consigo mesmas e com suas escolhas. Talvez, nas palavras das Indigo Girls, exista "mais de uma resposta a essas perguntas / Me apontando um caminho tortuoso".

Preciso ser honesta em relação a alguns privilégios que facilitaram que eu deixasse a peteca cair. Para começar, sou uma mulher afro-americana que foi racialmente socializada. Desde a infância, meus pais me disseram que eu era negra, e me ajudaram a contextualizar minha identidade negra. Eles diziam coisas como "As coisas vão ser mais difíceis para você do que para as pessoas brancas. A vida não é justa". Pode parecer uma mensagem dura para uma criança, mas descobri que ter clareza a respeito de como o mundo funciona de verdade é bem útil. Não estou dizendo que essas mensagens não criaram um fardo para mim. Quando sou a única pessoa negra presente, acredito sinceramente que, se eu fracassar, será um golpe em toda a minha etnia. O que quero dizer é que, ao contrário de algumas das minhas amigas brancas, fiquei arrasada mas não de todo chocada quando Hillary perdeu para um homem que fazia piada com o fato de uma mulher ser agredida e que nunca tinha exercido nenhum cargo público. Nunca tive a ilusão de que a pessoa mais qualificada necessariamente vai ser escolhida para o cargo. Na maior parte do tempo, minha identidade racial me permite colocar minha experiência numa perspectiva maior e agradecer por isso. Sim, minha filha acabou de se jogar na calçada como se fosse uma manifestante pelos direitos civis porque eu não deixei que ela tomasse sorvete, mas ela não vai ser tirada de mim e vendida. Se meus ancestrais superaram esse trauma, eu posso superar essa birra. Então, contextualizar minha roda da vida em relação à experiência coletiva das mulheres foi um salto semelhante e muito útil para que eu percebesse uma coisa que gostaria que outras mulheres entendessem mais cedo: não estamos enlouquecendo, e não estamos sozinhas.

O segundo privilégio que facilitou que eu deixasse a peteca cair foi minha crença espiritual. Acredito que todos somos almas e que existimos porque Deus nos ama. Acredito que quando Kofi e Ekua, como almas, estavam olhando para baixo para escolher a mulher que seria sua mãe nesta vida, eles me escolheram. Não sei por quê. Descobrir a resposta a essa questão é o despertar que cada um de nós deve ter em relação à própria mãe, e meus filhos terão o seu em relação a mim em seu próprio tempo. Mas acredito que, se eles precisassem de uma mãe menos ambiciosa, teriam escolhido outra mulher. Então, quando estou saindo de casa correndo e olho para a babá tirando as tranças de Ekua, um vínculo da infância que eu tinha com minha mãe e de que me lembro vividamente, sinto uma pontada de culpa porque não sou eu quem está fazendo aquilo, mas logo me recupero. Quando chego ao último degrau da escada, estou confiante de que aquilo que *estou* fazendo vai mudar o ambiente de trabalho e permitir que minha filha use suas tranças com orgulho. Estou confiante de que ela sabe melhor do que eu no que estava se metendo quando decidiu que eu deveria ser sua mãe. Essa é uma circunstância pela qual não posso me culpar. Posso apenas fazer o meu melhor para guiá-la em seu caminho único. Finalmente, minha fé espiritual me ajudou a entender a fonte derradeira da pressão para que sejamos perfeitas. Me ajudou a entender por que nossas identidades maternas costumam ser tão complicadas e trabalhosas: o relacionamento com nossas próprias mães costuma ser exatamente assim, emaranhado.

Desde 2006, quando me vi encharcada de leite no chão do banheiro do escritório, falei com minha mãe apenas três vezes. Odeio a palavra *distante* porque é o oposto do que sinto em relação à minha mãe. Ela está sempre comigo. Mas, tecnicamente, é o que somos. Há pouco tempo, eu estava conversando com minha irmã, Trinity, que estava demonstrando raiva por nossa mãe não ser presente em nossas vidas. Ela não entendia por que eu não estava com raiva também.

– O Kofi e a Ekua não a conhecem – disse ela. – Ela não quer conhecer os próprios netos?

Irmãs têm uma maneira especial de dizer as coisas que nos fazem cair no choro. Segurei o meu. Independentemente da história, todos os filhos têm suas próprias versões sobre suas mães. Esta é a minha:

Desde que descobriu que estava grávida até os meus 16 anos, minha mãe me deu tudo de que eu precisava para ser forte. Ela me ensinou que eu era a agente de mudança mais poderosa da minha própria jornada. E fez isso apesar de não ter ninguém que fizesse o mesmo por ela. Por causa dela, meus filhos têm uma mãe que é saudável e tem mais poder. Era o melhor presente que ela podia dar. Ela não nos deve mais nada.

Assim que me lembrei dessa minha versão, tive o meu despertar. Passei a vida inteira perdoando as imperfeições da minha mãe enquanto me recusava a perdoar as minhas. Se estivesse muito ocupada para ligar para uma velha amiga da faculdade, eu era uma péssima amiga. Se meus pães não crescessem exatamente como eu esperava, era uma péssima cozinheira. Se alguém da minha equipe pedisse demissão, era uma péssima chefe. Se meu marido servisse pizza para os meus filhos, era uma péssima mãe. Gastei muito tempo tentando provar que eu era perfeita – uma tarefa inútil, já que somos todos humanos e imperfeitos por natureza. Na verdade, nossa imperfeição é o que nos torna cativantes. Foi quando, finalmente, entendi.

Eu a escolhi porque ela me ensinaria a me amar nas minhas imperfeições.

Amar a nós mesmos nas nossas imperfeições é pré-requisito para deixar a peteca cair.

Certa manhã, Kofi e eu estávamos no banheiro e Ekua entrou pela porta com os braços estendidos num círculo enorme.

– Olhem o barrilzão de maçãs que eu colhi! – exclamou, com a respiração pesada de carregar uma carga tão grande, embora imaginária.

Continuei me maquiando. Kofi parou de pentear o cabelo para interagir com a irmã. Ele fingiu enfiar o braço no barril e tirar uma maçã, segurando-a acima da cabeça.

– Rá! – provocou. – Vou comer uma das suas maçãs!

Ekua imediatamente fez um escândalo. Começou a pular, tentando sem sucesso pegar a maçã da mão fechada do irmão. Ela gargalhou e depois chorou, eventualmente se jogando no chão em desespero.

Enquanto essa cena se desenrolava, tive uma epifania. Alguns minutos antes, Ekua tinha nos convidado a entrar em seu mundo imaginário, sobre o qual mantinha total controle, mas, em segundos, ela permitiu que o irmão sequestrasse aquele mundo. Então *ela* se tornou a birrenta jogada no chão do banheiro. *As mulheres precisam parar de fazer isso. Precisamos parar de deixar que as outras pessoas sequestrem nossas jornadas.* Ekua olhou para mim em busca de ajuda. Lágrimas escorrendo pelo seu rosto. Larguei o rímel, me abaixei e sussurrei em seu ouvido.

– Suas maçãs são mágicas, querida. Sempre que seu irmão pega uma, ela se transforma em pó. Ele não pode comê-las.

Com isso, Ekua sorriu, se levantou do chão e começou a juntar as maçãs imaginárias, devolvendo cada uma delas cuidadosamente ao barril. Enquanto saía do banheiro, com os braços estendidos, virou para o irmão para dar a última palavra:

– Toma!

Mais tarde, disse a ela o quanto estava orgulhosa com sua decisão de não deixar que o jogo do irmão a vencesse. Eu disse a ela:

– Você é tão inteligente. Você é tão amada. Você é tão bonita.

Capítulo 21

Liberdade

É terça-feira, 12 de fevereiro de 2015, e estou a dois dias de perder mais um Valentine's Day, que é o dia dos namorados nos Estados Unidos, mas no qual também celebramos o amor por parentes e amigos. Mas estou muito animada porque amanhã vou a Aspen para participar do seminário "Competição e cuidado: como podemos encontrar o equilíbrio entre o trabalho e a família para mulheres e homens?", organizado por Anne-Marie Slaughter. São quatro da tarde quando termino a última reunião, e um novo e-mail da escola de Ekua aparece na minha caixa. Assunto: Valentine's Day. *Droga. Esquecemos os cartões de Valentine's Day para os coleguinhas das crianças. A troca é amanhã.* Meu telefone toca menos de um minuto depois. É Kojo, e ele está sussurrando, o que significa que teve que sair de uma reunião para me ligar.

– Querida, veja seu e-mail. Esquecemos os cartões para o Valentine's Day das crianças!

Decidimos que eu vou comprar os cartões, porque já terminei minhas reuniões e ele ainda tem mais uma. Então faço as crianças começarem a escrever suas mensagens. Quando Kojo chegar, ele as ajuda no que for preciso enquanto faço minhas malas.

A velha Tiffany teria planejado um cartão exclusivo para cada criança e corrido até a papelaria para comprar o material necessário. (Detalhe: ela teria feito isso com duas semanas de antecedência.) Essa loucura, felizmente, ficou no passado! A nova Tiffany iria a uma loja grande e compraria um kit pronto com o super-herói do momento estampado. Mas não tem nenhuma no meu caminho para casa, e não vou arriscar perder a vaga do estacionamento pegando o carro para ir até uma quando chegar em casa. Então a Tiffany atual só tem uma opção: passar na papelaria que fica ao lado de casa. Pego uma resma de papel vermelho para as crianças escreverem suas mensagens e um pacote de pirulitos em formato de coração que vejo no caixa. As crianças podem simplesmente colar o pirulito no "cartão". Problema resolvido.

Infelizmente, Kofi e Ekua não ficam felizes com minha solução quando mostro, orgulhosa, o papel e os pirulitos. O primeiro a falar é Kofi:

– Sério, mãe? Eu nem posso levar doces para a escola!

– Eu também não! – disse Ekua em seguida. – Escolas particulares são contra açúcar! *Você deveria saber disso, mãe!*

A última frase dói um pouco, mas supero. Tenho que admitir que estou surpresa com essas regras novas.

– Desde quando vocês não podem levar doces? – pergunto.

– Desde o jardim de infância – responde Kofi –, e eu já estou no *quarto ano*!

Começo a rir, o que os deixa tão frustrados que me mandam ir para o quarto fazer as malas enquanto começam a escrever os nomes dos amigos nos cartões. Do corredor, ouço Ekua dizer ao irmão:

– Vamos ter que esperar o papai chegar para nos ajudar com o resto.

E ele ajuda. Quando acordo na manhã seguinte para ir para o aeroporto, há 32 cartões com desenhos que as crianças fizeram. São os cartões mais adoráveis (e baratos) que já vi.

Enquanto nossas políticas públicas e corporativas não correspondem à realidade do mundo atual, a parceria total é a solução mais prática para acabar com a roda da vida cansativa e vertiginosa das mulheres. A sociedade não pode mais se dar ao luxo de permitir que metade de seu talento seja sufocado por demandas irreais. Colocar em prática objetivos profissionais requer espaço, dedicação, planejamento, criatividade e uma boa noite de sono. E é muito difícil ter espaço para qualquer uma dessas coisas quando achamos que precisamos ficar acordadas a noite toda fazendo cartões.

As mulheres precisam saber que é perfeitamente aceitável fazermos 50% do que hoje consta em nossas listas de tarefas. Precisamos nos permitir esperar menos de nós mesmas e mais de parceiros com os quais nos unimos para mudar o mundo. Precisamos que a inventividade, a perspectiva e a voz das mulheres sejam ouvidas nos níveis mais altos de liderança. Se nos importamos com a educação, a saúde, a economia, a distribuição de alimentos, a imigração, o ambiente ou quaisquer outras questões que afetam nossa vida e nosso futuro, no fim das contas, são as pessoas nos níveis mais altos dos governos e corporações que estão sentadas em grandes mesas de mármore tentando resolver esses problemas. Suas decisões afetam cada um de nós. Mas há uma escassez de mulheres em volta dessas mesas.

Como muitas de minhas colegas na esfera da liderança feminina, sou uma grande defensora de políticas públicas que institucionalizem a igualdade salarial e creches acessíveis, que resolveriam muitas das urgências das famílias trabalhadoras. Já prestei consultoria a empresas sobre práticas inclusivas e fiz parte de alguns dos mais inovadores programas de desenvolvimento de liderança pensados para apoiar mulheres em seu caminho em direção ao topo. Não estou sugerindo que interrompamos esses esforços, mas acredito que, se queremos algo que nunca tivemos antes, teremos que fazer algo que nunca fizemos antes. Em *Unbending Gender*, Joan Williams lança um olhar crítico sobre o feminismo nos Estados Unidos. Preocupada com o que ela está encontrando – mulheres jovens que se recusam terminantemente a se identificar como feministas e mulheres da classe trabalhadora para quem o feminismo não trata das questões mais importantes da vida do dia a dia –, ela descreve uma nova visão do feminismo que seja relevante no trabalho, focado nas necessidades da família e, em caso de divórcio, no reconhecimento da família do trabalho e seu impacto no poder aquisitivo das mulheres.[1] O maior privilégio que os homens têm no local de trabalho não é uma política pública ou corporativa. É uma parceira em casa.

Kojo e eu não somos uma anomalia. A maioria das líderes bem-sucedidas tem maridos que são parceiros totais no gerenciamento do lar.[2] Quase metade das mulheres que lideram empresas listadas pela Fortune 500 tem maridos que desempenham um papel significativo na esfera doméstica.[3] Temos dado muita atenção ao privilégio socioeconômico que permite que as mulheres terceirizem o trabalho doméstico. Eu, também, sou abençoada com uma babá que pega as crianças na escola e passa a noite com elas quando Kojo e eu estamos viajando ao mesmo tempo. Entendo que esse é um luxo impossível para a maioria esmagadora das mulheres. O que costumamos esquecer são as jornadas que as mulheres empreendem nos níveis intermediários de liderança para chegar a essas posições executivas privilegiadas. São os anos durante os quais as mulheres não são recompensadas adequadamente, e a contribuição do marido no lar é crucial para seu sucesso no escritório e em casa.

Durante o tempo que levei para escrever e publicar este livro, muitas das famílias que tive a sorte de entrevistar superaram esses anos de nível intermediário cultivando parcerias totais intencionalmente. Dois anos depois de Karim ter decidido passar mais tempo em casa com os filhos para que Lisa tivesse a flexibilidade que seu novo cargo exigia, eles estavam brindando sua promoção a diretora de marketing. Susan, a motorista de ônibus que teve as manhãs assoladas por uma alteração na rota que fazia, pediu a ajuda da irmã, que passou a levar seus filhos para a escola até ela conseguir negociar um horário melhor com o chefe. Jun, a representante farmacêutica ambiciosa que se sentia um fracasso no lar, conseguiu ir aos jogos de beisebol do filho mais velho graças à ajuda do marido. Depois de passar pelo próprio processo de descoberta, Jun decidiu que uma das coisas mais importantes para ela era apoiar os filhos nos desafios que *eles* tinham escolhido. Se *ela* quisesse que eles jogassem xadrez, podia perder um torneio sem culpa. Mas, como o beisebol era uma paixão *deles*, ela faria o que fosse preciso para estar lá. Ela e o marido renegociaram o cronograma dos fins de semana para que ela pudesse trabalhar aos sábados e sair mais cedo do escritório para torcer pelos filhos sempre que fosse necessário.

Um pai não remunerado (ou seja, um pai que fica em casa) talvez seja um tipo de super-herói para mães que trabalham fora. E essa parece ser uma escolha cada vez mais comum entre as famílias; o percentual de homens que são os responsáveis pelos filhos subiu de 10% para 16% desde 1989.[4] Mas pais não remunerados não são a solução definitiva. Primeiro: essa opção não é viável para a maioria esmagadora das famílias que não podem se dar ao luxo de uma pessoa do casal não ser remunerada, independentemente de seu gênero. Segundo: quando homens que trabalham em tempo integral também se envolvem ativamente no lar, empregadores são incentivados a criar soluções que realmente causem mudanças para *todas* as famílias trabalhadoras. Terceiro: se hoje sabemos que as empresas se beneficiam da diversidade, não faz sentido achar que isso também acontece em nossas casas? Não precisamos inverter os papéis; em vez disso, precisamos de um novo modelo de trabalho em equipe no qual os dois tenham um envolvimento significativo no trabalho e em casa, tomando decisões colaborativas que reflitam o que mais importa para eles. Precisamos de parceria total; e as mulheres precisam mostrar o caminho.

Pode parecer contraditório sugerir que o segredo para libertar as mulheres da sobrecarga é responsabilizá-las pelo envolvimento de seus maridos. As mulheres já não foram responsabilizadas o bastante? Mas, na maioria dos lares, a dinâmica de poder na esfera privada é o inverso da dinâmica na esfera pública. Alguns pesquisadores chegaram mesmo a sugerir que, como as mulheres não conseguiram acumular poder no trabalho, procuram mantê-lo na estrutura familiar.[5] Independentemente dos motivos, em casa as mulheres mandam, ainda que trabalhem fora. Em casas com renda dupla, as mulheres tomam a maior parte das decisões relacionadas à criação dos filhos e ao gerenciamento do lar, independentemente de ganhar mais ou menos do que os maridos. Apenas em 26% dos lares americanos os homens lideram as decisões domésticas, das compras para a casa à administração financeira,[6] daí o peso da influência da mulher na divisão de tarefas no lar. Um estudo revelou que quase todos os homens que contribuem para as tarefas do lar têm uma esposa que pede e/ou acolhe sua participação.[7]

Para que outra pessoa possa assumir as rédeas, as mulheres precisam soltá-las.

Quando Sheryl Sandberg, autora de *Faça acontecer*, incentivou as mulheres a "fazer de seu companheiro um companheiro de verdade", todas pensamos *Amém*![8] Então fomos para casa e lavamos a roupa. Porque envolver nossos maridos e outras pessoas da nossa vida no gerenciamento do lar exige mais do que delegar tarefas. Não é fácil – exige uma mudança profunda em relação a nossas crenças e expectativas. Exige ser desobediente e reagir.

Em 2011, tive a honra de apresentar a entrega de um prêmio à cineasta e filantropa Abigail Disney num evento para a Amref Health Africa. Tenho muita admiração por Abby, porque ela aplica seu talento e seus recursos em documentários que contam histórias de mulheres marginalizadas. Em meu breve discurso, citei uma lista de todas as coisas que supermulheres como ela fazem e que as tornam dignas de honras como aquela. Nessa lista havia fazer mingau para os filhos de manhã.

– Mingau? – repetiu ela quando chegou ao microfone. – Meus filhos comem cereal!

A plateia caiu na gargalhada. E pensei: *Uau. Abby está reagindo.*

No ano seguinte, participei da conferência Womensphere, onde ouvi um discurso memorável de outra de minhas heroínas, Shelly Lazarus. Em 1971, Shelly entrou na agência de publicidade Ogilvy & Mather como a única executiva do sexo feminino e foi subindo até chegar a CEO. Ela está na lista das 50 Mulheres Mais Poderosas do Mundo dos Negócios da revista *Fortune* desde sua primeira edição, em 1998. Para mim, Shelly Lazarus é um exemplo perfeito de elegância. Então fiquei surpresa quando, durante as perguntas finais, alguém na plateia perguntou como ela conseguia equilibrar família e trabalho estando num nível executivo tão alto, e ela respondeu:

– Se você tivesse visto a situação da minha casa em alguns momentos da minha carreira, jamais me faria essa pergunta.

Mais uma vez, a plateia caiu na gargalhada. *Shelly está reagindo*, pensei.

Essas mulheres poderosas entendiam que, para serem bem-sucedidas, precisavam redefinir o que era sucesso. Elas já tinham percebido o que hoje eu também sei: o sucesso é imperfeito.

Reajo diariamente com pequenas ações. Quando recebo um convite para uma festa infantil no qual Kojo não está incluído porque os convites só foram enviados às mães, respondo com gentileza: "Obrigada por nos convidar! Por favor, envie a Kojo, pois é ele quem cuida da agenda das crianças." Quando Kojo me deixa numa festa para liberar a babá e um dos convidados comenta o quanto isso é incomum, respondo:

– Nós revezamos.

Quando um colega pergunta quem cuida dos meus filhos quando eu viajo, digo:

– O pai deles, e não só quando eu viajo.

Quando outra mãe me diz que nem imagina como eu faço tudo o que faço, respondo:

– É porque eu não faço metade das coisas que você acha que eu faço.

Todos os dias, ouço as impressões idealizadas que outras pessoas têm a respeito da minha vida. Todos os dias, recuso essas impressões gentilmente por meio de pequenos atos de provocação intencionais.

O que aconteceria se todas começássemos a falar honesta e abertamente sobre nossas prioridades e sobre as escolhas que fazemos em relação a como usamos nosso tempo? Não seria inspirador para as jovens que trabalham conosco se elas vissem executivas que não fingem fazer tudo, mas são abertas e sinceras quanto às petecas que deixaram cair para chegar aonde estão hoje? Precisamos apoiar umas às outras sendo sinceras quanto às concessões que fazemos e falando abertamente sobre a ajuda que recebemos de nossos parceiros e de outros sistemas de apoio.

Já ouvi com atenção centenas de mulheres. Falamos sobre as demandas de nosso tempo como se elas nos fossem impostas e não tivéssemos escolha. *Tenho que vender os ingressos para o leilão da escola. Preciso checar meu e-mail antes de deitar. É melhor ligar para o meu tio antes que ele deixe mais uma mensagem.* Todos os dias, deixamos que os outros ditem nossas experiências. Sutilmente, vamos entregando nosso tempo e nosso poder a outras pessoas, quando o tempo é a coisa que mais deveríamos proteger e controlar. A ironia é que, para controlar o tempo, precisamos abrir mão do controle sobre metade das coisas com as quais o preenchemos. Precisamos nos libertar. O martírio da mãe que trabalha fora é *tão* ultrapassado.

No dia 5 de abril de 2012, aconteceu o Epic Awards do White House Project. O tema A Nova Cara da Liderança brilhava em tons de roxo e vermelho pela fachada de vidro do prédio da IAC projetado por Frank Gehry na parte baixa de Manhattan. Como presidente da organização, eu estava orgulhosa por honrar mulheres que estavam mudando a percepção da nossa cultura sobre até onde as jovens são capazes de chegar. Emma Contiguglia tinha recebido a Medalha de Bronze das Escoteiras por seu trabalho comunitário; Nikiya Harris foi, naquele ano, uma das pessoas mais jovens a ser eleita fiscal de condado em Milwaukee, Wisconsin. Mais uma vez teríamos uma estrela: Geena Davis como apresentadora.

No cargo anterior, como diretora de angariação de fundos, meu principal foco no Epic Awards era o dinheiro, e eu sempre tinha orgulho da soma que angariávamos para avançar na missão de promover a liderança feminina. Como presidente, era diferente. Sim, eu tinha orgulho do dinheiro e das homenageadas, mas a conquista que mais me deixava feliz tinha a ver com um sapatinho.

Desde 2000, a cada quatro anos o White House Project se juntava à Mattel para produzir a Barbie Presidente. Era uma fusão controversa, em razão do desprezo das feministas pelo corpo irreal e pela imagem superficial da boneca. Mas se teve uma coisa que aprendi com a fundadora do White House Project, Marie Wilson, foi a seguinte: se quiser realmente mudar o mundo, você precisa encontrar as pessoas onde *elas* estão, não onde *você* está. E milhões de meninas ao redor do mundo estavam no chão do quarto brincando com Barbies. Para Marie, se pudéssemos usar a boneca para incentivar meninas a se imaginarem convocando uma reunião do Congresso em vez de se imaginarem preparando o jantar para o Ken numa casa dos sonhos, valeria a pena chatear algumas pessoas. Além disso, a parceria nos permitia ter voz na criação da boneca. Uma das características que mais nos orgulhávamos de ter influenciado era a da diversidade: em 2012, a Barbie

Presidente estava disponível em quatro versões – branca, negra, hispânica e asiática. Mas havia outra característica pela qual Marie vinha brigando pessoalmente com a Mattel: os pés da boneca. A mensagem na caixa dizia tudo: "A boneca não fica de pé sozinha." Essa característica era a mais absurda, e Marie não mediu palavras com os executivos da Mattel.

– Como é que a líder do mundo livre não fica de pé sozinha? – perguntava nas reuniões.

Como presidente, segui o exemplo de Marie e também fiz pressão para que essa característica mudasse. Finalmente, os anos de briga deram resultado. Pulei de alegria como uma criança no meu escritório quando Stephanie Cota, vice-presidente sênior da Mattel na época, me ligou para contar a novidade. Os engenheiros tinham projetado um sapato especial para a Barbie Presidente. Pela primeira vez na história de cinquenta anos da boneca, milhões de meninas brincariam com uma Barbie que ficava de pé sozinha. E ela seria lançada no Epic Awards.

De pé no tapete vermelho, sorrindo para os flashes no pré-evento, saboreei o impacto daquele sapatinho e refleti sobre o discurso que tinha preparado para a abertura. As coisas estavam tão atribuladas nos dias anteriores ao Epic que deleguei com alegria e contratei uma amiga redatora para escrever o discurso de boas-vindas que eu faria naquela noite. Ela escreveu um manifesto vibrante sobre a necessidade de redefinirmos a liderança e, embora eu tivesse memorizado trechos longos, ainda dependia do texto impresso para garantir que não esqueceria de nada. Ironicamente, eu estava nervosa em razão de algo que meu pai me disse um dia depois de me ver lendo um roteiro durante uma palestra: "Você é uma oradora, não uma leitora. Isso é um desperdício do seu talento." Enquanto posava para os fotógrafos, pensei na decepção que meu pai sentiria se eu não liberasse meu potencial. Mas decidi que era mais importante estar preparada.

Depois das fotos e das entrevistas, fui levada para o salão principal com a tarefa de cumprimentar pessoalmente os doadores e convidados de honra enquanto eles assumiam seus assentos. Quando todos estavam sentados e chamaram meu nome, borboletas começaram a bater asas no meu estômago. Enquanto subia os degraus até o palco, olhei para Kojo, que estava sentado na primeira mesa. Ele sorriu para mim com o mesmo sorriso que me conquistou na primeira vez que o vi no saguão do dormitório da faculdade. Respirei fundo.

Fiquei de pé olhando para as centenas de olhos fixados em mim. Na minha cabeça, eu sabia as exatas palavras que deveriam estar saindo da minha boca, mas elas empacaram em meu estômago. Senti a pele pegar fogo e o peito contrair. Eu só precisava olhar para baixo, para as minhas anotações, para relembrar a primeira frase, mas não conseguia tirar os olhos das pessoas à minha frente. Não conseguia falar. Deve ter passado muito menos tempo do que percebi no momento, porque todos esperaram pacientemente. Finalmente, ouvi minha própria voz. *Você não está neste palco para dizer o que quer dizer. Só fará diferença se disser o que eles precisam ouvir.*

Respirei fundo. Expirei.

Decidi abandonar as anotações. Meu coração pulava dentro do peito. Tendo desviado do roteiro que escreveram, eu teria que improvisar até o fim do discurso. Era um caminho sem volta. *Se quer algo que nunca teve, você vai ter que fazer algo que nunca fez.*

Foi nesse momento que decidi parar de pensar no que deveria dizer e abrir meu coração; foi o momento em que liberei meu potencial.

> Minha missão de vida é favorecer o crescimento de mulheres e meninas. É o motivo de eu estar neste planeta. Então, minha vida é simples. Sei o que diz minha lápide, e estou simplesmente projetando minha vida de trás para a frente. Neste momento,

sinto uma alegria enorme por poder colocar meu propósito em prática como presidente do White House Project. Mas não se deixem levar por esses flashes. Eu não sou a estrela aqui.

Umas das perguntas mais frequentes dos jornalistas desde que me tornei presidente é "Onde Marie Wilson encontrou você?". Eu sempre sorrio e respondo: "Marie Wilson está sempre de olhos bem abertos."

Durante as próximas duas horas, vocês serão apresentados a jovens mulheres extraordinárias, com determinação e talentos que vão surpreendê-los. Vocês vão pensar *Uau. Ela vai chegar lá.* A coisa mais importante que quero que vocês saibam hoje é que ela precisa de *vocês* para chegar lá. A nova cara da liderança só é possível com o seu investimento nela. Mantenham os olhos bem abertos. Nem pisquem. Quanto mais vocês acreditarem nela, mais ela vai voar...

Em 2006, naquele trem sufocante voltando para o Harlem depois do primeiro dia de volta ao trabalho, eu estava espremida entre outros passageiros, com um terno úmido, a bombinha de tirar leite numa bolsa e os sapatos e registros em outra. Eu jamais imaginaria que, cinco anos depois, estaria em cima de um palco, num vestido glamoroso, como presidente do White House Project. Estava preocupada demais tentando descobrir como continuar fazendo tudo funcionar em casa. Durante muito tempo depois daquela volta de trem, tentei corresponder às expectativas de que eu deveria alcançar a excelência profissional ao mesmo tempo que era a mãe e a esposa perfeita. Jamais teria imaginado que a melhor solução seria abrir mão daquelas expectativas. Escrevi este livro na esperança de que não demore tanto assim para outras mulheres.

Existe uma parábola sobre uma mulher que atravessa um lago a nado e, perto do centro, começa a ficar cansada e a afundar. As pessoas que estão na margem gritam:

– Solte a pedra!

Mas ela não entende o que estão gritando. Ela recupera o ímpeto e dá mais algumas braçadas, mas logo se cansa de novo e quase afunda. Finalmente, percebe o que as pessoas da margem viram. Ela está amarrada a uma pedra que a puxa para baixo. Para as pessoas que estão na margem, o dilema parece óbvio: é só se soltar da pedra! Mas, enquanto ela afunda, eles a ouvem dizer:

– Não posso. Ela é minha.[9]

Ao longo da minha carreira e, principalmente, do processo de escrita deste livro, conheci muitas mulheres que estão tentando nadar enquanto carregam suas pedras. Elas estão se afogando em e-mails, caronas, compromissos das crianças, apresentações de Power Point e idas ao mercado. Estão se afogando em expectativas irreais de que devem fazer tudo. Estão se afogando na culpa por não conseguirem fazer o impossível: simplesmente não conseguimos fazer tudo. A revolução do trabalho que teve início nos anos 1950 está estagnada porque não houve a revolução do lar. Em 1970, Gloria Steinem declarou: "O desafio para todas nós é viver uma revolução, não morrer por uma." Já se passaram quase cinquenta anos, e mal estamos vivendo.

Precisamos nos perguntar o que é mais importante para nós. Qual é o melhor uso de nosso talento para alcançar isso? De que temos que abrir mão para fazer isso acontecer? Quem estará disposto a nos ajudar, porque quer que sejamos a melhor versão possível de nós mesmas? O primeiro passo para deixar a peteca cair é superar o medo de deixar essa peteca ficar no chão. Temos que deixá-la cair para sentir a liberdade, rir alto e viver plenamente.

Agradecimentos

Amy Poehler disse melhor do que eu: escrever um livro é difícil. Escrever os agradecimentos é ainda mais difícil. Como não sou nada mais que o investimento acumulado de várias pessoas, eu teria que escrever mais um livro só para citar todos aqueles que investiram seu capital social, econômico, político e sentimental para que chegasse até aqui. Por favor, saibam que sou eternamente grata. Segue a chamada daqueles que foram fundamentais durante o nascimento deste livro, meu terceiro filho.

Obrigada...

- Bob Miller e à equipe apaixonada da Flatiron Books por acreditarem em mim e neste projeto
- Debrena Jackson Gandy por me dizer, durante nossa primeira conversa por telefone em janeiro de 1996, que o motivo pelo qual os meninos não planejam eventos é porque nunca deixamos
- Reshma Saujani por insistir que eu escrevesse um livro
- Chloe Drew e Arva Rice por reforçar a insistência de Reshma
- Shelley Burke por me ensinar a seguir escrevendo
- Michelle Burford por ser um exemplo de determinação e por ser minha irmã mais velha na literatura

- Erica Dhawan por me ensinar a mais triste e mais brilhante estratégia para aumentar a rede de contatos: "Simplesmente se apresente ao homem branco mais velho do recinto"
- Chrissy Greer, Carmen Rita Wong, Keisha Smith Jeremie e Aadora Udoji pelas mensagens, pelas canetas-tinteiro multicoloridas e pelas conversas de incentivo
- Veronica Chambers, prolífica, pelo olhar fresco e os Post-its gigantes
- Ken Matos por me apresentar o Google Acadêmico – uau!
- Anne-Marie Slaughter por inflamar ideias em Aspen que moldaram meus argumentos
- Caroline Ghosn e Amanda Pouchot, cofundadoras da Levo, por terem dado início a uma empresa onde é possível trabalhar e escrever um livro e realizar sonhos ao mesmo tempo
- Gina Bianchini, Fran Hauser e Sheryl Sandberg, que investiram na Levo e me disseram que seria uma boa aposta – a aposta que mudou minha vida
- Rachel Rosenblatt pelas reuniões em seu apartamento em que fazíamos listas de músicas (e John por preparar coquetéis incríveis)
- Courtney O'Malley por ter sugerido "parceria total", que poderia ter sido o título do livro se não fosse por David Petraeus
- Liz Neumark por ter me emprestado sua casa tranquila fora da cidade – todo escritor precisa de uma
- Titia Gloria, Geena Davis, Gloria Feldt, Ilene Lang, Susan Taylor e Davia Temin, sua sabedoria ao longo do processo foi imensurável
- Meu clube do livro, Jennifer Allyn, Lois Braverman, Shifra Bronznick, Kym Ward Gaffney, Katie Orenstein, Naamah Paley e Marie, porque todo autor precisa ler enquanto escreve

- Gabi Tudin e a equipe Heleo por terem aumentado minhas visualizações
- Mães do conselho da Harlem4Kids por terem me liberado das reuniões mais de uma vez, demonstrando apoio total e nenhum julgamento: Satrina Boyce, Lisa Jones Brown, Remeise Chandler, Cynthia Eytina, Amanda Fuller, Wanjiro Gethaiga e Sabrina Tann-Harris
- Minhas Mulheres-Maravilha: Daisy Auger-Dominguez, Cindy Pace, Yrthya Dinzey-Flores, Helene Yan e Diana Solash, por terem me ajudado com a luta mais difícil de todas (vocês *juraram* segredo)
- Rosalyn Anderson-Howell, Shana Beckwith, Jewel Dawn Hampton, Toyia Taylor e Tiffany Tull, seu amor e sua devoção me ajudaram a vencer os capítulos mais difíceis
- Julia Gilfillan, Kathleen Harris e Amanda Schumacher: sua orientação de marketing, editorial digital e relações públicas foi valorosa
- Todas as pessoas que se dedicaram a ler versões não acabadas do manuscrito e forneceram feedback e/ou edição: Joanne Gordon, Caroline Gray, Kathleen Harris, Elizabeth Hines, Vinca LaFleur, Rosemarie Robotham, Jovian Zayne, Lois, Marie, Michelle e Veronica – *muitos* emojis de carinhas felizes
- Minhas caçadoras de dados, Mackenzie Beer, Sava Berhane e Emily Scholnick, por me fazerem parecer ainda mais inteligente
- Minha editora, Whitney Frick, por ter se dedicado a me conhecer e a reorganizar minhas palavras brilhantemente (um esforço magistral, dado o fato de eu ser uma controladora em recuperação)
- Meu agente, o indomável Richard Pine, por ser o homem branco mais velho do recinto e manter os olhos abertos

- Tio Kenny por ainda me amar mesmo eu sendo péssima em retornar suas ligações; sinto falta delas
- Tia Margaret e tio Dan por cuidarem dos meus filhos enquanto eu escrevia este livro
- Marie por ser minha mãe na política
- Minhas irmãs mais novas, Trinity, Tamika e Desiree, por saberem que eu era imperfeita e mesmo assim me acharem muito legal
- Mamãe e papai por criarem um marido e pai brilhante
- Debbra por escolher me amar
- Mãe por me ensinar a me amar
- Pai por me ensinar a me dedicar e a respeitar as pessoas
- Minhas inspirações, Abiam e Amala, por todas as perguntas difíceis que fazem, para as quais não tenho a resposta
- Meu leão, Kojo, por substituir nosso sofá azul por um belo Ethan Allen cinza depois de ter lido a primeira versão; coloco aquele vestido dos anos 1970 para você quando quiser

Notas

Introdução

1. Kim Parker, "Despite Progress, Women Still Bear Heavier Load than Men in Balancing Work and Family", *Pew Research Center* (Fact Tank), 10 mar. 2015. Disponível em: http://www.pewresearch.org/fact-tank/2015/03/10/women-still-bear-heavier-load-than-men-balancing-work-family/. Estudo de 2016 apresentado na American Sociological Association revela o porquê: as expectativas em relação ao lar ainda são traçadas conforme o gênero. De acordo com a autora principal, Natasha Quadline, quase 75% dos entrevistados consideravam que mulheres em casais heterossexuais deviam ser responsáveis por "cozinhar, lavar a louça, limpar a casa e fazer compras". Oitenta e dois por cento achavam que as mulheres deviam cuidar das necessidades físicas dos filhos. Consulte: "Sex and Gender More Important Than Income in Determining Views in Division of Chores", Eurek Alert, 21 ago. 2016 (disponível em: http://www.euerkalert.org/pub-releases/2016-08/asa-sag081616.php).
2. A idade média das mães de primeira viagem com diploma é 30 anos. "In Brief", *Knot Yet* (blog), acesso em set. 2015. Disponível em: http://twentysomethingmarriage.org/in-brief/.
3. Anne-Marie Slaughter, *Unfinished Business: Women Men Work Family* (Nova York: Random House, 2015).
4. Klaus Schwab et al. (Orgs.), *The Europe 2020 Competitiveness Report: Building a More Competitive Europe*, Insight Report (Gene-

bra: Fórum Econômico Mundial, 2012). Disponível em: http://www3.weforum.org/docs/CSI/2012/Europe2020_Competitiveness_Report_2012.pdf.

5. D'vera Cohn, Gretchen Livingston e Wendy Wang, "After Decades of Decline, a Rise in Stay-at-Home Mothers", *Pew Research Center* (Social & Demographic Trends), 8 abr. 2014. Disponível em: http://www.pewsocialtrends.org/2014/04/08/after-decades-of-decline-a-rise-in-stay-at-home-mothers/.
6. Wendy Wang, Kim Parker e Paul Taylor, "Breadwinner Moms", *Pew Research Center* (Social & Demographic Trends), 28 mai. 2013. Disponível em: http://www.pewsocialtrends.org/2013/05/29/breadwinner-moms/.
7. *Women in the Workplace: 2015,* Report (Lean In and McKinsey & Company, set. 2015). Disponível em: http://womenintheworkplace.com/ui/pdfs/Women_in_the_Workplace_2015.pdf.
8. Felice Schwartz, "Management, Women and the New Facts of Life", *Harvard Business Review* 67, n. 3 (jan.-fev. 1989): 65–76. Disponível em: https://hbr.org/1989/01/management-women-and-the-new-facts-of-life/ar.
9. Claire Miller, "More Than Their Mothers, Young Women Plan Career Pauses", *The New York Times,* 22 jul. 2015. Disponível em: http://www.nytimes.com/2015/07/23/upshot/more-than-their-mothers-young-women-plan-career-pauses.html?_r=1&abt=0002&abg=1.
10. Robin Ely et al., *Life and Leadership after Harvard Business School,* Report (Boston: Harvard Business School, mai. 2015). Disponível em: http://www.hbs.edu/women50/docs/L_and_L_Survey_2Findings_12final.pdf.
11. Stewart Friedman, *Baby Bust: New Choices for Men and Women in Work and Family* (Philadelphia: Wharton Digital Press, 2014), 2.
12. Sylvia Ann Hewlett, "Executive Women and the Myth of Having It All", *Harvard Business Review* 80, n. 4 (abr. 2002): 66–73. Disponível em: https://hbr.org/2002/04/executive-women-and-the-myth-of-having-it-all.

13. Centers for Disease Control and Prevention, "QuickStats: Percentage of Adults Who Often Felt Very Tired or Exhausted in the Past 3 Months, by Sex and Age Group – National Health Interview Survey, United States, 2010–2011", 12 abr. 2013. Disponível em: http://www.cdc.gov/mmwr/preview/mmwrhtml/mm6214a5.htm?s_cid=mm6214a5_w, acesso em jan. 2016.
14. U.S. Census Bureau, "QuickFacts: United States". Disponível em: http://quickfacts.census.gov/qfd/states/00000.html, acesso em 13 jan. 2016.
15. Mitra Toossi, "Labor Force Projections to 2020: A More Slowly Growing Workforce", *Monthly Labor Review* 135, n. 1 (jan. 2012): 43–64. Disponível em: http://www.bls.gov/opub/mlr/2012/01/art3full.pdf.
16. Tiffani Lennon, *Benchmarking Women's Leadership in the United States*, Report (Universidade de Denver – Colorado Women's College, 2013). Disponível em: http://www.womenscollege.du.edu/media/documents/newbwl.pdf.
17. Lean In e McKinsey & Company, *Women in the Workplace: 2015*, 3.

Parte Um: Fazendo tudo

Capítulo 1: Lugar de mulher

1. U.S. Department of Labor, Bureau of Labor Statistics, "American Time Use Survey Summary", 24 jun. 2015. Disponível em: http://www.bls.gov/news.release/atus.nr0.htm, acesso em 19 set. 2015.
2. Judith Shulevitz, "Mom: The Designated Worrier", *The New York Times*, 8 mai. 2015. Disponível em: http://www.nytimes.com/2015/05/10/opinion/sunday/judith-shulevitz-mom-the-designated-worrier.html.

3. Arlie Hochschild e Anne Machung, *The Second Shift: Working Families and the Revolution at Home* (Nova York: Penguin, 2012).
4. Robin Abrahams e Boris Groysberg, "Manage Your Work, Manage Your Life", *Harvard Business Review* 92, n. 3 (mar. 2014): 58–66. Disponível em: http://hbr.org/2014/03/manage-your-work-manage-your-life.
5. Alyssa Croft et al., "The Second Shift Reflected in the Second Generation: Do Parents' Gender Roles at Home Predict Children's Aspirations?", *Psychological Science* 25 (15 mar. 2014): 1418–1428. Disponível em: http://news.ubc.ca/wp-content/uploads/2014/05/FULL-submitted-version-PSCI-13-1163-R2.pdf.
6. John E. Williams e Deborah L. Best, *Measuring Sex Stereotypes: A Multination Study* (California: Sage Publishing, 1990).
7. Naomi Wolf, *The Beauty Myth* (Nova York: Doubleday, 1991), 22–23. [*O mito da beleza*. Rio de Janeiro: Rocco, 1992.]
8. Teresa L. Thompson e Eugenia Zerbinos, "Television Cartoons: Do Children Notice It's a Boy's World", *Sex Roles: A Journal of Research* 37, n. 5 (set. 1997): 415–432. Disponível em: http://link.springer.com/article/10.1023%2FA%3A1025657508010.
9. *Change It Up! What Girls Say about Redefining Leadership*, Report (Nova York: Girl Scout Research Institute, 2008), 20. Disponível em: http://www.girlscouts.org/research/pdf/change_it_up_executive_summary_english.pdf.
10. Setenta e seis por cento das capas das revistas *Us Weekly* e *People* do ano de 2015, até o mês de novembro, anunciavam o bebê, o namorado novo, o casamento novo ou o término do anterior de uma celebridade. Eu contei.

Capítulo 3: Mãe que trabalha fora

1. Wendy Klein, Carolina Izquierdo e Thomas N. Bradbury, "The Difference between a Happy Marriage and a Miserable One: Chores", *The Atlantic*, 1º mar. 2013. Disponível em: http://www.

theatlantic.com/sexes/archive/2013/03/the-difference-between-a-happy-marriage-and-miserable-one-chores/273615/2/.

2. Nancy J. Briton e Judith A. Hall, "Beliefs about Female and Male Nonverbal Communication", *Sex Roles: A Journal of Research* 32, n. 1 (jan. 1995): 79–90. Disponível em: http://link.springer.com/article/10.1007%2FBF01544758.
3. "Modern Marriage", *Pew Research Center* (Social & Demographic Trends), 18 jul. 2007. Disponível em: http://www.pewsocialtrends.org/2007/07/18/modern-marriage/.
4. Elinor Ochs e Tamar Kremer-Sadik (Orgs.), *Fast-Forward Family: Home, Work, and Relationships in Middle-Class America* (Berkeley: University of California Press, 2013).
5. U.S. Department of Labor, Bureau of Labor Statistics, "Employment Characteristics of Families – 2013", 25 abr. 2014. Disponível em: http://www.bls.gov/news.release/archives/famee_04252014.pdf, acesso em 16 jun. 2014.
6. Catherine E. Ross, "The Division of Labor at Home", *Social Forces* 65, n. 3 (mar. 1987): 816–33. Disponível em: http://www.jstor.org/stable/2578530.
7. U.S. Department of Labor, Bureau of Labor Statistics, "American Time Use Survey Summary".
8. Elizabeth Chuck, "Juggling Act: Why Are Women Still Trying to Do It All?", *NBC News*, 14 jan. 2014. Disponível em: http://usnews.nbcnews.com/_news/2014/01/14/22291797-juggling-act-why-are-women-still-trying-to-do-it-all.
9. Ellen Galinsky, *CCF Gender Revolution Symposium: Gender Evolution among Employed Men*, Brief Report (University of Miami – Council on Contemporary Families, 6 mar. 2012). Disponível em: https://contemporaryfamilies.org/gender-evolution-among-employed-men.
10. Tara Pringle Jefferson, "Resentment: #1 Enemy of Young Moms and Their Relationships", *The Young Mommy Life: Our Journey Together*

(blog), 28 mar. 2011. Disponível em: http://www.theyoungmommylife.com/2011/03/28/how-know-youre-full-of-resentment.

11. Christy Lilley, "The Ballad of a Working Mom: Guilt, Anxiety, Exhaustion and Guilt", *NPR Special Series: The Baby Project* (blog), 31 ago. 2011. Disponível em: http://www.npr.org/blogs/babyproject/2011/08/30/140068781/the-ballad-of-a--working-mom-guilt-anxiety-exhaustion-and-guilt.
12. Conor Friedersdorf, "Why PepsiCo CEO Indra K. Nooyi Can't Have It All", *The Atlantic*, 1º jul. 2014. Disponível em: http://www.theatlantic.com/business/archive/2014/07/why-pepsico-ceo-indra-k-nooyi-cant-have-it-all/373750/.
13. Anne-Marie Slaughter, *Unfinished Business: Women Men Work Family* (London: One World, 2015).

Capítulo 4: Síndrome do controle do lar

1. "High-Powered Women and Supportive Spouses: Who's in Charge, and of What?", *Knowledge @ Wharton* (Universidade da Pensilvânia), 7 nov. 2012. Disponível em: http://knowledge.wharton.upenn.edu/article/high-powered-women-and-supportive-spouses-whos-in-charge-and-of-what-2.
2. Kelly Sakai, "Work Is Not to Blame for Women's Lack of Free Time; Time-Pressure Is Often Self– Imposed, According to Real Simple/Families and Work Institute Survey", *Families and Work Institute,* 11 jan. 2014. Disponível em: http://www.familiesandwork.org/the-results-of-a-new-groundbreaking-national-survey-women--and-time-setting-a-new-agenda-commissioned-by-real-simple-and-designed-by-families-and-work-institute-released/.
3. Elisa Birtwistle et al., *Women 2020: How Women's Actions and Expectations Are Changing the Future*, Report (The Futures Company, 2013). Disponível em: http://www.wpp.com/wpp/marketing/consumerinsights/women-2020.

4. Williams, Joan. *Unbending Gender: Why Family and Work Conflict and What to Do About It* (Nova York: Oxford University Press, 2000). Print.
5. Carol Martin e Lisa Dinella, "Children's Gender Cognitions, the Social Environment, and Sex Differences in Cognitive Domains", in: Ann McGillicuddy-De Lisi e Richard De Lisi (Orgs.) *Biology, Society, and Behavior: The Development of Sex Differences in Cognition* (Westport, CT: Greenwood Publishing Group, 2002), 207–42.
6. Andrée Pomerleau et al., "Pink or Blue: Environmental Gender Stereotypes in the First Two Years of Life", *Sex Roles: A Journal of Research* 22, n. 5 (mar. 1990): 359–367. Disponível em: http://link.springer.com/article/10.1007%2FBF00288339.
7. Elizabeth Sweet, "Toys Are More Divided by Gender Now Than They Were 50 Years Ago", *The Atlantic*, 9 dez. 2014. Disponível em: http://www.theatlantic.com/business/archive/2014/12/toys-are-more-divided-by-gender-now-than-they-were-50-year-s-ago/383556/.
8. Entrevista com Elizabeth Sweet, 16 out. 2015.
9. Laura Meckler, "More Moms Staying Home, Reversing Decades-long Decline", *The Wall Street Journal*, 8 abr. 2014. Disponível em: http://blogs.wsj.com/economics/2014/04/08/more-moms-a-re-staying-at-home-reversing-decadeslong-decline.
10. Melissa J. Williams e Serena Chen, "When 'Mom's the Boss': Control over Domestic Decision Making Reduces Women's Interest in Workplace Power", *Group Processes & Intergroup Relations* 17, n. 4 (jul. 2014): 436–452. Disponível em: http://gpi.sagepub.com/content/17/4/436.abstract.
11. "Creatures of Habit: Disorders of Compulsivity Share Common Pattern and Brain Structure", *The University of Cambridge*, 29 mai. 2014. Disponível em: http://www.cam.ac.uk/research/news/creatures-of-habit-disorders-of-compulsivity-share-common-pattern-and-brain-structure.

12. Deborah L. Rotman, "Separate Spheres? Beyond the Dichotomies of Domesticity", *Current Anthropology* 47, n. 4 (ago. 2006): 666–674. Disponível em: http://www.jstor.org/stable/10.1086/506286.
13. Cynthia Hanson, "I Hate Asking for Help", *Good Housekeeping*, 1º fev. 2008. Disponível em: http://www.webmd.com/women/features/i-hate-asking-help.

Capítulo 5: A roda da vida

1. Allison Pearson, *I Don't Know How She Does It* (Nova York: Anchor Books, 2003). [*Não sei como ela consegue*. Rio de Janeiro: Rocco, 2004.]
2. U.S. Department of Labor, Bureau of Labor Statistics, "Employment Characteristics of Families – 2013", 25 abr. 2014. Disponível em: http://www.bls.gov/news.release/pdf/famee.pdf, acesso em 16 jun. 2014.
3. Jodi Mindell, *Sleeping through the Night: How Infants, Toddlers, and Their Parents Can Get a Good Night's Sleep* (Nova York: Harper Collins, 2005).
4. "Fewer Mothers Prefer Full-Time Work", *Pew Research Center* (Social & Demographic Trends), 12 jul. 2007. Disponível em: http://www.pewsocialtrends.org/2007/07/12/fewer-mothers-prefer-full-time-work.
5. Kelly Sakai, "Work Is Not to Blame for Women's Lack of Free Time".
6. Sarah Damaske, *CCF Research Brief: Really? Work lowers people's stress levels, Council on Contemporary Families*, Brief Report (University of Miami – Council on Contemporary Families, 22 mai. 2014). Disponível em: https://contemporaryfamilies.org/work-lowers-stress-levels.
7. Brigid Schulte, "Are You More Stressed at Home Than at Work?", *The Washington Post*, 22 mai., 2014. Disponível em: http://www.

washingtonpost.com / blogs / she-the-people / wp / 2014 / 05 / 22 / are-you-more-stressed-at-home-than-at-work.

8. Betsey Stevenson e Justin Wolfers, "The Paradox of Declining Female Happiness", National Bureau of Economic Research Working Paper Series n. 14969, mai. 2009. Disponível em: http: / / www.nber.org / papers / w14969.pdf, acesso em 27 dez. 2014.
9. Nathalie St-Amour et al., *The Difficulty of Balancing Work and Family Life: Impact on the Physical and Mental Health of Quebec Families*, Report (Québec: Institut National de Sante Publique Du Quebec, mar. 2007). Disponível em: http: / / www.ncchpp.ca / docs / 633DiffBalancingWorkFamilyLife.pdf.
10. Natalie Slopen et al., "Job Strain, Job Insecurity, and Incident Cardiovascular Disease in the Women's Health Study: Results from a 10-Year Prospective Study", *PLoS ONE* 7, n. 7 (jul. 2012): e40512. Disponível em: http: / / journals.plos.org / plosone / article?id=10.1371 / journal.pone.0040512.
11. Arlie Hochschild e Anne Machung, *The Second Shift*.
12. Barack Obama, *The Audacity of Hope: Thoughts on Reclaiming the American Dream* (Nova York: Random House, 2006), Amazon Kindle edition, 340. [*A audácia da esperança: reflexões sobre a conquista do sonho americano*. São Paulo: Larousse do Brasil, 2007.]

Parte Dois: Alguém tem que ceder

Capítulo 6: Momento decisivo

1. Gary S. Becker, *A Treatise on the Family*, enl. ed (Cambridge: Harvard University Press, 1991).
2. Clare Lyonette e Rosemary Crompton, "Sharing the load? Partners' relative earnings and the division of domestic labour", *Work, Employment & Society* 29, n. 1 (2014): 23–40. Disponível em: http: / / wes.sagepub.com / content / 29 / 1 / 23.full.

3. Josh Katz, "How Nonemployed Americans Spend Their Weekdays: Men vs. Women", *The New York Times*, 5 jan. 2015. Disponível em: http://www.nytimes.com/interactive/2015/01/06/upshot/how-nonemployed-americans-spend-their-weekdays-men-vs-women.html?_r=0.

Capítulo 7: O mais importante

1. Ayala Malach-Pines, "Burnout: An Existential Perspective", in: W. Schaufeli, C. Maslach e T. Marek (Orgs.). *Professional Burnout* (Washington, D.C.: Taylor & Francis, 1993): 33–52.
2. Joanna Barsh e Susie Cranston, *How Remarkable Women Lead: The Breakthrough Model for Work and Life* (Nova York: Crown Business, 2009).
3. Joan C. Williams e Rachel W. Dempsey, "The Rise of Executive Feminism", *Harvard Business Review* (blog), 28 mar. 2014. Disponível em: http://blogs.hbr.org/2013/03/the-rise-of-executive-feminism.
4. Stephen Covey, *The 7 Habits of Highly Effective People: Powerful Lessons in Personal Change* (DC Books, 2005). [*Os 7 hábitos das pessoas altamente eficazes: lições poderosas para a transformação pessoal*. São Paulo: Best Seller, 2007.]
5. Robert E. Quinn et al., *Reflected Best Self Exercise,* Report (University of Michigan – Center for Positive Organizational Scholarship, 2003).
6. Kwame Nkrumah, "Ghana Is Free Forever", discurso no Dia da Independência, Gana, 6 mar. 1957. Disponível em: http://www.bbc.co.uk/worldservice/focusonafrica/news/story/2007/02/070129_ghana50_independence_speech.shtml
7. David LaPiana, *The Nonprofit Strategy Revolution: Real-Time Strategic Planning in a Rapid-Response World* (Nashville: Fieldstone Alliance, 2008).

Capítulo 8: A lei da vantagem comparativa

1. A vantagem comparativa é definida como "a capacidade de uma empresa ou um indivíduo de produzir bens e/ou serviços a custos mais baixos do que outras empresas ou indivíduos. Uma vantagem comparativa dá à empresa a possibilidade de vender bens ou serviços a preços mais baixos do que seus competidores e obter margens de vendas maiores", Investopedia (Disponível em: http://www.investopedia.com/terms/c/comparativeadvantage.asp, acesso em: set. 2015). "Ter a vantagem comparativa não é o mesmo que ser o melhor em alguma coisa. Na verdade, pode-se não ter nenhum talento para a coisa e ainda ter uma vantagem comparativa ao fazê-lo." "Comparative Advantage: An Economics by Topic Detail", Library of Economics and Liberty. Disponível em: http://www.econlib.org/library/Topics/Details/comparativeadvantage.html, acesso em set. 2015.
2. Keith Robinson e Angel L. Harris, *The Broken Compass: Parental Involvement with Children's Education* (Cambridge: Harvard University Press, 2013).
3. Keith Robinson e Angel Harris, "Parental Involvement Is Overrated", *Opinionator,* 12 abr. 2014. Disponível em: http://opinionator.blogs.nytimes.com/2014/04/12/parental-involvement-is-overrated/.
4. Daniel M. Cable et al., "How Best- Self Activation Influences Emotions, Physiology and Employment Relationships", Harvard Business School Working Paper n. 16-029, set. 2015.
5. Entrevista com Jooa Julia Lee, 15 out. 2015.

Capítulo 9: A um passo da mudança

1. Claude M. Steele, *Whistling Vivaldi: How Stereotypes Affect Us and What We Can Do* (Nova York: W. W. Norton, 2010).

PARTE TRÊS: Deixe a peteca cair

Capítulo 10: Vamos lá, deixe a peteca cair

1. Irene van Staveren, "The Lehman Sisters Hypothesis", *Cambridge Journal of Economics* 38, n. 5 (2014): 995–1014.
2. "Men Deliberately Do House work Badly to Avoid Doing It in Future", *The Telegraph,* 14 jul. 2011. Disponível em: http://www.telegraph.co.uk/men/the-filter/11215506/Men-deliberately-do-housework-badly-to-avoid-doing-it-in-future.html.
3. Christopher Muther, "Instant Gratification Is Making Us Perpetually Impatient", *The Boston Globe,* 2 fev. 2013. Disponível em: http://www.bostonglobe.com/lifestyle/style/2013/02/01/the-growing-culture- impatience-where-instant-gratification-makes-crave-more-instant-gratification/q8tWDNGeJB2mm-45fQxtTQP/story.html.
4. Narayan Janakiraman, Robert J. Meyer e Stephen J. Hoch, "The Psychology of Decisions to Abandon Waits for Service", *Journal of Marketing Research* 48, n. 6 (dez. 2011): 970–984. Disponível em: http://opim.wharton.upenn.edu/risk/library/J2011JMR_NJ-RM-SH_psychology_of_decisions.pdf.
5. Kenneth Tobin, "The Role of Wait Time in Higher Cognitive Level Learning", *Review of Educational Research* 57, n. 1 (Primavera 1987): 69–95.

Capítulo 11: Esclareça quem faz o quê

1. Carolyn O'Hara, "What New Team Leaders Should Do First", *Harvard Business Review* (blog), 11 set. 2014. Disponível em: https://hbr.org/2014/09/what-new-team-leaders-should-do-first.
2. Entrevista com Jessica DeGroot, 9 dez. 2014.
3. Kenneth Matos, *Modern Families: Same– and Different-Sex Couples Negotiating at Home,* Report (Families and Work Institute, 2015).

Disponível em: http://www.familiesandwork.org/downloads/modern-families.pdf.

Capítulo 12: Acredite no trabalho em equipe

1. Marlia E. Banning, "The Politics of Resentment", *JAC: Journal of Advanced Composition Theory* 26, n. 1/2 (2006): 67–102, 71. Disponível em: http://www.jstor.org/stable/20866722.
2. Robin J. Ely, Pamela Stone e Colleen Ammerman, "Rethink What You 'Know' About High-Achieving Women", *Harvard Business Review* 92, n. 12 (dez. 2014): 101–109. Disponível em: https://hbr.org/2014/12/rethink-what-you-know-about-high-achieving-women.
3. Max Schireson, "Why I am leaving the best job I ever had", *Max Shireson's Blog*, 5 ago. 2014. Disponível em: http://maxschireson.com/2014/08/05/1137/.
4. Joan C. Williams, "Sticking Women with the Office Housework", *The Washington Post*, 16 abr. 2014. Disponível em: http://www.washingtonpost.com/blogs/on-leadership/wp/2014/04/16/sticking-women-with-the-office-housework/.

Capítulo 13: Cultive uma comunidade

1. Laura Vanderkam, "Working Mothers Who Make It All Work", *The Washington Post*, 19 jun. 2015. Disponível em: http://www.wsj.com/articles/working-mothers-who-make-it-all-work-1434712370.
2. Quentin Fottrell, "Most Americans don't care about living near family", *Market Watch*, 27 ago. 2013. Disponível em: http://www.marketwatch.com/story/most-americans-dont-want-to-live-near-relatives-2013-08-26.

PARTE QUATRO: Parceria total

Capítulo 14: O feito de uma pessoa é o perfeito de outra

1. *Global Diversity and Inclusion: Fostering Innovation through a Diverse Workforce,* Report (Forbes Insights, jul. 2011). Disponível em: http://images.forbes.com/forbesinsights/StudyPDFs/Innovation_Through_Diversity.pdf.
2. Thomas Barta, Markus Kleiner e Tilo Neumann, "Is There a Payoff from Top-Team Diversity?", *McKinsey Quarterly*, abr. 2012. Disponível em: http://www.mckinsey.com/insights/organization/is_there_a_payoff_from_top-team_diversity.
3. Lu Hong e Scott E. Page, "Groups of Diverse Problem Solvers Can Outperform Groups of High-Ability Problem Solvers", *PNAS* 101, n. 46 (16 nov. 2004): 16385–16389. Disponível em: http://vserver1.cscs.lsa.umich.edu/~spage/pnas.pdf.
4. Forbes Insights, "Global Diversity and Inclusion: Fostering Innovation through a Diverse Workforce", 11.
5. Barbara Annis e Keith Merron, *Gender Intelligence: Breakthrough Strategies for Increasing Diversity and Improving Your Bottom Line* (Nova York: Harper Collins, 2014), 9–11.
6. Ibid.
7. Deborah Arthurs, "Women Spend THREE HOURS Every Week Redoing Chores Their Men Have Done Badly", *Daily Mail,* 20 mar. 2012. Disponível em: http://www.dailymail.co.uk/femail/article-2117254/Women-spend-hours-week-redoing-chores-men-badly.html.
8. Sarah M. Allen e Alan J. Hawkins, "Maternal Gatekeeping: Mothers' Beliefs and Behaviors That Inhibit Greater Father Involvement in Family Work", *Journal of Marriage and Family* 61, n. 1 (1999): 199–212.
9. Judy Wajcman, *Managing Like a Man: Women and Men in Corporate Management* (Filadélfia: Pennsylvania State University Press, 1998).

10. Monologgruppen, "A Tale of Two Brains", YouTube, publicado em 28 fev. 2011. Disponível em: https://www.youtube.com/watch?v=3XjUFYxSxDk&feature=kp, acesso em 1° jul. 2014.
11. Marshall Gans, "Leading Change: Leadership, Organization, and Social Movements", in: Nitin Nohria e Rakesh Khurana (Orgs.). *Handbook of Leadership and Practice: A Harvard Business School Centennial Colloquium* (Boston: Harvard Business School Press, 2010), 509–550.
12. *The New Dad: Take Your Leave,* Report (Boston: Boston College Center for Work & Family, 2014), 3. Disponível em: https://www.bc.edu/content/dam/files/centers/cwf/news/pdf/BCCWF%20The%20New%20Dad%202014%20FINAL.pdf.
13. Pamela Stone, *Opting Out?: Why Women Really Quit Careers and Head Home* (Berkeley: University of California Press, 2007), 78.

Capítulo 15: Agradeça

1. "Emotional Deprivation", The Free Dictionary. Disponível em: http://medical-dictionary.thefreedictionary.com/emotional+-deprivation , acesso em 3 jul. 2015.
2. Valerie Purdie-Vaughns, "Why so few black women are senior managers in 2015", *Fortune,* 22 abr. 2015. Disponível em: http://fortune.com/2015/04/22/black-women-leadership-study.
3. Jessica Bennett, *Feminist Fight Club: An Official Survival Manual (for a Sexist Work place)* (Nova York: Harper Wave, 2016).
4. *Feeling Different: Being the "Other" in US Workplaces,* Report (Nova York: Catalyst, 16 jan. 2014). Disponível em: http://www.catalyst.org/knowledge/feeling-different-being-other--us-workplaces.
5. Victoria L. Brescoll, "Who Takes the Floor and Why: Gender, Power, and Volubility in Organizations", *Administrative Science Quarterly* 56, n. 4 (dez. 2011): 622–641.

6. Barbara L. Fredrickson, "The Role of Positive Emotions in Positive Psychology: The broaden-and-build theory of positive emotions", *American Psychologist* 56, n. 3 (mar. 2001): 218–226.
7. Elizabeth Weil, "Married (Happily) with Issues", *The New York Times*, 1º dez. 2009. Disponível em: http://www.nytimes.com/2009/12/06/magazine/06marriage-t.html?pagewanted=all&_r=0.
8. Robert A. Emmons e Michael E. McCullough, "Counting Blessings Versus Burdens: An Experimental Investigation of Gratitude and Subjective Well-Being in Daily Life", *Journal of Personality and Social Psychology* 84, n. 2 (2003): 377–389, 377. Disponível em: http://greatergood.berkeley.edu/pdfs/GratitudePDFs/6Emmons-BlessingsBurdens.pdf.
9. Adam Grant e Francesca Gino, "A Little Thanks Goes a Long Way: Explaining Why Gratitude Expressions Motivate Prosocial Behavior", *Journal of Personality and Social Psychology* 98, n. 6 (2010): 946–955. Disponível em: http://www.umkc.edu/facultyombuds/documents/grant_gino_jpsp_2010.pdf.

Capítulo 16: Não acredite no estereótipo

1. Entrevista com Roger Trombley, 15 jan. 2015.
2. Lowe's Home Improvement, "Lowe's Commercial Valspar Reserve", YouTube, publicado em 29 de abril de 2014. Disponível em: https://www.youtube.com/watch?v=kHw0-QaGYVs.
3. Ross D. Parke e Armin A. Brott, *Throwaway Dads: The Myths and Barriers That Keep Men from Being the Fathers They Want to Be* (Nova York: Houghton Mifflin Company, 1999), 91.
4. Shira Offer e Barbara Schneider, "Revisiting the Gender Gap in Time-Use Patterns: Multitasking and Well-Being among Mothers and Fathers in Dual-Earner Families", *American Sociological Review* 76, n. 6 (2011): 809–833, 813. Disponível em: http://www.asanet.org/images/journals/docs/pdf/asr/Dec11ASRFeature.pdf.

5. American Psychological Association, "Multitasking: Switching Costs". Disponível em: http://www.apa.org/research/action/multitask.aspx, acesso em jan. 2016.
6. Dan Gilbert, "The Psychology of Your Future Self", TED, gravado em mar. 2014. Disponível em: https://www.ted.com/talks/dan_gilbert_you_are_ always_changing?language=en.
7. Steve Connor, "The hardwired difference between male and female brains could explain why men are 'better at map reading'", *The Independent,* 3 dez. 2013. Disponível em: www.independent.co.uk/life-style/the-hardwired-difference-between-male-and-female-brains-could-explain-why-men-are--better-at-map-reading-8978248.html.
8. Jennifer Senior, *All Joy and No Fun: The Paradox of Modern Parenthood* (Nova York: Ecco, 2015), 79–80.
9. Pamela Stone, *Opting Out?*, 62.
10. Sarah M. Allen e Alan J. Hawkins, "Maternal Gatekeeping: Mothers' Beliefs and Behaviors That Inhibit Greater Father Involvement in Family Work", *Journal of Marriage and Family* 61, n. 1 (fev. 1999): 199–212.
11. Jay Fagan e Marina Barnett, "The Relationship Between Maternal Gatekeeping, Paternal Competence, Mothers' Attitudes About the Father Role, and Father Involvement", *Journal of Family Issues* 24, n. 8 (nov. 2003): 1020–1043.
12. Michael E. Lamb, "The development of father-infant relationships" in: Michael E. Lamb (Org.). *The Role of the Father in Child Development,* 3. ed., (Nova York: Wiley, 1997), 104–20.
13. Meaghan O'Connell, "I Am the Slacker Parent", *New York,* 26 fev. 2015. Disponível em: http://nymag.com/thecut/2015/02/i--am-the-slacker-parent.html.
14. Eyal Abraham et al., "Father's Brain Is Sensitive to Childcare Experiences", *Proceedings of the National Academy of Sciences of*

the United States of America 111, n. 27 (jun. 2014). Disponível em: http://www.pnas.org/content/111/27/9792.abstract.

15. Ibid.
16. R. Kirk Mauldin, "The Role of Humor in the Social Construction of Gendered and Ethnic Stereotypes", *Race, Gender & Class* 9, n. 3, (2002): 76–95. Disponível em: http://www.jstor.org/stable/41675032.
17. Dovemencareus, "2015 Commercial-#RealStrength Ad | Dove Men+Care", YouTube, publicado em 20 jan. 2015. Disponível em: https://www.youtube.com/watch?v=QoqWo3SJ73c.
18. Nissan, "Nissan 2015 Super Bowl Commercial | 'With Dad,'" YouTube, publicado em 17 out. 2013. Disponível em: https://www.youtube.com/watch?v=Bd1qCi5nSKw.

Capítulo 17: A felicidade motiva qualquer um

1. Robin Lally, "A Wife's Happiness Is More Crucial than Her Husband's in Keeping Marriage on Track, Rutgers Study Finds", *Rutgers Today,* 12 set. 2014. Disponível em: http://news.rutgers.edu/research-news/wife%E2%80%99s-happiness-more-crucial-her-husband%E2%80%99s-keeping-marriage-track-rutgers-study-finds/20140911#.VqmPePkrKM8.
2. Entrevista com Christine Carter, 10 set. 2015.
3. Pantene, "Not Sorry | #ShineStrong Pantene", YouTube, publicado em 18 jun. 2014. Disponível em: https://www.youtube.com/watch?v=rzL-vdQ3ObA.
4. Karina Schumann e Michael Ross, "Why Women Apologize More Than Men: Gender Differences in Thresholds for Perceiving Offensive Behavior", *Psychological Science* 21, n. 11 (nov. 2010): 1649–1655. Disponível em: http://pss.sagepub.com/content/21/11/1649.abstract.
5. Jennifer Santoleri, discurso proferido no programa anual de premiação de funcionários da Allegis, Baltimore, MD, 1º maio 2015.

6. Disponível em: http://www.right.com/wps/wcm/connect/right-us-en/home/thoughtwire/categories/media-center/For+Many+Workers+the+Boss+Emails+Never+Stop.
7. Sonja Lyubomirsky, Kennon M. Sheldon e David Schkade, "Pursuing happiness: the architecture of sustainable change", *Review of General Psychology* 9, n. 2 (2005): 111–131. Disponível em: http://sonjalyubomirsky.com/wp-content/themes/sonjalyubomirsky/papers/LSS2005.pdf.

Capítulo 18: Por que precisamos dos homens

1. Scott Page, *The Difference: How the Power of Diversity Creates Better Groups, Firms, Schools and Societies* (Princeton: Princeton University Press, 2007).
2. Claudia Dreifus, "A Professor's Model, Diversity-Productivity", *The New York Times*, 8 jan. 2008. Disponível em: http://www.nytimes.com/2008/01/08/science/08conv.html.
3. *Statistical Overview of Women in the Workplace*, Report (Nova York: Catalyst, 3 mar. 2013).
4. Deborah L. Rhode, "Perspectives on Professional Women", *Stanford Law Review* 40, n. 5 (1988): 1163–1208, 1187.
5. Scott L. Coltrane, *Family Man: Fatherhood, House work, and Gender Equity* (Nova York: Oxford University Press, 1997).
6. James B. Stewart, "A C.E.O.'s Support System, AKA Husband", *The New York Times*, 4 nov. 2011. Disponível em: http://www.nytimes.com/2011/11/05/business/a-ceos-support-system-a-k-a-husband.html.
7. Ibid.
8. Fortune Magazine, "Ursula Burns: 'Chill out a little bit'", YouTube, publicado em 17 out. 2013. Disponível em: https://www.youtube.com/watch?t=80&v=j61up0CGQfc.
9. *The Global Gender Gap Report*, Insight Report (Genebra: Fórum Econômico Mundial, 2014). Disponível em: http://reports.weforum.org/global-gender-gap-report-2014.

10. *Women. Fast Forward: The Time for Gender Parity Is Now,* Report (EY, 2015), 5. Disponível em: http://www.ey.com/Publication/vwLUAssets/ey-women-fast-forward-thought-leadership/$-FILE/ey-women-fast-forward-thought-leadership.pdf.
11. Ashton Kutcher, "Ashton Kutcher's Facebook Page", publicado em 8 mar. 2015. Disponível em: https://www.facebook.com/Ashton/posts/10152568462597820, acesso em 17 mai. 2015.
12. Ashton Kutcher, "Stop Gender Stereotyping: Provide Universally Accessible Changing Tables in All Your Stores", *Change.org* (petição). Disponível em: https://www.change.org/p/bethechange-provide-universally-accessible-changing-tables--in-all-your-stores, acesso em 17 mai. 2015.
13. Scott Behson, "The Rise of the Hands-On Dad", *Harvard Business Review* (blog), 13 jun. 2014. Disponível em: http://blogs.hbr.org/2014/06/the-rise-of-the-hands-on-dad.
14. Healthy Families Act of 2015, HR 932, 114th Cong., 1st sess. (2015).
15. "Paul Ryan's Full Statement on His Conditions for Serving as House Speaker", *Time* (vídeo), 20 out. 2015. Disponível em: http://time.com/4080753/paul-ryan-house-speaker-full-statement/
16. Ross D. Parke e Armin Brott, *Throwaway Dads,* 129–130.
17. Boston College Center for Work & Family, *The New Dad: Take Your Leave,* 3.
18. Christopher Shea, "Male CEOs With Daughters Treat Women Better", *The Wall Street Journal,* 3 mar. 2011. Disponível em: http://blogs.wsj.com/ideas-market/2011/03/03/male-ceos--with-daughters-treat-women-better/.
19. Scott Behson, "The Smartest Thing I Heard at the White House Summit on Working Fathers", *Father, Work and Family* (blog), 21 jun. 2014. Disponível em: http://fathersworkandfamily.com/2014/06/21/the-smartest-things-i-heard-at-the-white--house-summit-on-working-fathers.

20. Andy Hines, "Is 2014 'Year of the Dad?'", *The Daily Beast*, 9 jun. 2014. Disponível em: http://www.thedailybeast.com/articles/2014/06/09/is-2014-year-of-the-dad.html.
21. Dan Mulhern, "Dan Mulhern Responds to NEWSWEEK's Cover on the 'Beached White Male'", 1º mai. 2011. Disponível em: http://www.newsweek.com/dan-mulhern-responds-newsweeks-cover-beached-white-male-67651.
22. Ibid.
23. *The Hartford's Millennial Parenthood Survey* (The Hartford, 2014). Disponível em: http://www.thehartford.com/sites/thehartford/files/millennial-parenthood.pdf.
24. Alyssa Croft et al., "The Second Shift Reflected in the Second Generation: Do Parents' Gender Roles at Home Predict Children's Aspirations?", *Psychological Science* (jun. 2014): 5–6.

Parte Cinco: Olhos no futuro

Capítulo 19: As Quatro Ações

1. Sharon Meers e Joanna Strober, *Getting to 50/50: How Working Couples Can Have It All by Sharing it All* (Nova York: Bantam Dell, 2009).
2. Katharine Zaleski, "Female Company President: 'I'm Sorry to All the Mothers I Worked With'", *Fortune*, 3 mar. 2015. Disponível em: http://fortune.com/2015/03/03/female-company-president-im-sorry-to-all-the-mothers-i-used-to-work-with.
3. Sandrine Devillard, Sandra Sancier-Sultan e Charlotte Werner, "Why Gender Diversity at the Top Remains a Challenge", *McKinsey Quarterly*, abr. 2014. Disponível em: http://www.mckinsey.com/insights/organization/why_gender_diversity_at_the_top_remains_a_challenge.
4. Catalyst, *Statistical Overview of Women in the Workplace*.

5. Feminist Majority Foundation, "Empowering Women in Business". Disponível em: http://www.feminist.org/research/business/ewb_myths.html, acesso em 22 ago. 2014.
6. Sophia Breene, "13 Mental Health Benefits of Exercise", *The Huffington Post*, 27 mar. 2013. Disponível em: http://www.huffingtonpost.com/2013/03/27/mental-health-benefits-exercise_n_2956099.html.
7. Ibid.
8. Ibid.
9. Ibid.
10. Souha R. Ezzedeen e Kristen G. Ritchey, "Career Advancement and Family Balance Strategies of Executive Women", *Organizational Dynamics* 38, n. 4 (2009): 270–280. Disponível em: http://yorkspace.library.yorku.ca/xmlui/bitstream/handle/10315/6295/HRM0013.pdf?sequence.
11. Ibid.
12. Sylvia Ann Hewlett, "The Real Benefit of Finding a Sponsor", *Harvard Business Review* (blog), 26 jan. 2011. Disponível em: http://blogs.hbr.org/2011/01/the-real-benefit-of-finding-a/.
13. Selena Rezvani, "How to Negotiate", *The Shriver Report,* 12 jan. 2014. Disponível em: http://shriverreport.org/how-to-negotiate-selena-rezvani/.
14. Alex Crippen, "Warren Buffett's $100,000 Offer and $500,000 Advice for Columbia Business School Students", *CNBC,* 12 nov. 2009. Disponível em: http://www.cnbc.com/id/33891448.
15. *The Global Social CEO Survey* (BRANDfog, 2014), 5. Disponível em: http://brandfog.com/CEOSocialMediaSurvey/BRANDfog_2014_CEO_Survey.pdf.
16. Jan Bruce, "The Truth about Sleep", *Forbes,* 25 mar. 2014. Disponível em: http://www.forbes.com/sites/janbruce/2014/03/25/the-truth-about-sleep.

17. Lisa F. Berkman et al., "Managers' Practices Related to Work-Family Balance Predict Employee Cardiovascular Risk and Sleep Duration in Extended Care Settings", *Journal of Occupational Health Psychology* 15, n. 3 (jul. 2010): 316–329. Disponível em: http://www.ncbi.nlm.nih.gov/pmc/articles/PMC3526833/.
18. "Lack of Sleep 'Damaging Mothers' Lives'", *Daily Mail*. Disponível em: http://www.dailymail.co.uk/news/article-107866/Lack-sleep-damaging-mothers-lives.html, acesso em jan. 2016.

Capítulo 20: A última fronteira

1. Katy Steinmetz, "Help! My Parents Are Millennials: How this generation is changing the way we raise kids", *Time,* 26 out. 2015. Disponível em: http://time.com/help-my-parents-are-millennials-cover-story/.
2. "Motherhood Today: Tougher Challenges, Less Success: Mom's Biggest Critics Are Middle-Aged Women", *Pew Research Center* (Social & Demographic Trends), 2 mai. 2007. Disponível em: http://www.pewsocialtrends.org/2007/05/02/motherhood-today-tougher-challenges-less-success/.
3. "More Research Says Helicopter Parenting Backfires", *NY Daily News,* 2 jun. 2015. Disponível em: http://www.nydailynews.com/life-style/research-helicopter-parenting-backfires-article-1.2243512.
4. U.S. Census Bureau, "Current Population Survey, Annual Social and Economic Supplements, 1994 to 2015". Disponível em: https://www.census.gov/hhes/families/files/graphics/SHP-1b.pdf, acesso em jan. 2016.
5. Katherine Bowers, "A Mother's Work: Special Report", *Working Mother,* 19 mar. 2014. Disponível em: http://www.workingmother.com/special-report/mothers-work-special-report.

6. Judith Warner, *Perfect Madness: Motherhood in the Age of Anxiety* (Nova York: Penguin, 2005). [*Mães que trabalham: a loucura perfeita*. São Paulo: Campus, 2005.]
7. Ibid., 299.
8. Rachel G. Lucas-Thompson, Wendy A. Goldberg e JoAnn Prause, "Maternal work early in the lives of children and its distal associations with achievement and behavior problems: A meta-analysis", *Psychological Bulletin* 136, n. 6 (nov. 2010): 915–942. Disponível em: http://dx.doi.org/10.1037/a0020875.

Capítulo 21: Liberdade

1. Joan Williams, *Unbending Gender: Why Family and Work Conflict and What to Do about It* (Nova York: Oxford University Press, 2000), 6.
2. Carol Hymowitz, "Behind Every Great Woman", *Bloomberg Businessweek Magazine*, 4 jan. 2012. Disponível em: http://www.businessweek.com/magazine/behind-every-great-woman-01042012.html.
3. Ibid.
4. Gretchen Livingston, "Growing Number of Dads Home with the Kids: Biggest Increase among Those Caring for Family", *Pew Research Center* (Social Demographic Trends), 5 jun. 2014. Disponível em: http://www.pewsocialtrends.org/2014/06/05/growing-number-of-dads-home-with-the-kids/.
5. Virginia Rutter e Pepper Schwartz, "Gender, marriage, and diverse possibilities for cross-sex and same-sex pairs", in: D. H. Demo, K. R. Allen e M. A. Fine (Orgs.). *Handbook of family diversity* (Nova York: Oxford University Press, 2000), 59–81.
6. "Women Call the Shots at Home; Public Mixed on Gender Roles in Jobs", *Pew Research Center* (Social & Demographic Trends), 25 set. 2008. Disponível em: http://www.pewsocialtrends.org/2008/09/25/women-call-the-shots-at-home-public-mixed-on-gender-roles-in-jobs.

7. Arlie Hochschild, *The Second Shift*, 223.
8. Sheryl Sandberg, "Why We Have Too Few Women Leaders", TED, gravado em dez. 2010, 4:08–4:10. Disponível em: http://www.ted.com/talks/sheryl_sandberg_why_we_have_too_few_women_leaders?language=en.
9. Sandy Beach, "Drop the Rock Alcoholics Anonymous Talk", Palm Desert Roundup (jun. 1976).

Índice

A

Abeywardena, Penny, 281
África, 56, 119, 121, 122, 139, 143, 267, 289, 291
Albright, Madeleine, 178
Alice, 247
Alice + Olivia, 284
Allegis Global Solutions, 245
Alliance Bernstein, 281
Alquimista, O (livro), 112
American Express, 137
American Promise, 210
American Time Use Survey, 33
Amref Health Africa, 306
Annis, Barbara, 195
Ansa, Tina McElroy, 48
Assédio sexual (filme), 44
Atlantic, 68
Atlas Mara, 291
Audácia da esperança, A (livro), 101

B

Ban Bossy (campanha), 210
Banning, Marlia E., 167
Barbie (boneca), 309, 310
Barsh, Joanna, 112
BDNF (fator neurológico derivado do cérebro), 277
Bean, Lloyd, 254
Beauvoir, Simone de, 13
Behson, Scott, 260
Bhuva, Shimul, 225
Black-ish (série), 84
Boston College Center for Work & Family, 258
BRANDfog, 285
Brazile, Donna, 112
Brescoll, Victoria, 212
Brewster, Idris, 210
Brewster, Joe, 210
Brian, 164
Broken Compass, The Parental Involvement with Children's Education (livro), 129
Brott, Armin, 227, 258
Buffett, Warren, 285, 290
Burns, Ursula, 254
Bússola do Casal, 121

C

Carr, Deborah, 242
Carter, Christine, 247
Catalyst Research Center, 252
Cecile, 178
Center for Talent Innovation, 210
Change.org, 255
Chen, Serena, 88
Cindy, 83
Cleage, Pearl, 48
Clinton, Hillary, 101, 297
Coelho, Paulo, 112
Coltrane, Scott, 253
"Competição e cuidado" (seminário), 301
Conferência Nacional das Mulheres, 13

Contiguglia, Emma, 309
Cook, Candice, 281
Cooking with Grease (livro), 112
Costco, 256
Cota, Stephanie, 310
Covey, Stephen, 113
Cox, Janessa, 280
Crenshaw, Margaret, 110
Cúpula da Casa Branca Sobre Famílias Trabalhadoras, 225
Cúpula sobre Pais Trabalhadores, 257

D

Daveda, 268
Davis, Geena, 309
DeAndrade, Samira, 283
DeGroot, Jessica, 163
Delta Sigma Theta, 171
Devon, 277
Dhawan, Erica, 284
Diabo veste Prada, O (filme), 44
Diamond, Bob, 291
Diesel, 283
Difference, The How the Power of Diversity Creates Better Groups, Firms, Schools, and Societies (livro), 252
Dinella, Lisa, 85
Dinnerstein, Dorothy, 13
Disney, Abby, 306
Disney (filmes), 42
Domhoff, G. William, 253
Donna Karan, 283
Douglass, Frederick, 152
Dove, 238
Dufu, Ekua (filha), 175, 176, 182, 184, 187, 223, 224, 240, 241, 264, 267, 268, 272, 291, 298, 299, 300, 301
Dufu, Kofi (filho), 60, 62, 63, 69, 74, 96, 99, 105, 106, 108, 113, 127, 140, 161, 176, 200, 218, 236, 264, 268, 289, 291, 298
Dufu, Kojo (marido), 50, 51, 56, 70, 98, 133, 140, 150, 162, 176, 191, 216, 238, 241, 264, 268, 287, 301, 307, 318
Dworkin, Andrea, 13

E

Earning More and Getting Less (livro), 107
Edelman, Marian Wright, 85
Elliott, Damali, 283
Ely, Robin, 168
Epic (Enhancing Perceptions in Culture) Awards, 309, 310
equilíbrio entre o trabalho e a família, 301
equilíbrio entre trabalho e família, 228
equilíbrio entre trabalho e vida pessoal, 34
Escoteiras dos EUA, 210, 282
EY (Ernst & Young), 255
Ezzedeen, Souha R., 278

F

Faça acontecer (livro), 306
Families and Work Institute, 97, 166
Family Man (livro), 253
Fast Company, 291
Fast-Forward Family Home, Work, and Relationships in Middle-Class America (livro), 69
Felicia, 88, 89, 199
Fels, Anna, 75
Forbes Insights, 195
Ford Motor Company, 225
Fortune, 254, 270, 290, 307
Fortune 500, 12, 254, 304
Fórum Econômico Mundial, 255
Fredrickson, Barbara, 215

G

Gana, 50, 52, 76, 119, 176, 217, 223, 292
Gaston, Trinity (irmã), 96, 299, 318
Gbowee, Leymah, 107
Gender Intelligence Group, 195
Gerenciamento de detalhes, 140
Getting to 50/50 (livro), 268
Ghosn, Caroline, 286, 316
Gilbert, Dan, 230
Gino, Francesca, 132
Girls Who Code, 280
Glamour, 107
Granholm, Jennifer, 260
Greer, Chrissy, 212, 316
Gungor, Mark, 201

H

Harding, sr., 180
Harlem4Kids, 170, 171, 232, 316
Harris, Angel, 129
Harris, Nikiya, 309
Harvard Business Review, 34, 113, 252
Harvard, Escola de Negócios, 22, 132, 168
Harvard, Universidade, 98
Hauser, Jerry, 124
Hay, Louise, 112
Henry, 203, 204
Hochschild, Arlie, 33
How Remarkable Women Lead (livro), 112
How to Get Away with Murder (série), 44
Hudnell, Rosalind, 279
Huffington, Arianna, 286

I

Intel, 279
Islândia, 21

J

Jackie, 203, 204
James, LeBron, 107, 161
Janakiraman, Narayan, 154
Janelle, 72
Josh, 118
Jun, 39, 43, 45, 305
Justin, 116, 117, 179

K

Karim, 213, 214, 304
Keith, 258
Kennedy, Florynce, 13
King, Billie Jean, 107
Kutcher, Ashton, 255

L

Laboratório de Emoções Positivas e Psicofisiologia, 215
Laura, 105
Lazarus, Shelly, 307
Leading Women Defined, 290
Lee, Jooa Julia, 132
Levo, 24, 182, 286, 316
Liga de Mulheres Extraordinárias, 291
Lisa, 126, 127, 214, 215, 304
Lowe, 226
Lucinda, 63, 108, 126, 130, 134, 140, 150, 197

M

Mães que trabalham a loucura perfeita (livro), 295
MAKERS, 186
Management Center, 124, 125
Marciniak, Michelle, 208
Maria, 42, 45, 273
Mark, 164
Martin, Carol, 85
Mattel, 309, 310

Mauldin, R. Kirk, 238
Maxie, 118
Mayer, Marissa, 45
McKinsey Quarterly, 195
Meers, Sharon, 268
Melanie, 116
Men Can The Changing Image and Reality of Fatherhood in America (livro), 80
Michelle (amiga), 177
Mocha Moms, 203
MongoDB, 168
Morehouse College, 47, 48
Mossman, Katherine, 284
Ms. Foundation for Women, 272
Muita alegria, pouca diversão o paradoxo da vida com filhos (livro), 234
Mulheres Mais Poderosas, 290, 307
Mulhern, Dan, 260
Murphy, Daniel, 256

N

Não sei como ela consegue (livro), 94
National Bureau for Economic Research, 98
National Institute on Media and the Family, 42
Necessary Dreams Ambition in Women's Changing Lives (livro), 75
New CEOs, The (livro), 253
New York Times, The (jornal), 33, 107, 129
Nissan, 239
Nkrumah, Kwame, 119
Nonprofit Strategy Revolution, The (La Piana), 120
Nooyi, Indra, 74, 108
Nova York, 60, 73, 93, 105, 110, 122, 137, 138, 169, 170, 171, 175, 186, 188, 193, 219, 224, 237, 267, 268, 278, 281, 292

O

Obama, Barack, 101, 108, 175, 225
Obama, Michelle, 101, 108, 290
O'Brien, Soledad, 290
O'Connell, Meaghan, 237
Ogilvy & Mather, 307
Opting Out? Why Women Really Quit Careers and Head Home (livro), 204, 234
O (revista), 131, 137

P

Page, Scott, 252
Pantene, 243
Pare & Sente, 241, 242, 249
Parisi, Kelly, 282
Parke, Ross, 227
Patrice, Kali, 281
Patrick, Deval, 59
Patrick, Diane, 59
Paul, 247, 248
Pearson, Allison, 94
Penn State, 97
PepsiCo, 74, 108
Petals-N-Belles, 283
Pew Research Center, 88, 293
Phil, dr., 131
Pines, Ayala Malach, 112
Planilha de Gerenciamento (Fluxo de Casa), 162, 179, 191, 216, 264, 274, 289
PowerToFly, 270
PricewaterhouseCooper, 166
Proposta, A (filme), 44

Q

Quatro Ações, As, 275, 276, 289

R

Real Simple, 97
Rebecca (amiga), 87, 88
Revolução Industrial, 85, 196, 197
Rezvani, Selena, 280
Rhonda, 178
Right Management, 246
Ritchey, Kristen G., 278
Robinson, Keith, 129
Ron (marido de Felicia), 90
Roosevelt, Eleanor, 12
Ross, Michael, 244
Ryan, Paul, 257

S

Sam (colíder), 269, 296
Sandberg, Sheryl, 306, 316
Santoleri, Jen, 245
Sasha, 99
Saujani, Reshma, 280, 315
Schireson, Max, 168
Schumann, 244
Science of Clinical Psychology, The (livro), 215
Seattle Girls (Escola), 57, 285
Second Shift, The (livro), 33
Seiko, 277
Sellers, Laurisa, 138
Senado, EUA, 212
Senior, Jennifer, 234
7 hábitos das pessoas altamente eficazes, Os (livro), 113
Shulevitz, Judith, 33
Silverstein, Shel, 154
Simmons College, 58
síndrome do controle do lar (SCL), 78, 85, 149
Slaughter, Anne-Marie, 21, 75, 128, 301, 316
Sleep Revolution, The (livro), 286
Smith-Jeremie, Keisha, 281
Spacey, Kevin, 290
Spelman College, 47, 48
Steele, Claude, 141
Steinem, Gloria, 313
Stewart, Martha, 57, 86
Stone, Pamela, 204, 205, 234
Strober, Joanna, 268
Summit, Pat, 208
Super Bowl (comerciais), 238
Susan, 40, 41, 45, 305
Sweet, Elizabeth, 86

T

Take Our Daughters to Work Day, 18
Tale of Two Brains (livro), 201
Target, 256
Taylor, Toyia, 176, 317
TEDWomen, 290
Thakkar, Ashish, 291
Third Path Institute, 163
Throwaway Dads The Myths and Barriers That Keep Men from Being the Fathers They Want to Be (livro), 227, 258
Tichenor, Veronica Jaris, 107
Time, 293
Trombley, Roger, 225

U

UCLA, 36, 69
Unbending Gender (livro), 303
Unfinished Business (livro), 128
Unger, Donald, 80
Universidade da Carolina do Norte em Chapel Hill, 215
Universidade de British Columbia, 35
Universidade de Michigan, 113, 195, 252
Universidade de Yale, 212
Universidade do Tennessee, 208
UPS, 209

V
Valentine's Day, 301
Vanderkam, Laura, 177
van Staveren, Irene, 153
Você pode curar sua vida (livro), 112
von Furstenberg, Diane, 107

W
Walker, Alice, 48
Warner, Judith, 295
Wharton, Escola de Negócios, 22
Whistling Vivaldi (livro), 141
White House Project, 62, 107, 108, 137, 209, 269, 272, 289, 290, 309, 312
Whitney, 82, 317
Williams, Janie, 281
Williams, Joan, 168, 303
Williams, Melissa, 88
Wilson, Marie, 18, 209, 210, 212, 269, 309
Wojcicki, Susan, 98
Women Rule, 137
Womensphere, 307
Working Mother Media, 295

X
Xerox, 254

Y
Yahoo, 45
YouTube, 98

Z
Zaleski, Katharine, 270
Zuckerberg, Mark, 257
Zweigenhaft, Richard, 253, 254

Sobre a autora

© Elizabeth Lippman

TIFFANY DUFU foi membro da equipe fundadora da ONG Lean IN – que busca favorecer o desenvolvimento do potencial de mulheres e meninas – e chefe do escritório central da Levo, a rede profissional com o maior crescimento dos últimos anos. É consultora de empresas que integram a Fortune 500, as quinhentas maiores corporações do mundo, palestrante sobre liderança feminina e fundadora da empresa The Cru. Tiffany se apresentou no Encontro das Mulheres Mais Poderosas do Mundo da revista Fortune. Ela mora em Nova York com o marido e os dois filhos.

ESTE LIVRO FOI COMPOSTO EM PALATINO,

CORPO 11/16PT, PARA A EDITORA LEYA BRASIL